北京警察学院重点科研项目成果（项目编号：2022KZD09）

光明社科文库
GUANGMING DAILY PRESS:
A SOCIAL SCIENCE SERIES

·法律与社会书系·

多数人侵权多元责任形态的
体系解释

由长江 | 著

光明日报出版社

图书在版编目（CIP）数据

多数人侵权多元责任形态的体系解释 / 由长江著 .

北京：光明日报出版社，2025.1. -- ISBN 978 - 7 - 5194 - 8450 - 7

Ⅰ. D923.04

中国国家版本馆 CIP 数据核字第 20255JC830 号

多数人侵权多元责任形态的体系解释

DUOSHUREN QINQUAN DUOYUAN ZEREN XINGTAI DE TIXI JIESHI

著　　者：由长江			
责任编辑：陈永娟		责任校对：许　怡　李海慧	
封面设计：中联华文		责任印制：曹　净	

出版发行：光明日报出版社

地　　址：北京市西城区永安路 106 号，100050

电　　话：010-63169890（咨询），010-63131930（邮购）

传　　真：010-63131930

网　　址：http://book.gmw.cn

E - mail：gmrbcbs@gmw.cn

法律顾问：北京市兰台律师事务所龚柳方律师

印　　刷：三河市华东印刷有限公司

装　　订：三河市华东印刷有限公司

本书如有破损、缺页、装订错误，请与本社联系调换，电话：010-63131930

开　　本：170mm×240mm			
字　　数：277 千字		印　　张：17	
版　　次：2025 年 1 月第 1 版		印　　次：2025 年 1 月第 1 次印刷	
书　　号：ISBN 978 - 7 - 5194 - 8450 - 7			

定　　价：95.00 元

序

　　非常高兴为我的博士研究生由长江副教授的专著《多数人侵权多元责任形态的体系解释》撰写序言。这部著作是在他博士论文的基础上进一步完善而成的。作为他的博士生导师，我很欣慰地看到他的学术成果出版，为我国民商法学，特别是侵权法和多数人侵权问题研究添砖加瓦、贡献力量！

　　在侵权法领域，多数人侵权行为及责任研究一直是一个十分复杂且难度较高的问题。由长江的这部专著，以类型化研究为切入点，将探究多元责任形态的合法性作为主要问题，借鉴并运用利益衡量论等理论工具，提出了在多数人侵权中，按份责任是基础形态，先付责任、相应责任是独立形态等结论，研究视角较为新颖，研究方法运用合理，研究结论明确具体。这一研究成果不仅丰富了侵权法的理论体系，也为法官和律师处理此类案件提供了重要参考。

　　由长江考我的博士研究生的时候，就在北京警察学院工作，他作为一名主讲民法、经济法等课程的大学老师，法学功底和法学素养较好。读博期间，他的研究能力得到了大幅提升，比如，为了丰富研究方法和手段，涉猎了经济法学、统计学等社科研究方面的知识，我对由长江的研究能力和执着精神给予高度评价。在撰写这部专著的过程中，他同样展现出了优秀的学术素养和严谨的负责态度。我相信，这部专著将会成为侵权法领域的重要参考文献，并对未来的学术研究和法律实践产生深远影响。

　　我诚挚地向广大学者和法律实务工作者推荐这本书，相信它将为您的专业发展带来新的启示和灵感。同时，我也期待着由长江在未来的学术道路上取得更加辉煌的成绩。

龚赛红

2024 年 9 月

前　言

与单独侵权相比，多数人侵权是侵权法上的"特殊"问题，其责任构成较单独侵权更为复杂，以连带责任为代表的多元责任形态及责任分担规则同样非常复杂。

我国关于一般多数人侵权已有的研究成果有两个特征：一是研究重点呈现出阶段性特征，其研究对象从对共同侵权之"共同"解释，逐渐演变到对一般多数人侵权的"体系"解释。二是其研究进路为责任构成论，即主要以共同过错要件或者因果关系要件的特殊性为切入点进行研究。构成论研究进路取得的丰富理论成果，为我国一般多数人侵权体系的解释论奠定了坚实的基础，但构成论研究对于连带责任或者按份责任的适用仍表现出解释力上的不足。

我国关于特殊多数人侵权的研究，突出体现在对责任形态、竞合侵权行为的理论概括以及责任分担规则的理论建构上，为解释多元责任形态做出了重要贡献；但责任形态论的研究进路，忽略了责任形态在"链接"责任构成与责任分担中起到的重要枢纽作用。总体上，我国民法学界对于多数人侵权责任的研究表现出从一般多数人侵权的责任构成论研究，向特殊多数人侵权的责任形态论研究的视角和方法转换。

为从体系上系统解释我国多数人侵权多元责任形态的立法现象，笔者按照类型化研究的基本要求，以我国侵权法对责任形态的实然规定为依据，以不同责任形态的主要特征为分类标准，论证利益衡量论在多数人侵权多元责任形态问题上的理论解释力。为避免政策考量和价值判断的主观性，本书总结并提炼出 10 个衡量因素，其中，法律技术衡量因素 5 个，政策价值衡量因素 5 个；逐一分析每个衡量因素的立法倾向性，比较不同责任形态在各个衡量因素上的主要差别。本书认为，从民事权益保护的"强度"看，先付责任>不真正连带责任>补充责任>自己责任。

　　为检验本书提炼的衡量因素对多元责任形态体系解释的有效性，笔者将研究范围扩大到全部责任形态：一是连带责任作为"最严厉"的责任形态，各个衡量因素和衡量过程均倾向于民事权益保护。二是按份责任作为自己责任在多数人侵权中的具体表现，属于原则性、"默认性"规定。三是不真正连带责任作为理论和实践中的一种独立责任形态，对于民事权益保护的力度弱于连带责任。四是先付责任是一种独立的责任形态，与不真正连带责任的主要差别在于，以中间责任人为观察对象，适用的归责原则不同，中间责任人的顺位"利益"不同。五是将"相应的（赔偿）责任"条文分为两类，一类属于独立的责任形态，另一类属于纯粹责任分担规则。相应责任形态的特点在于，其责任承担模式为"确定的全部责任+或有的部分责任＝全部责任"。六是补充责任是一种独立的责任形态，在保护权利人合法权益和体现公平责任之间，做出了恰当的利益衡量和均衡保护。

目 录
CONTENTS

绪　论

　　《中华人民共和国民法典》第七编侵权责任（以下简称《民法典》侵权责任编）规定的多数人侵权责任，按照适用的归责原则、条文规范的内容和所处位置不同，可以分为一般多数人侵权和特殊多数人侵权。前者包括《民法典》侵权责任编总论部分第 1168 条至第 1172 条之规定。后者包括《民法典》侵权责任编分论部分关于多数人侵权责任诸多条文的具体规定，例如，第 1211 条规定，以挂靠形式从事道路运输经营活动，由挂靠人和被挂靠人承担"连带责任"，以及其他多元责任形态的规定。①

　　民法学界对一般多数人侵权的讨论，既包括对共同侵权、教唆帮助侵权、共同危险行为以及分别侵权等侵权责任构成的讨论，又包括对连带责任、按份（相应的）责任正当性基础的讨论。比较而言，对特殊多数人侵权的讨论，主要集中于其适用的特殊归责原则、特殊责任构成要件以及特殊责任主体等方面，兼及对先付责任、不真正连带责任、相应责任以及补充责任等多元责任形态及责任分担规则的研究。一个明显的问题是，对一般多数人侵权责任的研究方法和研究进路，在特殊多数人侵权的研究中并没有一以贯之地继续下去。同时，对特殊多数人侵权的多元责任形态研究，民法学界缺乏明确的理论澄清和概念界定，司法实务界对其性质和效力规则的认识也存在模糊之处。

---

　　① 例如，第 1204 条规定，因第三人的过错使产品存在缺陷，产品的生产者、销售者赔偿后，有权向第三人追偿的"先付责任"；第 1192 条第 2 款规定，因第三人行为造成提供劳务一方损害的，可以请求第三人承担侵权责任，也可以请求接受劳务一方给予补偿的"不真正连带责任"；第 1191 条第 2 款规定，被派遣的工作人员因执行工作任务造成他人损害的，由用工单位承担侵权责任，而劳务派遣单位有过错的，承担"相应责任"；第 1198 条第 2 款规定，因第三人的行为造成他人损害，经营者、管理者或者组织者未尽到安全保障义务的，承担"相应的补充责任"。

"我国侵权法理论的主体是侵权责任构成制度，典型的理论结构是以归责原则为统领，构成要件体系为核心。"① 对多数人侵权责任多元责任形态的研究，在理论结构上以多数人侵权的责任构成为前提，进一步讨论连带责任、先付责任、不真正连带责任、相应责任、补充责任和自己责任（包括按份责任和第三人自己责任）等多元责任形态的正当性基础和责任分担规则，这与侵权责任构成论的理论结构有所不同。因此，本书是在传统的侵权责任构成论的基础上，针对多数人侵权责任特有的"责任形态"问题展开继续性研究。

本书在理论视角上"以利益衡量论对多元责任形态的体系解释为重点"，这既是本研究的着眼点，也是对研究范围的进一步说明和限定。笔者在侵权法责任构成论、责任形态论和责任分担论的理论框架和已有研究成果基础上，运用法条梳理等类型化研究方法，着眼于我国多数人侵权责任体系，以责任形态的立法规定为分类标准，全面梳理归纳我国一般和特殊多数人侵权责任中的责任构成难点、责任形态争点、责任分担要点，在强调责任形态的法定性特征基础上，提出多数人侵权责任构成与责任形态相区分、相适应的观点，并运用利益衡量论（以归纳总结的十个衡量因素为分析对象），系统分析、比较我国多数人侵权责任的多元责任形态立法现象。

第一节　选题背景和意义

一、选题背景

（一）多数人侵权责任研究的复杂性

传统上，侵权法以单独侵权为视角，运用归责原则、构成要件、减免责事由等法律技术工具，确定侵权行为人的侵权责任构成与承担责任大小。与单独侵权相比，多数人侵权的行为类型、因果关系和减免责事由更加复杂，"复杂的原因在于数个侵权行为不同的样态、数个行为人不同的主观心态、每个侵权行

---

① 王竹，杨立新. 侵权责任分担论 [J]. 法学家，2009 (5)：149.

为所起到的不同作用等因素"①。不仅如此，多数人侵权的责任形态除被广泛讨论的连带责任、按份责任两种典型的责任形态，还包括在特殊多数人侵权中大量条文规定的先付责任、不真正连带责任、相应责任、补充责任等多元责任形态，从而使这一问题更加复杂。

在一般多数人侵权的行为类型与责任形态的关系上，立法上表现出连带责任扩大化适用的倾向，不仅在《民法典》侵权责任编立法中是这样，在商法、经济法等部门法中大量出现的连带责任，使连带责任扩大化的立法倾向表现得更加明显。目前我国民法学界对于多数人侵权的责任构成研究尚未形成通说，对责任形态的研究成果较少，对于二者之间的关系仅个别学者予以关注，特别是对于特殊多数人侵权的多元责任形态、责任分担等问题，缺乏体系性、系统性研究。

多数人侵权相较于单独侵权情况更为复杂，立法上如何平衡受害人权益保护与加害人行为自由之间的关系，规范数个加害人之间的责任承担、责任分担等问题，更为考验立法者的智慧与裁判者的能力。在我国及当代英美法系、大陆法系的侵权法理论中，这一问题一般被称为"多数人侵权"（multiple tortfeasors）。从 20 世纪 80 年代至今，我国民法理论和实务界对这一问题的讨论，主要围绕"共同侵权"的类型、"连带责任"的适用等问题而展开。在多数人侵权的情况下，实践的焦点不仅在于是否应适用连带责任，更在于责任如何分担，而根据我国民法的传统理论，共同侵权是侵权法领域适用连带责任最典型的情况，因此，理论和实践关注的重点都在共同侵权的类型和责任构成研究上，共同侵权的类型及其责任构成几乎等同于连带责任的适用，而无法纳入共同侵权类型之中的其他多数人侵权类型，被"默认"为按份责任的适用范围。

（二）本研究面临的主要问题

21 世纪以来，受到大陆法系、英美法系关于多数人侵权理论和实践发展的影响，特别是欧洲侵权法统一运动和美国侵权法重述第三次的影响，我国民法学者开始逐渐以"数人侵权""多数人侵权"为题，在更广阔的理论视野下展开研究。一个超越"共同侵权"和"连带责任"，具有更丰富内涵的"多数人

① 杨会. 数人侵权责任研究［M］. 北京：北京大学出版社，2014：1.

侵权"和"责任形态"① 等上位阶概念和范畴，在我国民法学界逐渐形成并越来越被广泛使用。

2009 年《中华人民共和国侵权责任法》（以下简称《侵权责任法》）颁布后，围绕该法第 8 条至第 12 条建构的，与之前相关法律、司法解释不同的一般多数人侵权责任体系，再次引起了一轮讨论，讨论的主要问题包括：共同侵权之"共同"如何解释？共同侵权体系中涵盖哪些类型？共同侵权与分别侵权的关系如何厘定？分别侵权分别适用连带责任或按份责任的理论基础是什么？损害赔偿责任如何在多数人之间合理分担？等等。在梳理、分析该部分内容时，诚如叶金强教授所言："共同侵权的上空总是阴云密布，俯视之下难见其清晰面目，置身其中则令人眼花缭乱、方向感尽失。"② 这是本书在研究过程中，遇到的第一类令人十分困惑的难题。

《民法典》侵权责任编总体上延续了之前的《侵权责任法》对于多数人侵权类型及责任形态的规定，但其中重要的变化之处有两点：一是责任形态的变化。在第 1191 条第 2 款中，改变了劳务派遣单位的责任形态，即劳务派遣工作人员造成他人损害，一方面由用工单位承担侵权责任，另一方面由劳务派遣单位承担相应责任，也就是说，劳务派遣单位的责任由原来的"相应的补充责任"改为"相应的责任"，这一修改采纳了近年来关于责任形态，特别是补充责任形态理论研究的成果。二是追偿权规则的补充和完善。第 1198 条第 2 款、第 1201 条增加了追偿权行使规则，即由第三人的行为造成他人损害，未尽到安全保障义务的安保义务人、未尽到管理职责的教育机构，在承担第二顺位"相应的补充责任"后，可以向应承担"第一顺位"责任的第三人追偿，属于具体法律规则的补充和完善。对于该点规则的变化，有观点认为，"通过这一立法层面的价值决断，补充责任和追偿权之间的内在联系得以拟制建立起来"③。本书赞同这

---

① 我国多数人侵权责任形态论，由杨立新教授在 2004 年再版的《侵权法论》中较为完整地提出。该理论借鉴大陆法系的多数人之债理论和美国侵权法的责任分担理论，形成了包括自己责任和替代责任、单方责任和双方责任、单独责任和共同责任在内的多数人侵权责任形态体系。参见杨立新. 侵权法论 ［M］. 北京：人民法院出版社，2004：477；杨立新. 多数人侵权行为与责任 ［M］. 北京：法律出版社，2017：4.

② 叶金强. 共同侵权的类型要素及法律效果 ［J］. 中国法学，2010（1）：63.

③ 李怡雯. 补充责任与追偿权的断裂与衔接 ［J］. 河南财经政法大学学报，2021（2）：21.

一观点。

在对我国特殊多数人侵权责任研究成果的系统梳理和反思中,本书不得不面对如下一系列问题:在一般多数人侵权中对于责任构成要件的讨论,为什么没有在特殊多数人侵权的研究中继续下去?特殊多数人侵权的类型化要素,除特殊归责原则、特殊责任构成要件,还有哪些?哪些类型的特殊多数人侵权应当配置为不真正连带责任?以先付责任、相应责任和补充责任为代表的多元责任形态,其正当性基础又是什么?立法上基于何种原因的考量,给不同类型的特殊多数人侵权配置了如此多元的责任形态?各类责任形态的责任分担规则为什么在司法实践中显得模糊不清?这是本书在研究过程中,遇到的第二类令人十分困惑的问题。

二、选题意义

(一)理论意义

第一,全面梳理并反思我国学者关于一般多数人侵权责任构成论的研究成果。从法史学视角观察,20世纪80年代,《中华人民共和国民法通则》(以下简称《民法通则》)、《最高人民法院关于贯彻执行〈中华人民共和国民法通则〉若干问题的意见(试行)》(以下简称《民通意见》,已失效)最早确立了我国多数人侵权制度的初步格局:狭义的共同侵权行为和教唆帮助侵权行为。2003年,最高人民法院发布《关于审理人身损害赔偿案件适用法律若干问题的解释》(以下简称《人身损害赔偿司法解释》,已被修改),其中增加了"共同危险行为"作为共同侵权的类型之一,并规定了共同侵权的三种基本类型,即共同故意、共同过失和虽无共同过错但侵权行为"直接结合"的共同侵权,增加了虽无共同过错但侵权行为"间接结合"的多数人侵权(被排除出共同侵权类型)承担按份责任的规定。

2009年颁布的《侵权责任法》以"总论+分论""一般规定+具体列举"的方式建构了我国多数人侵权责任体系:一是放弃直接结合与间接结合的区分,改而采用共同侵权与分别侵权的区分;二是将分别侵权划分为竞合因果关系的分别侵权和结合因果关系的分别侵权两种类型,这是以因果关系理论为基础,以因果关系类型为标准进行的分类;三是具体列举了特殊多数人侵权责任的承担,使得我国多数人侵权体系的划分发生了重大调整。我国立法和司法关于多数人侵权类型的不断丰富和调整，表现在解释论上形成了目前我国学者关于多数人侵权的主观说、客观说、折中说与兼指说等学说争论，而且在主观说内部又有意思联络说、共同过错说的差别。

第二，比较、借鉴大陆法系和英美法系关于多数人侵权责任研究的理论成果，以期对我国多数人侵权责任制度有所助益。从比较法学视角观察，多数人侵权在大陆法系和英美法系都是一个十分宽泛的概念：凡是由多数人对同一侵权损害共同承担责任的问题都属于这一范畴。就法律术语而言，"多数人侵权"近年来在两大法系开始得到广泛使用。在英美法系，除"多数人侵权"，理论和实践中还存在其他一些具备同样功用的法律术语，比如，《美国侵权法重述第二次》第 44 章使用了"参与侵权人"（contributing tortfeasors）的表述。另外，在英美法学界"竞合侵权人"（concurrent tortfeasors）往往是在广义上使用的，涵盖了包括"共同侵权人"（joint concurrent tortfeasors）和"分别竞合侵权人"（several concurrent tortfeasors）在内的整个多数人侵权领域。

就多数侵权人在侵权行为方面所体现出来的特点而言，主要包括两种情况：一是多数行为人各自实施的侵权行为导致同一损害，多数人需共同承担侵权责任；二是一人实施的侵权行为所导致的损害，在法律上可以归责于他人，所有的人需共同承担侵权责任。前者是多数人侵权的一般情况，后者则主要发生在教唆帮助侵权、共同危险行为、团伙责任以及存在监护、雇佣或代理等关系的特殊场合。

第三，对于特殊多数人侵权责任形态论的继续性研究，也是本研究的理论意义之所在。从法解释学视角观察，我国关于一般多数人侵权责任的研究，主要表现为责任构成论的研究进路，即主要运用责任构成要件理论，分析一般多数人侵权责任构成和连带责任适用的正当性。我国民法学界关于特殊多数人侵权责任的研究，较为突出的成果是责任形态论、责任分担论研究的细化和深化，即"责任论"的研究进路。其中，责任形态论着眼于我国多数人侵权行为类型与多元责任形态实然规定之间的"对应"关系，特别是梳理、整合了以"不真正连带责任形态对应竞合侵权行为"等观点为代表的多数人侵权行为类型、责任类型以及二者之间的关系，在研究视角和研究重点上，从构成论转向以责任论为重点。因此，如果从我国多数人侵权责任制度的体系着眼，可以发现对于特殊多数人侵权责任的研究进路，与对于一般多数人侵权责任的研究进路相比，发生了明显的移转。而我国特殊多数人侵权责任构成论的研究基础稍显薄弱，对其责任形态的研究也亟须作进一步的理论澄清。

（二）现实意义

多数人侵权责任，既是侵权法中复杂的理论问题，也是司法裁判中棘手的实践问题。以机动车多重碾压案件为例，目前在我国司法实践中，此类案件究竟构成共同侵权还是分别侵权，适用按份责任还是连带责任，以及适用哪些法律条文进行裁判，存在比较大的分歧。根据杨立新教授关于 2011—2015 年对 40 起多重碾压案件判决结果的分析：判决承担连带责任的 13 起，适用条文分别为《侵权责任法》第 8 条的 2 起、第 10 条的 1 起、第 11 条的 8 起，适用其他法条的 2 起；判决承担按份责任的 19 起，适用法条分别为《侵权责任法》第 12 条前半段的 3 起、第 12 条后半段的 3 起，适用其他法条的 13 起；判决仅前车承担单独责任的 8 起。① 由此可见，司法实践中关于特殊多数人侵权"同案不同判"的现象十分突出。本研究尝试运用条文梳理及类型化研究方法，将一般多数人侵权、特殊多数人侵权作为一级分类，将适用连带责任、先付责任、不真正连带责任、相应责任、补充责任和按份责任的条文作为二级分类，结合司法案例和学理上的案例讨论，分析我国司法实践中关于多数人侵权责任法律适用的突出问题，提出有关司法裁判规则的意见建议，具有实践意义。

第二节　研究框架和内容

与单独侵权相比，多数人侵权属于侵权法上的"特殊"问题。我国侵权法上规定了以连带责任为代表的多元责任形态，又属于多数人侵权责任的"特有"问题。探究多元责任形态的合法性基础及其解释理论，是本研究的核心问题。本书紧密围绕多数人侵权责任的法律规定，尝试通过类型化的研究方法，并运用利益衡量理论等理论工具，着眼于从体系上梳理、解释我国多数人侵权责任的多元责任形态立法现象，归纳并总结出利益衡量论在侵权立法中的具体衡量因素，包括 5 个法律技术衡量因素和 5 个政策价值衡量因素。在此基础上，针

---

① 杨立新. 多数人侵权行为与责任［M］. 北京：法律出版社，2017：150-155.

对前述 10 个具体衡量因素在不同责任形态中的差异，分析、比较不同责任形态的利益衡量过程。总体上，本书的研究框架分为四个部分。

一、理论反思

包括本书第一章对一般多数人侵权责任构成论研究进路的反思和第二章对特殊多数人侵权责任形态论研究进路的反思。这一部分的主要功能在于：紧紧围绕本书主题和核心问题，展现并分析目前理论研究中仍然存在的不足之处，论证现有研究成果为什么不足以解释多元责任形态的立法现象，以及如何进一步完善等问题，即重点解决"是什么""为什么"的问题。

具言之，一是将十分复杂的对于一般多数人侵权的研究，简要概括为"责任构成论的研究进路"，其主要成果有力地解释了我国一般多数人侵权责任类型的体系建构，但对于为什么将多数人侵权配置为连带责任或者按份责任这一问题（责任形态）的解释力仍有不足之处。二是将特点十分鲜明的对于特殊多数人侵权责任的研究，明确概括为"责任形态论的研究进路"，其主要成果对于将特殊多数人侵权的行为类型与责任类型相对接，以及建构责任分担的一般规则具有重要意义，但对于责任构成、责任形态、责任分担之间的关系有待强化论证。三是将两种研究进路进行比较，能够展现出我国民法学界对于多数人侵权责任（分为一般多数人侵权责任和特殊多数人侵权责任）这一问题的研究，在研究方法、研究视角和研究重点等方面发生了明显的"移转"，换言之，对一般多数人侵权的研究主要运用责任构成论，对特殊多数人侵权的研究主要运用责任形态论，在法解释学理论的运用上出现了前后不一致，缺少统一、有力的理论解释工具。

（一）对一般多数人侵权责任构成论研究进路的反思

在一般多数人侵权责任的研究中，民法学界沿用责任构成论的思维路径和理论方法，先后形成主观说、客观说、折中说和兼指说等不同法解释学观点，运用因果关系理论对一般多数人侵权，特别是分别侵权展开类型化研究，用共同过错和不明因果关系论证多数人侵权的"一体化"问题，进而解释其适用连带责任的正当性基础。在梳理这些学说观点和理论成果的过程中，笔者逐渐认识到，有些观点偏重于数个侵权行为直接或者间接结合的侵权行为要件，有些观点强调损害结果同一性或不可分性等损害结果要件，有些观点主张用因果关系对一般多数人侵权进行分类，有些观点侧重于共同过错或者意思联络等主观过错要件，总体上，对一般多数人侵权责任的研究都处于责任构成论的理论框架之中。

（二）对特殊多数人侵权责任形态论研究进路的反思

在特殊多数人侵权责任的研究中，面对我国侵权法中条文数量众多的连带责任，以及我国"特有"的先付责任、不真正连带责任、相应责任和补充责任等多元责任形态及其责任分担问题，责任构成理论框架下在一般多数人侵权责任中取得的主要研究成果，对其解释力明显不足。民法学界对特殊多数人侵权责任的研究方法和研究方向遂发生了明显的移转。其中，有学者创造性地提出了竞合侵权行为的理论概括，并完善了以共同侵权行为与连带责任、分别侵权行为与连带责任及按份责任、竞合侵权行为及不真正连带责任体系、第三人侵权行为及自己责任为主要内容的"责任形态论"。也有学者致力于多数人侵权责任分担规则的研究，形成了以风险责任分担、最终责任分担、致害人不明数人侵权责任分担、受害人过错参与数人侵权责任分担为主要内容的"责任分担论"。

二、理论建构

包括本书第三章类型化的基本问题与利益衡量论的应用，以及第四章以"第三人原因"引起的特殊多数人侵权责任为例，总结提炼出多元责任形态的利益衡量因素。这一部分的主要功能在于：基于第一部分的理论反思，寻求具有较强解释力的理论工具（利益衡量论），系统地解释我国多数人侵权责任的多元责任形态立法现象，并将"抽象的"立法政策和价值判断转化为"可操作的"、具体的若干个利益衡量因素，即重点解决"怎么办"的问题。

具言之，一是明确类型化研究的核心问题即分类标准，以我国侵权法对于多元责任形态的实然规定为对象，通过条文梳理的方法，满足分类上互斥与周延的基本要求。二是梳理利益衡量论的主要学说，明确其在我国侵权立法，特别是在多元责任形态配置上得以运用的必要性和可行性，厘清利益衡量的三个层面和主要过程。三是对第三人原因引起的多数人侵权责任进行条文梳理，逐一分析其涉及的四种责任形态，并以此为基础总结、提炼出多元责任形态利益衡量的两大类、十个具体衡量因素。

（一）类型化研究的基本问题与利益衡量论的应用

类型化研究方法并非简单列举，而是一种科学合理的分类，以弥补逻辑演绎推理的不足。在类型化中，选择适当的分类标准是关键。本书以我国侵权法对多元责任形态的"实然"规定为对象，以连带责任、不真正连带责任、补充责任等具体责任形态为分类标准，审视多元责任形态的正当性基础问题。本书认为，不能仅从责任构成论方面解释多元责任形态的合理性，还应充分考量立法政策和价值判断等因素的重要影响。在利益衡量论视域下，我国多元责任形态的立法现象，是立法者综合运用法律技术和政策价值工具，综合考量对数名侵权责任人的行为自由维护和对被侵权人的民事权益保护之间的平衡关系，进而做出的立法决断。

（二）多元责任形态利益衡量因素的总结和提炼

我国侵权法上，第三人原因引起的特殊多数人侵权涉及自己责任、补充责任、不真正连带责任和先付责任等多元责任形态。为避免政策考量和价值判断的主观性、多元性带来的不确定性和抽象性，本书总结出利益衡量的 5 个法律技术因素和 5 个政策价值因素，法律技术衡量因素包括特殊归责原则（包括过错推定和严格责任）、特殊责任构成要件（以因果关系要件为重点，兼及损害结果是否同一）、特殊免责事由、特殊责任主体和特殊侵权类型具体列举，政策价值衡量因素包括着眼于原告与被告之间的受偿不能风险分配、证明责任分配，以及着眼于数名侵权行为人之间的顺位利益有无、追偿权行使和最终责任承担。结合第三人原因引起的特殊多数人侵权的多元责任形态，本书运用利益衡量论，逐一分析每个影响因素的立法倾向性，特别是重点分析其倾向于民事权益保护还是倾向于行为自由维护，并从民事权益保护视角综合衡量现行法的多元责任形态，初步结论是：先付责任>不真正连带责任>补充责任>自己责任。

三、理论检验

包括本书第五章对连带责任与按份责任的利益衡量因素分析、第六章对不真正连带责任与先付责任的利益衡量因素分析、第七章对相应责任与补充责任的利益衡量因素分析。这一部分的主要功能在于：基于第二部分的理论建构，进一步检验利益衡量论是否能系统解释我国侵权法上的多元责任形态立法现象，进一步验证本书归纳出的十个利益衡量因素，在对多元责任形态的分析中能否起到有效区分不同责任形态主要特征的作用，即重点解决理论建构和十个衡量因素的"有效性"问题。

（一）对连带责任与按份责任的利益衡量分析

在比较法上出现了限制连带责任的倾向，相比之下，我国侵权法分则以及商法、经济法等部门法和相关司法解释，仍表现出连带责任扩张适用的倾向。本书认为，这不是"对与错"或者"好与坏"的问题，而是主要取决于一国法律制度中的政策考量和价值判断。我国学者一直致力于论证侵权法上连带责任的正当性基础，给出的主要答案或者是由于共同过错将数名侵权责任人"一体化"，或者是由于因果关系的不同类型夯实了连带责任的合理性基础。本书对共同过错要件和因果关系要件进行了仔细分析，基本结论是：共同过错说对特殊多数人侵权缺乏解释力，因果关系理论对多数人侵权的责任构成论解释力较强，而对责任形态论、责任分担论的解释力不足。在对连带责任形态的法律技术因素和政策价值因素逐一展开分析后，本书认为，连带责任形态作为一种"最严厉"的责任形态，尤其倾向于权利人的民事权益保护，而按份责任形态，在我国多数人侵权的多元责任形态中处于基础性、原则性地位。

（二）对不真正连带责任与先付责任的利益衡量分析

通过对不真正连带责任和先付责任进行法条梳理，比较不真正连带责任与连带责任在法律技术和政策价值衡量因素上的具体差异，本书认为，一方面，不真正连带责任作为一种独立的责任形态，与连带责任相比，对于被侵权人民事权益保护的力度要更弱，其效力规则也没有连带责任"严厉"。另一方面，先付责任与不真正连带责任不同，是一种独立的责任形态，两者之间的重要差别在于：以中间责任人为观察对象，适用的归责原则不同，中间责任人的"顺位利益"不同；从责任形态配置的衡量过程来看，先付责任比不真正连带责任更倾向于民事权益保护，但是其保护力度不如连带责任形态。

（三）对相应责任与补充责任的利益衡量分析

一方面，通过对相应责任的法条梳理，本书将侵权法上"相应的（赔偿）责任"法律规定分为两类：一是作为独立责任形态的相应责任，二是属于纯粹责任分担规则的法条。分类理由在于，相应责任的责任承担模式为"确定的全部责任+或有的部分责任＝全部责任"，其适用情形具有法定性特征，这与按份责任的效力规则明显不同，是一种独立的责任形态。另一方面，我国特有的补充责任形态，确实在保护权利人合法权益和体现公平责任原则之间做出了恰当的利益衡量和平衡保护。笔者在逐一分析补充责任形态诸多利益衡量影响因素的基础上，通过对比说明的方法，明确了补充责任与连带责任、不真正连带责任的主要差别。

四、结论部分

本书的主要结论为：一是通过分类梳理学界对于多数人侵权责任的研究成果，将一般多数人侵权中以共同过错或者因果关系特殊性为视角的研究方法，概括为责任构成论的研究进路，将特殊多数人侵权中以责任形态、责任分担为视角的研究方法，总结为责任形态论的研究进路。二是针对我国侵权法上的多元责任形态立法现象，责任构成论与责任形态论的研究进路虽然取得了丰硕的研究成果，但是也表现出在法学解释上理论运用的一贯性、对多元责任形态从责任构成论到责任形态论之间的融通性等方面仍然存在问题，为此，需要寻求并建构具有理论一致性和较强说服力的理论工具，即利益衡量论。三是为避免政策考量和价值判断的主观性和不确定性，梳理、总结出对多数人侵权的多元责任形态进行利益衡量的 5 个法律技术衡量因素和 5 个政策价值衡量因素，因而使得利益衡量论的运用有具体明确的、可操作的衡量因素。四是在多数人侵权责任中，按份责任是基础性、原则性的责任形态，是侵权法自己责任原则在多数人侵权责任中的具体表现，属于"默认"性规定；先付责任、相应责任是两种独立的责任形态，理由在于，通过与近似责任形态的利益衡量因素的比较分析，其具有多个衡量因素方面的"特殊性"。五是以法律技术衡量因素和政策价值衡量因素在立法上的倾向性为主要标准，分类对我国侵权法上的多元责任形态逐一展开分析，综合判断立法上的利益衡量过程，从权利人民事权益保护力度看，连带责任>先付责任>不真正连带责任>相应责任>补充责任>按份责任（自己责任）。概言之，我国侵权法对于多数人侵权多元责任形态的规定，其内部体系和谐、衡量因素多元、衡量过程精细，在比较法上特色鲜明。

第三节　解决的问题和创新点

一、解决的问题

《民法典》侵权责任编总体上延续了《侵权责任法》的立法模式，采取"总论+分论"的方式，全面列举了多数人侵权责任的一般类型和特殊类型，这在比较法上非常独特，特点鲜明。与多数人侵权已有研究成果相比，本研究着眼于我国多数人侵权责任的体系，尝试运用条文梳理、类型化研究等方法，特别是对各类特殊多数人侵权责任进行系统梳理，以利益衡量论作为理论分析工具，归纳总结出5个法律技术衡量因素和5个政策价值衡量因素，从体系上解释我国多数人侵权多元责任形态的立法现象，论证其内部体系的合理性、衡量因素的多元性，为建构体系协调、科学合理的多数人侵权责任制度做出努力。

具言之，一是通过对我国一般和特殊多数人侵权理论研究成果的梳理和反思，本书认为在多数人侵权责任的研究方面，表现出从一般多数人侵权的责任构成论研究进路，向特殊多数人侵权的责任形态论、责任分担论研究进路的明显移转。二是对于我国侵权法上特殊多数人侵权的多元责任形态立法现象，笔者认为目前的责任形态论、责任分担论仍存在概念界定、理论自洽等方面的问题，例如与责任构成论之间的关系，与过失相抵规则之间的关系等①，须进一步强化对于多元责任形态的体系解释。三是类型化研究方法是深化对复杂问题认知的科学方法，利益衡量理论在侵权立法上的运用也越来越得到学界的普遍认同。本书在归纳总结对于多数人侵权责任的利益衡量工具的基础上，逐一分析连带责任、先付责任、不真正连带责任、相应责任、补充责任和自己责任等多元责任形态，从理论上解释多数人侵权多元责任形态"为什么"的问题。

---

① 例如，对于多数人侵权中过失相抵规则的适用方法，有整体衡量法、修正比较过失规则的衡量、单独衡量法、相对过失相抵法、整体衡量法与相对过失相抵结合适用法、清偿不能风险再分配法等观点。参见杨勇. 论数人侵权中过失相抵规则的适用 [D]. 武汉：武汉大学，2019.

二、主要创新点

一是通过对我国一般多数人侵权在立法上确立过程的介绍和对相关理论研究成果的系统梳理与反思，将其概括为责任构成论的研究进路，认为在一般多数人侵权类型的划分中，过错责任原则起到基础性、决定性的作用，因果关系理论对于一般多数人侵权类型划分有重要影响。此外，按照责任构成要件列举式分析的思路，共同危险行为与其他一般多数人侵权类型相比，属于侵权责任人不明的情形，应该作为一般多数人侵权类型的兜底类型。

二是通过对特殊多数人侵权的责任形态论、责任分担论方面相关研究成果的综述与反思，本书认识到，对于一般多数人侵权责任构成论的研究进路，并没有在特殊多数人侵权责任的研究中继续下去。一般多数人侵权的责任构成论主要研究成果，对于我国多数人侵权责任的体系建构和类型化展开具有重要意义；但是，对于连带责任或者按份责任形态的正当性与合理性基础，解释力度不足。特殊多数人侵权的责任形态论主要研究成果，对于体系性解释多元责任形态，特别是竞合侵权行为与不真正连带责任具有重要意义，而对于责任构成、责任形态、责任分担之间的关系，需要进一步强化论证。本书认为，责任形态论的法定性特征，决定了其在责任构成与责任分担之间，处于承上启下的重要枢纽位置。

三是在对类型化研究方法、法条梳理情况和利益衡量理论在侵权立法上的运用等内容进行论述的基础上，以第三人原因引起的多数人侵权责任为例，总结提炼出我国关于多数人侵权多元责任形态的利益衡量因素，即5个法律技术衡量因素和5个政策价值衡量因素。

四是在逐一分析连带责任、按份责任等多数人侵权多元责任形态的基础上，提出先付责任、相应责任是一种独立的责任形态的观点，认为在我国多数人侵权责任形态的确定过程中，存在明显的"加重"衡量特殊多数人侵权责任形态或者增加责任主体的立法倾向。

五是通过运用本书归纳总结的5个法律技术衡量因素和5个政策价值衡量因素，按照类别逐一分析我国多数人侵权的多元责任形态。一方面，利益衡量论及其在多数人侵权责任中的衡量因素，可以系统解释多元责任形态的立法现象；另一方面，本书提出了责任形态从重到轻的顺序为连带责任、先付责任、不真正连带责任、按份责任、相应责任、补充责任、（第三人原因导致的）自己责任的观点。

简言之，本研究的创新之处在于，面对《民法典》侵权责任编中复杂的多数人侵权责任构成和多元的责任形态立法现象，运用利益衡量论及其法律技术衡量因素、政策价值衡量因素，"纵向"上解释并论证一般多数人侵权与特殊多数人侵权在责任形态配置上的一般过程和"共性"，"横向"上分析并论证责任构成、责任形态和责任分担之间的内在逻辑和"个性"。

第四节　使用的理论工具和研究方法

一、使用的理论工具

（一）责任构成论

在侵权法上，归责原则理论和"责任构成论"一直以来是我国侵权法研究的核心内容。既往对于一般多数人侵权的研究，总体上也是以"构成论"为研究进路，例如，在共同加害行为研究中反复被讨论的主观说、客观说，甚至包括折中说和兼指说的争论，实质上是就"主观过错要件"对狭义共同侵权所涵盖的一般多数人侵权类型和连带责任正当性基础所做的讨论。本书对于责任构成论按照传统的侵权行为、损害结果、因果关系和主观过错"四要件说"分别展开探讨，而对于责任构成论本身没有展开探讨。

（二）责任形态论

关于侵权责任形态的理论和规则，本书参照杨立新教授的研究成果，对于我国侵权法上多元责任形态的具体规定做出区分。结合多数人侵权责任的研究重点，在自己责任与替代责任中，未重点讨论后者；在单方责任与双方责任中，未重点讨论过失规则和责任分担等问题；在单独责任与共同责任中，重点讨论后者。在多数人侵权责任中，责任形态论的研究视角着眼于多元责任形态，其视角和方法与责任构成论迥异，其理论前提是：在多数人侵权责任构成的基础上，某一多数人侵权的行为类型与特定的责任形态相"对接"。

（三）责任分担论

侵权法上的侵权责任分担理论，按照王竹教授的观点，主要包括四方面的内容：一是最终责任分担制度，二是受偿不能风险分担制度，三是受偿不能风险实现制度，四是受害人不明情况下的侵权责任分担制度。由于本书的研究重点，对于受偿不能时的"二次分担"制度和"市场份额"理论，以及受害人不明等问题未做深入讨论。

（四）利益衡量论

利益衡量论作为法解释学的方法论之一，为我国学者广泛关注和深入研究。利益衡量论不仅在司法活动中得以应用，在立法活动中也有广阔的应用空间。司法中的利益衡量，是以存在法律漏洞或者法律的模糊性、滞后性为前提条件，主要表现为个案中对冲突利益的具体衡量。立法中的利益衡量，是立法者面对利益资源的稀缺性、利益主体的多元性和利益关系的冲突性所做的取舍和决断。相比于个案的司法裁判结果，立法中的利益衡量更具有宏观性和决定性，对于明确的利益关系，立法上通过具体规则予以明确，对于需要政策考量和价值判断的利益关系，立法上给予原则和方法的指引。按照张新宝教授的观点，利益衡量论在侵权立法上的应用（在司法中的运用，学界基本达成共识）主要包括三方面：一是微观个案层面，对原告的民事权益保护与数名被告的行为自由维护之间的利益衡量，即内部衡量。二是个案的"外部性"层面，是指个人权益保护与社会公益维护之间的利益衡量，即外部衡量。三是特殊衡量，相对一般衡量而言，特殊衡量主要是针对民众利益和弱势群体利益而在立法上予以倾斜保护。

二、研究方法

关于研究方法，主要参阅了梁慧星教授的《民法解释学》（第4版）、刘信平博士的《侵权法因果关系理论之研究》、李璐博士的《论利益衡量理论在民事立法中的运用——以侵权立法为例》、白建军教授的《法律实证研究方法》（第2版）和史晋川教授的《法经济学》（第2版）等书籍及相关文献。

一是法史学研究方法。我国从《民法通则》《人身损害赔偿司法解释》，到《侵权责任法》、《民法典》侵权责任编，先后对多数人侵权的行为类型和责任形态进行了重大调整。从法史学视角，对相关研究成果进行较为完整的梳理、概括，这将有助于理解当前我国多数人侵权责任的理论前沿与存在的问题。

二是比较研究方法。对主要的大陆法系国家、英美法系国家关于多数人侵权行为和责任的法律制度进行考察，重点分析、比较法国、德国等国家民法典，以及欧洲私法统一运动和美国侵权法重述的相关制度规范。

三是法解释学研究方法。运用文义解释、体系解释、限缩和扩张解释等方法，对当前我国多数人侵权责任的法律规定和理论成果进行评析，夯实多数人侵权责任的基础理论。

四是法条梳理研究方法。重点对《民法典》侵权责任编分则部分特殊多数人侵权责任的相关法律条文进行全面梳理、归纳，明确研究范围，突出研究重点，为类型化和体系化解释我国多数人侵权责任提供实在法的基础。

五是类型化研究方法。通过选取一定的类型化标准，即以责任形态的不同类型为标准，对我国多数人侵权中的多元责任形态这一"特殊的"立法现象进行分类和归纳总结，重点分析、比较近似责任形态的 10 个衡量因素之间的具体差别，旨在夯实论证基础。

第一章

对一般多数人侵权责任构成论研究进路的反思

《民法典》侵权责任编第 1168 条至第 1172 条，系统规定了我国一般多数人侵权的类型和体系。这一类型体系的确定，全面吸收了《侵权责任法》的立法成果，充分借鉴了《民法通则》《民通意见》和《人身损害赔偿司法解释》的立法和司法经验以及相关理论研究成果，形成了以共同侵权和分别侵权为主要类型的我国一般多数人侵权责任体系。其中，第 1168 条的狭义共同侵权、第 1169 条的教唆帮助他人侵权、第 1170 条的共同危险行为，构成我国共同侵权的主要类型；分别侵权包括第 1171 条的竞合因果关系分别侵权行为，第 1172 条的结合因果关系分别侵权行为，以及司法解释和理论上的混合因果关系分别侵权行为。本章通过对一般多数人侵权的理论研究成果进行反思，将其概括为责任构成论的研究进路，即将共同过错要件、因果关系特殊性要件、损害结果同一性要件或者数个侵权行为结合类型要件等一个或者综合考虑多个构成要件作为理论切入点，分析并解释一般多数人侵权的责任构成、类型化以及配置为连带责任或者按份责任的合理性等问题。

第一节　法解释学对象之流变

从法史学视角观察，梳理我国关于一般多数人侵权的立法规定、司法解释和法学研究的主要成果，这将有助于理解《民法通则》《民通意见》对于我国共同侵权的体系确立起到的奠基作用，有助于理解《人身损害赔偿司法解释》对于共同侵权的体系发展起到的关键推动作用，也有助于理解《侵权责任法》

对于我国一般多数人侵权的体系完善起到的决定性作用。简言之，回顾我国一般多数人侵权的立法变迁和法学研究成果，有助于理解现行体系的完整性、合理性以及仍然没有完全解决的重要问题和主要争论。

一、一般多数人侵权研究的阶段性

通过较为系统地梳理、反思我国民法学界关于一般多数人侵权的理论研究成果，可以看出学界关于共同侵权研究的理论发展脉络及其"时代性""阶段性"的研究特点。具言之，对于一般多数人侵权的类型化和理论阐释，民法学者的理论研究成果大致可以划分为以下三个主要阶段。

第一个阶段从1986年《民法通则》颁布前后，到2003年《人身损害赔偿司法解释》发布。在此期间，理论研究的重点集中于关于共同侵权主观说、客观说的争论，法解释学的焦点问题和关键词始终围绕"共同侵权"和对"共同"的解释而展开。

第二个阶段从《人身损害赔偿司法解释》发布，到2009年《侵权责任法》颁布前后。在此期间，理论研究的重点集中于关于"直接结合""间接结合"等行为类型及其连带责任的适用等问题，理论上还出现折中说、兼指说等观点。

第三个阶段从《侵权责任法》颁布至今。由于我国一般多数人侵权的类型体系已趋于完善，理论研究的重点相对集中于对分别侵权行为或称"无意思联络的数人侵权"的理论阐释，同时也出现了责任形态论、责任分担论等相关研究成果。

二、法解释学对象的实质性变化

需要特别强调的是，对比《民法通则》《民通意见》和《人身损害赔偿司法解释》《侵权责任法》，前两者主要集中于对共同侵权的规定，后两者则在共同侵权的基础上扩展到分别侵权的具体规定，而且相关条文的具体规定不断发展变化。因此，学界关于一般多数人侵权的解释对象、解释理论也相应地随之变化。主要表现在以下两个方面。

一是在《民法通则》《民通意见》和《人身损害赔偿司法解释》时代，法解释学的对象集中于对"共同侵权"之"共同"的解释。民法学界在解释"共同侵权"时，分为主观说、客观说、折中说和兼指说，其原因在于法解释学当

时的研究对象主要被限定在《民法通则》和相关司法解释对于"共同侵权"的
规定，以及从哪个责任构成要件入手，解释"共同"的含义。"客观说"的出
现和发展，一方面是由于学界普遍认识到"客观关联共同"类型存在的必要性，
另一方面，在当时的法律规定背景下，解释上却难以归入传统的共同侵权理论。

　　本书认为，客观说在本质上并不是与主观说相对立的学说，相反，客观说
恰是在承认主观说的前提下，重点强调客观关联共同也属于共同侵权的一种学
说，是对主观说的继承和发展。同样，所谓"折中说"和"兼指说"也是在
《民法通则》和《人身损害赔偿司法解释》时代对"共同侵权"的一种融合解
释方法。

　　二是在《侵权责任法》颁布之后，法解释学的对象集中于对"共同实施"
和"分别实施"的"体系"解释。《侵权责任法》第8条至第12条对我国一般
多数人侵权类型的体系进行了重新定位，特别是第11条和第12条规定了"分
别实施"的一般多数人侵权类型。因此，从体系解释上看，该法第8条规定的
"共同实施"更有充分理由被解释为主观说，而且在解释上，共同实施还应包括
"协同行为"等情形，但是不应包括"同一时空条件下的分别实施"情形，因
此该条包括了共同过失的情形，总体上应采用"共同过错说"。而《侵权责任
法》第11条、第12条规定的"分别实施"，本身亦说明"客观说"的理论解
释力。

　　总体上，随着我国民事法律和司法解释的变化与更新，民法学界关于多数
人侵权责任的研究，其研究对象从对于共同侵权之"共同"的解释，逐渐发展
到对一般多数人侵权之"体系"的解释。法解释学对象上的这种实质性变化，
在理论研究方面则表现为对相关问题的研究重点和热点的不断变化，甚至包括
选择哪一个或多个构成要件作为研究切入点的复杂过程：其一是主观说通说地
位的确立，其二是主观说受到客观说或称客观关联共同说的冲击，其三是司法
上从数个侵权行为之间的结合程度判断共同侵权类型，其四是从因果关系的特
殊性解释分别侵权行为与连带责任或者按份责任，其五是对于一般多数人侵权
相关条文之间适用关系的讨论，等等。

　　概言之，通过纵向梳理并反思我国民法学界对于一般多数人侵权的研究成
果，本书将这种以一个或者多个责任构成要件作为研究切入点的研究方法和视
角，概括为责任构成论的研究进路。尽管如此，关于我国一般多数人侵权的解

释理论和类型划分，本书对共同侵权持主观说、共同过错说的观点，而对分别侵权持客观说、关联共同说的观点，但这并不是说本书的理论观点就属于折中说或者兼指说。原因在于，本书认为，客观说并不是与主观说相对立的学术观点，相反，一般多数人侵权的客观说恰恰是建立在对主观说认可的基础上，其强调的重点在于通过侵权行为要件和损害结果要件，试图解释"客观关联共同"，从类型上看，或者是"直接结合"的竞合因果关系+同一损害结果，或者是"间接结合"的结合因果关系+同一损害结果，从这个意义上说，客观说是对主观说的发展。

第二节　共同侵权行为

一、共同侵权概说

《民法典》侵权责任编第 1168 条规定了狭义共同侵权行为。① 关于"共同侵权"行为，法学史上出现了主观说、客观说、折中说和兼指说的争论。从《民法典》侵权责任编再次确认我国一般多数人侵权分为共同侵权和分别侵权的立法来看，学说史上对于共同侵权的学说争论，起因主要在于《民法通则》对"共同侵权"规定的模糊性，给法解释学留下了较大的理论空间。此外，《人身损害赔偿司法解释》使用"直接结合"的判断标准，则推动这一学说争论从总体上处于通说地位的主观说，向逐渐得到更广泛认可的客观说（或称客观关联共同说）转变。在《侵权责任法》确立的我国一般多数人侵权的类型体系中，这一学说争论则直接推动了我国共同侵权、分别侵权相界分的一般多数人侵权基本类型的确立，即共同侵权由狭义共同侵权（又称共同加害行为）、教唆帮助他人侵权和共同危险行为等 3 种类型组成，分别侵权由竞合因果关系的分别侵

---

① 在立法史上，1986 年颁布的《民法通则》第 130 条规定，二人以上共同侵权造成他人损害的，应当承担连带责任。2003 年最高人民法院发布的《人身损害赔偿司法解释》第 3 条第 1 款规定，二人以上共同故意或者共同过失致人损害，或者虽无共同故意、共同过失，但其侵害行为直接结合发生同一损害后果的，构成共同侵权，应当依照《民法通则》第 130 条规定承担连带责任。2009 年颁布的《侵权责任法》第八条规定，二人以上共同实施侵权行为，造成他人损害的，应当承担连带责任。

权行为（又称客观关联共同侵权行为）和结合因果关系的分别侵权行为等类型组成。概言之，从法史学中可以观察到这种法解释学"对象"的微妙变化，即从《民法通则》时期对广义"共同侵权"的解释，转变到《侵权责任法》时期对第8条狭义共同侵权和第11条"分别实施+足以造成"的解释。

二、狭义共同侵权

（一）主观说

狭义共同侵权在法解释学上的核心问题是对"共同实施"含义的理解。对此，学者们有共同过错说和意思联络说等不同观点。

1. 共同过错说

梁慧星教授认为，所谓共同实施指行为人就侵权行为之实施有"意思联络"，若无意思联络，则不得称为共同实施，而应属于分别实施，因此，我国侵权法上的"共同实施"共同侵权行为，相当于日本民法所谓"主观共同关系"或"主观的关联共同性"的共同侵权行为。① 王利明教授也持"主观共同说"，更为准确的表述是"共同过错说"。他认为，"共同侵权行为也称为共同过错、共同致人损害，它是指数人基于共同过错而侵害他人的合法权益，依法应当承担连带赔偿责任的侵权行为"②。考虑到对共同侵权的类型划分，并结合分别侵权的具体规定，即从《侵权责任法》确立的一般多数人侵权的体系来看，这是对狭义的共同侵权行为的概念界定。所谓"主观过错的共同性"具体包括三种形式，即共同故意、共同过失和故意与过失相混合的类型。

随着社会的发展进步，人们的民事权益保护观念不断强化，共同侵权的类型不断增加。"现代各国法律大多认为共同侵权可以包括共同过失。"③ 正是因为数个侵权行为人主观上的共同过错，可以将数个行为人的多个侵权行为联结成一个整体，从而为适用连带责任的合法性奠定基础。《侵权责任法》正是"从

---

① 梁慧星. 中国侵权责任法解说 [J]. 北方法学，2011（1）：10.
② 王利明. 侵权责任法研究（第二版）（上卷）[M]. 北京：中国人民大学出版社，2016：521.
③ 王利明. 侵权责任法研究（第二版）（上卷）[M]. 北京：中国人民大学出版社，2016：523.

主观共同出发，区分了狭义的共同侵权行为和无意思联络的数人侵权"①。也有观点认为，共同实施可以解释为"基于共同的行为安排而做出相应行为"②，具体分为共同故意型共同侵权、共同过失型共同侵权和一方故意另一方过失的共同侵权。

主观共同说还认为，不仅《民法通则》第 130 条中的"共同"应按照主观说来解释，《侵权责任法》第 8 条中的"共同"同样应解释为多数侵权行为人主观上的共同，不包括客观上的共同。需要注意的是，此处的讨论限于对主观过错要件的讨论，不涉及对侵权行为要件和损害结果同一性的讨论。"主观共同，是指共同过错，包括共同故意与共同过失。"③ 当数个侵权人是基于共同过错（共同故意、共同过失、故意与过失的混合），造成他人（一个或者多个）损害时，可以将其整体上作为共同加害行为处理。如果数个行为人的行为只是在客观上（缺少主观共同过错要件的数个侵权行为）竞合或者结合在一起，共同造成他人损害，而主观上缺少共同过错这一责任构成要件，那么就只是行为的偶然结合，不能使行为人承担共同侵权的连带责任。④ 对于这一学理上的解释，司法机关和立法机关持肯定态度，例如，相关司法解释认为，共同侵权应包括共同过失的类型。⑤ 相关立法资料也认为，"共同"主要包括三层含义，即共同故意、共同过失以及故意行为与过失行为相结合。⑥

2. 意思联络说

在主观说内部，有共同过错说与意思联络说的具体区别。有观点认为，狭

---

① 王利明. 侵权责任法研究（第二版）（上卷）[M]. 北京：中国人民大学出版社，2016：523.

② 叶金强. 解释论视野下的共同侵权 [J]. 交大法学，2014（1）：142-143.

③ 其中，共同故意是指，不仅每一个行为人对其加害行为都存在个别认识上的故意，而且相互之间还存在必要的共谋。共同过失是指，各个行为人对结果的发生都已经预见或者应当预见，尽管各个行为人没有共同的意思联络，也无意追求损害结果的发生，但在行为实施过程中，行为人对损害结果都有共同的可预见性，因为懈怠、疏忽等而从事了该行为，并造成了同一损害结果。王利明. 侵权责任法研究（第二版）（上卷）[M]. 北京：中国人民大学出版社，2016：538.

④ 王利明，周友军，高圣平. 中国侵权责任法教程 [M]. 北京：人民法院出版社，2010：351.

⑤ 详见最高人民法院《关于审理人身损害赔偿案件适用法律若干问题的解释》第 3 条第 1款的规定.

⑥ 王胜明. 中华人民共和国侵权责任法解读 [M]. 北京：中国法制出版社，2010：42.

义共同侵权仅限于主观共同故意即意思联络，我国民法学界处于通说地位的共同过错说"将传统德国法系中意思联络的内涵进行了扩张。……意思联络仅指共同故意，而不包括所谓的共同过失"①。换言之，受害人如果能够证明数名侵权人具有共同故意，则会减轻其对数个侵权行为与损害结果存在因果关系的证明难度，受害人只需证明其受到的损害，与数人中的一人或多人的侵权行为具有因果关系，即满足最低限度的因果关系证明标准，而无须证明数个侵权行为与损害之间都有因果关系，"将那些具有意思联络的数个加害人实施的侵权行为评价为一个侵权行为……可以有效地实现减轻受害人因果关系证明责任的规范目的"②。"应当明确共同加害行为必须以加害人具有共同故意即意思联络作为主观要件。"③

也就是说，从主观过错要件来看，意思联络能够将数个侵权行为人的一个或多个侵权行为评价为"一个"侵权行为；从因果关系要件来看，意思联络不仅足以作为这一个或多个侵权行为与受害人的损害结果之间，具有责任成立的因果关系的正当性基础，而且能减轻被害人对于多个因果关系的证明难度；从损害结果要件来看，无论受害人遭受一个还是多个损害，其都无须证明每一个侵权行为对其损害都具有原因力，即在数个损害结果的情况下，受害人无须逐一证明每个侵权行为责任范围的因果关系。"意思联络作为共同加害行为的构成要件是由共同加害行为的规范目的所决定的。"④ 同时，为了更好地区分共同侵权与无意思联络数人侵权，解决理论界与实务界对"二人以上共同实施侵权行为"的争论，学者建议在侵权责任编的立法中明确规定，"共同加害行为是指二人以上共同故意实施侵权行为，造成他人损害的情形"⑤。

① 程啸. 论意思联络作为共同侵权行为构成要件的意义 [J]. 法学家，2003（4）：100.
② 程啸. 我国《侵权责任法》中多数人侵权责任的规范目的与体系之建构 [J]. 私法研究，2010（2）：131.
③ 程啸. 民法典侵权责任编的体系结构及总则部分的完善 [J]. 财经法学，2018（6）：14.
④ 程啸. 我国《侵权责任法》中多数人侵权责任的规范目的与体系之建构 [J]. 私法研究，2010（2）：132.
⑤ 程啸. 民法典侵权责任编的体系结构及总则部分的完善 [J]. 财经法学，2018（6）：14.

关于《侵权责任法》第 8 条的"共同"的解释，程啸教授针对共同过错说，还列举了如下反对理由①：其一，如果认为共同过失、故意过失混合两种情形属于共同加害行为，"将导致第 8 条与第 10 条适用上的混乱"。其二，共同过失要求有造成同一损害结果的限制性条件，"如此则使得第 8 条与第 11、12 条难以区分"。换言之，如果认为"共同过错"包括共同过失的类型，在理论一致性上则会出现一定问题，即第 8 条的共同加害行为不要求损害结果的同一性，而在第 11 条和第 12 条中，则会出现在数名行为人主观上共同过失的情况下，却要求其损害结果的同一性。

（二）客观说

在我国民法学说史上，早在 20 世纪 30 年代，就曾出现主观关联共同和客观关联共同（并要求损害结果同一）的争论。20 世纪 80 年代《民法通则》时期，对共同侵权解释的通说是主观说，包括共同故意和共同过失，但是，随着 2003 年《人身损害赔偿司法解释》第 3 条第 1 款用"直接结合"这一法律术语，并提出"在时空上具有一致性"的要求，则使判断标准在承认主观说的基础上出现了"客观化"倾向。

在《侵权责任法》的立法过程中，"争议较大的是如何界定共同侵权行为的本质特征，即确定共同侵权行为究竟是采取主观立场还是客观立场"②。有的意见认为主观说是正确的，共同侵权行为不能向客观化过渡，数名侵权行为人过错要件只能是共同故意和共同过失；有的意见认为，《人身损害赔偿司法解释》第 3 条的意见是正确的，"直接结合"也属于共同侵权的一种类型；还有意见认

---

① 在共同危险行为中，数个侵权行为人责任构成的主观过错要件，典型情况是共同过失，在条文适用顺序上，程啸教授认为应该先适用第 8 条，考察是否构成共同侵权，如果不符合共同侵权的责任构成要件，尤其是过错要件的情况下，再考虑适用第 10 条，考察是否构成共同危险行为。如果将"共同"解释为既包括共同故意，也包括共同过失，将造成司法上对共同危险行为认定的困难（程啸.论无意思联络的数人侵权：以《侵权责任法》第 11、12 条为中心 [J]. 暨南学报（哲学社会科学版），2011（5）：68.）。但是，本书认为，这一理由有些牵强，原因在于共同危险行为的立法目的主要是解决在共同危险行为中，"危险行为人"明确但真正的"侵权责任人"不明的问题，属于因果关系不明的一种情况，其与共同侵权的主要区别不在于主观过错的状态，而在于共同危险行为中的侵权责任人不明。

② 杨立新.《侵权责任法》悬而未决的十五个问题的司法对策 [J]. 中国审判，2010（7）：73.

为，可以适当扩大共同侵权行为类型的涵射范围，但必须确定分类的规则。①

1. 直接结合说

《人身损害赔偿司法解释》第 3 条②，在数名侵权行为人没有共同过错前提条件的限制下，将"直接结合+同一损害"的多数人侵权认定为共同侵权行为，将"间接结合+同一损害"的多数人侵权排除出共同侵权行为的类型，并进一步明确了责任分担的规则是根据过失大小或者原因力比例。③ 司法实践中，如果数个侵权行为紧密结合，无法区分对损害结果（不要求损害结果同一，可以是一个或数个损害）的原因力和加害部分，则可以认定为"直接结合"，即使数个侵权行为的结合具有偶然型，其结合的紧密程度足以使数个侵权行为被认定为一个共同加害行为。从因果关系角度考察，"间接结合"则是指在"多因一果"情形中（要求损害结果的同一性），多个原因行为偶然结合，任何一个侵权行为虽然不一定导致损害结果，但是均符合"若非—则不"的条件因果关系判断。

本书认为，在该司法解释的狭义共同侵权类型中增加新的"直接结合+同一损害"类型，在学说上应归入客观说或称客观关联共同说的范畴。直接结合和间接结合的认定标准，虽然在实践中积累了较为丰富的司法经验，但是，所谓"直接结合"的紧密性和"间接结合"的偶然性，由于该法律语言具有模糊性和不确定性，主要取决于法官针对具体个案的具体判断，因而难以发挥统一裁判标准的作用。

例如，王利明教授认为，该司法解释中"直接结合""间接结合"的区分和术语使用都过于抽象，判断标准更是难于把握，但是前者的连带责任和后者的"相应的责任"对于当事人利害关系的影响却很大。至于结合的紧密程度，

---

① 有关观点的详细内容，参见杨立新.《侵权责任法》悬而未决的十五个问题的司法对策 [J]. 中国审判，2010（7）：73.

② 该条第 1 款规定，共同侵权行为的类型包括共同故意、共同过失和虽无共同故意、共同过失，但其侵害行为"直接结合"发生同一损害后果三种类型。该条第 2 款进一步规定，在没有共同故意或者共同过失的条件下，分别实施的数个行为"间接结合"发生同一损害后果的间接结合行为，根据过失大小或者原因力比例各自承担相应的赔偿责任。

③ 对于过失大小、原因力比例等衡量因素之间的关系和适用顺序，学理上有不同意见，有观点认为应以比较过失大小为主，有观点认为应以比较原因力比例为主，也有观点认为两者地位平等且相互依存。参见宋平. 原因力理论的适用研究 [D]. 泉州：华侨大学，2019.

只能由法官根据个案实际情况具体判断，这可能极大地损害该司法解释的确定性和操作性，法官自由裁量权过大，甚至导致法官实际上可以自由认定，任意选择适用连带责任或者按份责任。① 王利明教授还认为，虽然最高人民法院在区分共同侵权和分别侵权时，采用数个侵权行为直接结合构成共同侵权，数个侵权行为间接结合构成无意思联络的数人侵权的区分标准，但是在后来《侵权责任法》立法中却没有采纳这一观点。②

客观地讲，《人身损害赔偿司法解释》的对象仍是《民法通则》第130条规定的"共同侵权"。如果从《侵权责任法》确立的共同侵权、分别侵权等一般多数人侵权类型观察，对《侵权责任法》第8条狭义共同侵权的体系解释，考虑到第11条规定的"分别实施+足以造成"类型，才能够基本确定对第8条宜采用共同过错说进行解释，而《侵权责任法》第11条虽然没有采用直接结合的判断标准，但立法上还是承认了该类型的分别侵权适用连带责任。

关于何为"直接结合"，张新宝教授曾经举过一个"五角亭案"的著名例子③，对于亭子倒塌的损害结果，村民乙、丙、丁的行为即属于"直接结合"，应按照《人身损害赔偿司法解释》第3条第1款的规定，构成共同侵权并承担连带责任。

2. 客观共同说

全国人大法工委的释义书《中华人民共和国侵权责任法解读》，采用客观共同说的观点。《侵权责任法》第8条中的"共同"一词，既包括共同故意，也包括共同过失，典型情形是多数侵权行为人基于共同的疏忽大意，造成他人的损害，还包括一个或数个侵权行为人的故意行为和其他行为人的过失行为相结合。④ 在承认"共同故意"的多数人侵权行为属于共同侵权的前提下，强调

---

① 王利明. 侵权行为法研究（上卷）[M]. 北京：中国人民大学出版社，2004：689.

② 王利明. 侵权责任法研究（第二版）（上卷）[M]. 北京：中国人民大学出版社，2016：523.

③ 该例子的内容为：村里有一座五角亭，用料考究，建筑质量较好。某日村民甲家里建房需要琉璃瓦，晚上爬到五角亭上盗取了几块琉璃瓦。后村民乙家里建房缺少屋梁木材，晚上将五角亭的一根柱子偷走。随后村民丙家里建房，见有人偷走了五角亭的柱子，就另偷走了一根与第一根柱子不相邻的柱子。因还剩下三根不相邻的柱子，五角亭仍然未倒塌。随后村民丁家里建房，偷走了第三根柱子，结果亭子倒塌。参见北大法宝网站：https：//www.pkulaw.com。

④ 王胜明. 中华人民共和国侵权责任法解读[M]. 北京：中国法制出版社，2010：42.

"共同过失"的多数人侵权行为也属于共同侵权类型。按照这一观点,"共同"既包括主观共同关联性,也包括客观共同关联性。主观共同关联是指,数个侵权行为人对于侵权行为有事前的共同故意或共同认识;客观共同关联是指,数人的行为虽无意思联络,却导致了同一损害后果。①

总体上,客观共同说与《人身损害赔偿司法解释》第 3 条第 1 款的规定近似,虽然其理论基础、法律术语使用不同,但是其解释对象均为《侵权责任法》第 8 条中"共同实施"的含义。②

杨立新教授对共同侵权的解释采用主客观共同说。③ 他认为,"行为人的主观关联或者客观关联,造成同一损害后果形成后果关联,是构成共同侵权行为的基础"④,并特别强调,如果数名侵权行为人在客观上有关联,且符合同一损害即形成后果关联的,应适用《侵权责任法》第八条的规定。杨立新教授认为,共同侵权行为的类型还包括"准共同侵权行为"和"交叉的共同侵权行为"。⑤ 准共同侵权行为的类型又分为三类:一是共同危险行为。二是"叠加的共同侵权行为",例如,《侵权责任法》第十一条的规定。⑥ 需要说明的是,杨立新教授后来认为该条还是属于分别侵权行为而不是共同侵权行为,故做出观点改变。三是其他规定为连带责任,但实际上不符合共同侵权行为特征的特殊多数人侵权行为。⑦ 前述三种准共同侵权行为的特点是立法上均规定为连带责任,即以责任形态的规定倒推共同侵权行为的类型。而交叉的共同侵权行为,是指行为人在主观上有关联,而在客观上没有关联的,其法律后果是承担单向

---

① 杨立新.《中华人民共和国侵权责任法》精解 [M]. 北京:知识产权出版社,2010:61.

② 程啸. 我国《侵权责任法》中多数人侵权责任的规范目的与体系之建构 [J]. 私法研究,2010(2):136.

③ 杨立新.《中华人民共和国侵权责任法》精解 [M]. 北京:知识产权出版社,2010:61.

④ 杨立新. 论竞合侵权行为 [J]. 清华法学,2013(1):126.

⑤ 行为人在主观上有关联,在客观上没有关联的,构成"交叉的共同侵权行为",产生的是单向连带责任。典型情况是《侵权责任法》第 9 条第 2 款规定的教唆、帮助行为能力欠缺者实施侵权行为。杨立新. 论竞合侵权行为 [J]. 清华法学,2013(1):126.

⑥ 参见杨立新. 侵权责任法条文背后的故事与难题(第二版)[M]. 北京:法律出版社,2018:60.

⑦ 例如,《侵权责任法》第五十一条、第七十四条和第七十五条的规定等。

连带责任。①

　　杨立新教授还针对教唆、帮助行为能力欠缺者侵权这一类型，提出了"单向连带责任"的概念。他认为，教唆、帮助人"应当承担侵权责任"在性质上属于连带责任，而未尽到监护责任的监护人"应当承担相应的责任"在性质上属于按份责任。"这种行为……是共同侵权行为和分别侵权行为的结合，其主要特征是共同侵权行为。"② 需要注意的是，如果将共同侵权的类型扩大到"准共同侵权"和"交叉共同侵权"，那么所谓"客观关联"的多数人侵权，则应被划归为最初讨论的共同侵权的基本类型之一，本书认为其指称的对象是共同过失或者故意与过失结合类型的共同侵权。

　　王竹教授虽然采用客观关联共同说，但其具体内容却不同于传统民法学说上对客观说的一般理解，他认为："我国侵权法上的'直接结合共同侵权行为'实质上就是客观关联共同侵权行为。"③ 按照本书的理解，一方面，客观关联共同说指称的对象是共同过错之外的情形，与传统民法的客观说存在明显的区别，其研究的重点是以承认主观关联共同侵权行为和连带责任形态为基础，重点论证为什么要将客观关联共同与连带责任形态相适应的问题，即连带责任的正当性基础。"现代侵权法上连带责任成立范围的核心问题是如何在共同过错侵权行为之外确立合理标准来划定连带责任的成立范围。"④ 另一方面，客观关联共同说建立在对"共同关系"扩张解释的基础之上，而解释上对于共同关系范围的不断扩大，客观上导致共同侵权类型不断丰富发展，这主要是大陆法系侵权法为了回应社会发展变化，在实用主义原则的指导下，对连带责任的适用范围在法解释学上不断扩大解释的结果。

---

① 例如，《侵权责任法》第9条第2款教唆、帮助无民事行为能力人或者限制民事行为能力人侵权的规定。

② 杨立新. 论竞合侵权行为 [J]. 清华法学，2013（1）：126-127.

③ 王竹. 论客观关联共同侵权行为理论在中国侵权法上的确立 [J]. 南京大学法律评论，2010（1）：79.

④ 王竹. 论客观关联共同侵权行为理论在中国侵权法上的确立 [J]. 南京大学法律评论，2010（1）：79.

但需要注意的是，客观关联共同说仍是从多数人侵权责任的侵权行为要件和损害结果要件出发，其可能存在的问题是：如果说直接结合属于客观关联共同并适用连带责任，那么"间接结合"也属于客观关联共同，为什么适用按份责任呢？换言之，客观关联共同的理论概括与我国司法实践中"直接结合、间接结合"的判断标准，都具有较大程度的模糊性和不确定性。

综合上述分析，学者们对于"客观说"内涵的理解本身存在分歧。本书认为，总体上对于"客观说"可以从三个层面来理解：一是《民法通则》第130条规定的"共同过失"类型共同侵权，属于客观说的范畴。二是《人身损害赔偿司法解释》第3条第1款"直接结合"类型共同侵权，属于客观说的范畴。三是《侵权责任法》第11条"分别实施+足以造成"的分别侵权行为，也属于客观说的范畴。

需要注意的是，《人身损害赔偿司法解释》第3条第1款采用"直接结合"的判断标准是从侵权行为要件的角度切入，即重点关注数个侵权行为之间的相互关系、内部关系；《侵权责任法》第11条规定的竞合因果关系的分别侵权行为，主要是从因果关系要件的角度切入，即重点关注其因果关系类型明显区别于其他一般多数人侵权类型的因果关系。二者之间的主要差别表现为对不同责任构成要件的切入角度不同，申言之，对《民法通则》第130条规定的共同侵权的解释，主观说和客观说的争论对于法学发展具有重要推动作用，《人身损害赔偿司法解释》第3条第1款的规定，则在司法实践层面推动了客观说的发展。但是，从对《侵权责任法》第8条、第11条的体系解释来看，此时对狭义共同侵权显然应采用主观说的观点。换言之，我国民法传统上对于共同侵权解释的主观说和客观说，在当时的时代背景下是十分必要且有重要意义的，而当《侵权责任法》系统规定我国一般多数人侵权的类型体系，特别是其第十一条规定"分别实施+足以造成"的一般多数人侵权类型，从某种意义上说是在立法上对客观说的认可。

（三）兼指说

关于共同侵权的解释，理论上还出现了"兼指说"的观点。兼指说又称"意思联络共同与行为关联共同兼指说"，综合考量多数人侵权责任构成要件中的侵权行为要件和主观过错要件，强调对于共同加害行为中的共同要件要采取广义解释，兼顾数个侵权行为相互结合的实际情况，"我国审判实务中的共同侵权兼采行为共同与意思共同两种类型"。① 兼指说意味着，"只要主观上共同了就不再考虑客观上的行为，只要客观上行为共同则不再考虑主观心态"②。换言之，是对共同侵权类型的最广泛意义上的扩张解释，而且综合考量侵权责任构成要件的共同过错和侵权行为。在兼指说的理论框架中，相应地，狭义共同侵权行为的概念被严格限定，是指"数个侵权行为人基于意思联络实施的数个侵权行为和数个侵权行为人实施的同一侵权行为"③。

（四）对前述学说的简要述评

通过对前述主观说、客观说和兼指说等不同理论观点的梳理，本书认为：

一是在《民法通则》时代，法解释学的对象为第130条的"共同侵权"，主观说与客观说并非两种对立的观点，其争论焦点在于所谓"客观关联共同"是否应被纳入共同侵权的范畴，并作为共同侵权的类型之一。

二是《人身损害赔偿司法解释》第3条第1款采用"直接结合"的判断标准，其解释对象仍然是《民法通则》第130条规定的"共同侵权"，因此，本书认为该司法解释明显采用了客观说的理论观点。

三是在《侵权责任法》时代，当解释对象为其第8条的"共同实施"时，如果结合《侵权责任法》第11条竞合因果关系的分别侵权行为的规定，本书认为，立法者对于《侵权责任法》第8条的解释采取了主观说的观点，同时将客观说着力强调的"客观关联共同"类型归为分别侵权，而不再作为共同侵权的类型之一。因此，对《侵权责任法》第8条的解释理论，本书赞同主观说、共同过错说。

四是从客观说强调的重点内容来看，后来所谓的"折中说""兼指说"其实与客观说在主要观点和类型划分方面具有内在一致性。

---

① 最高人民法院侵权责任法研究小组.《中华人民共和国侵权责任法》条文理解与适用（第二版）[M]. 北京：人民法院出版社，2016：65.

② 杨会. 数人侵权责任研究 [M]. 北京：北京大学出版社，2014：38.

③ 杨会. 数人侵权责任研究 [M]. 北京：北京大学出版社，2014：38.

三、教唆帮助他人侵权

《民法典》侵权责任编第1169条规定了教唆帮助他人侵权行为。① 2009年颁布的《侵权责任法》第9条在规范教唆、帮助他人侵权行为时，其第1款与之前《民通意见》的相关规定相比没有变化②；第2款则对教唆、帮助行为能力欠缺者的侵权行为的责任承担规则进行了调整，明确教唆、帮助人的侵权责任和监护人承担其未尽到监护责任相应的责任。

（一）共同侵权类型的拓展

对于教唆、帮助他人侵权行为，学界有共同侵权说和"视为"共同侵权说两种差别不大的观点。③ 虽然"视为"说有一定的道理，但本书认为，对比我国刑法中将教唆帮助犯罪作为共同犯罪的一种类型，并将教唆犯认定为主犯，将帮助犯按照其作用区分主犯或从犯的司法实践来看，教唆帮助他人侵权行为在民法上宜归类为共同侵权。而且从《民法典》侵权责任编第1168条至第1170条规定的类型来看，对于教唆帮助他人侵权也采纳了第一种观点，即共同侵权行为说，因此，教唆帮助他人侵权行为是对狭义共同侵权类型的扩张解释和新发展。

在狭义共同侵权行为中，典型情形是数名侵权行为人都是加害行为的实行行为人，一般情况下分工也不明确。"但在一些事先通谋或其他共同故意的共同侵权中，数个侵权人之间可能具有不同的分工……有的人只是教唆、帮助他人

---

① 在立法史上，1988年最高人民法院发布的《民通意见》第148条区分被教唆帮助人3种不同情形，分别规定了不同的民事责任。其第1款规定，教唆、帮助他人实施侵权行为的为共同侵权人，应当与行为人承担连带民事责任，即共同侵权与连带责任；第2款规定，教唆、帮助无民事行为能力人实施侵权行为的为侵权人，应当承担民事责任，即单独侵权与单独责任；第3款规定，教唆、帮助限制民事行为能力人实施侵权行为的为共同侵权人，应当承担主要民事责任，即共同侵权与主要责任。

② 即教唆、帮助完全行为能力人实施侵权行为的，构成共同侵权，教唆、帮助人与该实施侵权行为的完全行为能力人承担连带责任。

③ 共同侵权说认为，教唆、帮助人与行为人具有共同的意思联络，因此，教唆帮助的行为与直接实施的行为被评价为共同侵权。"视为"共同侵权说认为，共同侵权是一个概括性的上位的概念，教唆帮助他人侵权属于共同侵权的下位概念，从类型上观察，共同侵权具体包括共同加害行为、教唆帮助他人侵权行为和共同危险行为三类。参见程啸.共同侵权行为 [M] //王利明.人身损害赔偿疑难问题：最高人民法院人身损害赔偿司法解释之评论与展望. 北京：中国社会科学出版社，2004：137.

从事侵权行为。"① 正是基于共同故意而进行具体分工，或者在教唆帮助他人侵权中形成了"意思联络"，数名侵权行为人的实行行为虽然可能不同，但基于意思上的共同，使得一名或数名行为人的侵权行为与其他行为人的行为被评价为一个不可分割的整体，纳入共同侵权的类型之中。而且，从因果关系的证明责任承担来观察，在教唆帮助他人侵权案件中，被侵权人举证证明直接侵权人的侵权行为、损害结果、两者之间的因果关系并不困难，但是如果没有规定"教唆人、帮助人也视为共同加害行为，他们要与直接加害人一起就受害人的全部损害承担赔偿责任……使受害人无须证明教唆人、帮助人的行为与损害之间的因果关系"②，而只需证明存在教唆或者帮助行为，或者存在教唆或者帮助的主观过错，即可使教唆人、帮助人与直接侵权人承担连带责任。

责任构成方面，一是从侵权行为看，直接侵权人实施的侵权行为可以是一个或数个；二是从损害结果看，被侵权人遭受的损害结果不需要满足"同一性"要求；三是从因果关系看，侵权行为与损害结果之间要在符合"若非一则不"规则的必要性判断基础上，满足相当性的判断标准；四是从主观过错上看，直接侵权人对于自己的侵权行为存在的典型的情形是故意，也可能存在过失的情形。复杂之处在于，教唆人或者帮助人对直接侵权人主观过错的引起与被引起之间的关系。一般认为，教唆人多出于主观故意，例外情况也可能是"言者无意，听者有心"的过失，帮助人的主观过错则既可能是故意，也可能是过失。通过上述分析，本书认为，教唆帮助他人侵权作为共同侵权的一种类型，在责任构成方面的判断上没有太过特殊之处。

（二）教唆与帮助相区分的观点

在教唆帮助他人侵权行为的主观过错方面，有观点认为，教唆人的主观过错限于故意，即教唆人不仅有教唆的故意，而且对被教唆人的侵权行为持直接或者间接故意的态度；被教唆人实施侵权行为的主观过错则既可能出于故意，也可能出于过失。而帮助人的主观过错则既可能是故意，即帮助人和被帮助人都具有共同致人损害的意思联络，也可能是过失（甚至包括没有过失），即在其

---

① 王利明. 侵权责任法研究（第二版）（上卷）［M］. 北京：中国人民大学出版社，2016：542.

② 程啸. 我国《侵权责任法》中多数人侵权责任的规范目的与体系之建构［J］. 私法研究，2010（2）：133.

不知情或者不能预见的情况下，"如果客观上对侵权行为起到辅助作用，也可能构成共同侵权"①。

也有观点认为，教唆者与被教唆者之间、帮助者与被帮助者之间通常均应为故意，但在被教唆者、被帮助者为过失的情形下，也不一定排除构成共同侵权的可能，"教唆必为故意，至于帮助则可能存在无意而助他人致害之可能"②。

王泽鉴教授认为，"稳妥的思考方法是，造意、帮助仍须以故意为必要，过失造意或过失帮助，则依'行为关联加害行为'处理"③。有鉴于此，有学者认为，在主观过错这一责任构成要件的证明上，只需证明教唆人与被教唆人有明示或者默示的意思表示即可，但是在帮助他人侵权中，帮助人与被帮助的实行行为人之间的共同过错，应提高其证明标准，原则上以明确的意思联络为标准。④

（三）"相应的责任"性质为何

比较难理解的问题，不在于教唆帮助他人侵权的责任构成，而是其责任形态的"模糊性"。一方面，我国侵权法对于教唆帮助他人（完全行为能力人）侵权行为，规定了教唆帮助人与直接侵权人的连带责任。另一方面，对于教唆帮助行为能力欠缺者实施的侵权行为，我国侵权法既规定了教唆帮助人应承担的侵权责任，同时又规定了行为能力欠缺者的监护人承担"或有"的过错责任，即"相应的责任"，这种对于责任形态规定的不确定性，正是理解教唆帮助他人侵权行为承担什么类型的以及多大份额的侵权责任的焦点问题。

有学者指出如下问题：一是未进一步区分教唆、帮助的对象是无民事行为能力人还是限制行为能力人，以及对象不同时的法律后果，笼统规定"承担侵权责任"可能导致司法适用上的问题，此外，教唆帮助人责任与监护人的替代责任之间是不是连带责任关系也存在疑问。⑤ 二是我国侵权法规定在教唆帮助行为能力欠缺者进行侵权行为时，监护人未尽监护职责时承担"相应的责任"，换

---

① 王利明. 侵权行为法研究（第二版）（上卷）[M]. 北京：中国人民大学出版社，2004：710-712.

② 叶金强. 解释论视野下的共同侵权 [J]. 交大法学，2014（1）：143.

③ 王泽鉴. 侵权行为 [M]. 北京：北京大学出版社，2009：366.

④ 杨立新. 侵权法论 [M]. 北京：人民法院出版社，2005：601.

⑤ 王竹. 论教唆行为与帮助行为的侵权责任 [J]. 法学论坛，2011（5）：68-69.

言之,"实际上正是否定了被教唆、被帮助之无完全民事行为能力人的责任"①。

我国民法学界对"相应的责任"研究成果不多,一般认为其属于按份责任,应当综合考量过错程度、原因力大小等因素以确定各自的责任。但是,本书认为,在教唆帮助行为能力欠缺者情形下,监护人"相应的责任"在性质上不是简单的按份责任,也不是责任分担规则,而是在教唆帮助人承担侵权责任前提下,对于有可能有过错的监护人承担责任的类型和最终责任大小的概括性规定。

从责任类型看,"相应的责任"可以表述为教唆帮助人确定的侵权责任+监护人或有的相应责任,即无论是教唆帮助无行为能力人还是限制行为能力人,教唆或者帮助人都要承担确定的全部责任,而监护人是否承担责任则具有不确定性:一方面,监护人在履行了监护职责和没有过错的情况下,不必承担对行为能力欠缺者侵权行为的替代责任;另一方面,在监护人有过错,即未尽到监护职责时,法律规定其承担"相应的"责任,而这种"相应的"替代责任的大小,则是与监护人未履行法定监护职责的过错大小或者原因力比例相关。另外,对于监护人是否有追偿权的问题,也没有立法和司法解释方面的说明。

四、共同危险行为

《民法典》侵权责任编第1170条规定了共同危险行为。② 2003年最高法发布的《人身损害赔偿司法解释》,其第4条第一次在实体法层面规定了共同危险行为,并明确了连带责任形态。③ 随后,2009年颁布的《侵权责任法》第10条

---

① 叶金强. 解释论视野下的共同侵权 [J]. 交大法学,2014(1):144.

② 在我国立法史上,2001年最高人民法院颁布的《关于民事诉讼证据的若干规定》第4条第7项首次做出规定,即因共同危险行为致人损害的侵权诉讼,由实施危险行为的人就其行为与损害结果之间不存在因果关系承担举证责任。不过,该司法解释主要是从举证责任的角度对共同危险行为做出的规定,并非从实体法规则上对共同危险行为制度的建构。

③ 该条规定,"二人以上共同实施危及他人人身安全的行为并造成损害后果,不能确定实际侵害行为人的,应当依照民法通则第一百三十条规定承担连带责任。共同危险行为人能够证明损害后果不是由其行为造成的,不承担赔偿责任"。2020年12月,最高人民法院做出关于修改该司法解释的决定,将该条删除。

总体上延续了前述司法解释中的主要内容。①

"共同危险行为"在德国法上被称为"参与危险行为"②。共同危险行为，在我国又被称为"准"共同侵权行为，王利明教授将其界定为"数人实施的危险行为都有造成他人损害的可能，其中一人或者数人的行为造成他人损害，但不知数人中何人造成实际的损害"③。结合立法机关和司法机关的解释④，共同危险行为中的"共同"可以从两方面理解：主观方面，多个危险行为人的过错仅限于共同过失；客观方面，数个危险行为具有时间上和空间上的同一性，当然在例外情况下，数个危险行为人也可能在不同时间、不同地点实施危险行为。共同危险行为中的"危险"，其重点在于明确侵害他人人身、财产权益的高度可能性。

关于共同危险行为能否在特殊侵权中适用的问题，学界基本达成共识，认为可以在特殊责任主体和特殊侵权中适用。例如，有观点认为，《德国民法典》第830条第1款第2句⑤关于共同危险行为（择一因果关系）的规定，可以普遍适用于过错责任、推定过错和无过错责任的各类侵权行为。我国侵权法上的共同危险行为既然没有明确规定其只能适用于过错责任原则的多数人侵权，"故解释论上应认可共同危险行为制度在无过错责任领域的适用"⑥。还有观点认为，无论在一般侵权还是在特殊侵权中，都可能出现择一因果关系，即因果关系不

---

① 该条规定："二人以上实施危及他人人身、财产安全的行为，其中一人或者数人的行为造成他人损害，能够确定具体侵权人的，由侵权人承担责任；不能确定具体侵权人的，行为人承担连带责任。"
② 王泽鉴.侵权行为法（第二册）[M].台北：自版，2006：43.
③ 王利明.侵权责任法研究（第二版）（上卷）[M].北京：中国人民大学出版社，2016：557-558.
④ 相关论述，参见黄薇.中华人民共和国民法典侵权责任编解读[M].北京：中国法制出版社，2020：27-28；最高人民法院侵权责任法研究小组.《中华人民共和国侵权责任法》条文理解与适用（第二版）[M].北京：人民法院出版社，2016：84-85；王利明.侵权责任法研究（第二版）（上卷）[M].北京：中国人民大学出版社，2016：569-571；张新宝.侵权责任法（第四版）[M].北京：中国人民大学出版社，2016：47-48.
⑤ 《德国民法典》第830条规定了共同行为人与参与人，其第1款规定，数人共同为侵权行为致生损害者，各应对该损害负责。不能知数参与人中孰为以其行为致生损害者，亦同。条文参见台湾大学法律学院，台大法学基金会.德国民法典[M].北京：北京大学出版社，2017：736.
⑥ 叶金强.共同危险行为争议问题探析[J].法学论坛，2012（2）：11.

明的情况，所以共同危险行为原则上也在特殊侵权类型中适用。① 对于我国侵权法上共同危险行为的规定，学界争议的问题主要在于减免责事由、与相关条文的衔接适用等问题。

（一）无因果关系能否免责

关于共同危险行为的减免责事由，民法学界争议的主要内容是，当行为人能够证明自己的危险行为与损害结果之间没有因果关系时，是否可以因此免责？对此，多数学者持支持的观点。②

张新宝教授认为，在内部规则上，该条既规定"能够确定具体侵权人的，由侵权人承担责任"，其他行为人可以免责，免责的原因是不存在因果关系，同时又规定"不能确定具体侵权人的，承担连带责任"，那么，如果某一共同危险行为的行为人有明确的证据并且能够证明其虽然实施了危险行为，但与损害结果并无因果关系，该行为人仍不能免责而且要承担的是最为"严厉"的连带责任，明显欠缺合理性。③

虽然支持免责的学者占多数，但是，反对的观点也十分有力。例如，王利明教授认为，共同危险行为的本质特征在于加害人不明，只有在确定了具体的加害人之后，才能免除其他共同危险行为人的责任。④ 其主要理由是，虽然《人身损害赔偿司法解释》第4条曾有过明确的规定⑤，但在《侵权责任法》的确立时就已经抛弃了这一观点。

本书认为，关于共同危险行为的立法规定，实际上是在承认人类认识事物、

---

① 程啸. 论共同危险行为的构成要件：以《侵权责任法》第10条为中心 [J]. 法律科学（西北政法大学学报），2010（2）：126.

② 例如，程啸教授认为："共同危险行为本质上就是侵权法上肇因原则的立法，是一种因果关系的推定，故此应当明确行为人可以通过举证推翻这种推定来免除责任。"（程啸. 民法典侵权责任编的体系结构及总则部分的完善 [J]. 财经法学，2018（6）：14.）叶金强教授认为，如果允许无因果关系的行为人免责，并不会导致受害人无救济的情形，因为不可能发生所有的行为人都能够证明自己的行为与损害后果之间无因果关系的情形，"共同危险行为连带责任的基础在于可能因果关系，故在确定不存在因果关系时，承担连带责任的基础业已丧失，当然应免于承担责任"。（叶金强. 共同危险行为争议问题探析 [J]. 法学论坛，2012（2）：14.）本书赞同这种观点。

③ 张新宝. 民法分则侵权责任编立法研究 [J]. 中国法学，2017（3）：52-53.

④ 王利明. 论共同危险行为中的加害人不明 [J]. 政治与法律，2010（4）：78.

⑤ 该条规定："共同危险行为人能够证明损害后果不是由其行为造成的，不承担赔偿责任。"

证明事物能力有限性的基础上，进而在立法上不得不采取的一种法律技术手段，而且既然共同危险行为和连带责任的正当性基础在于择一因果关系，那么能够证明没有责任成立因果关系的行为人，本不应承担侵权责任，更何况是连带责任。严格来讲，在共同危险行为中，能够确定的案件事实是，一定不是所有的共同危险行为人都与受害人的损害之间存在责任成立的因果关系，无论是从立法论还是解释论上，对于共同危险行为中的这种"可能因果关系"或者因果关系推定，应该允许由共同危险行为人通过证明无因果关系而排除其责任，而且《民法典》侵权责任编第1170条既没有规定共同危险行为的免责事由，又没有明确否定司法实践中的这一做法。

（二）与前后条文的衔接适用

共同危险行为与前后条文的衔接适用，主要涉及与狭义共同侵权行为、分别侵权行为等条文的区别和衔接适用问题。

一方面，我国侵权法上的共同危险行为与狭义共同侵权行为，在适用上可能存在冲突。例如，有观点认为，为准确区分共同危险行为与共同过失型共同侵权，在特定情况下，如基于共同计划或者共同安排而实施某种具有致害可能性的行为，而数个行为人均有疏忽大意或者过于自信的过失，"则此种致害可能性实现时共同过失型共同侵权就构成了，同时，排除共同危险行为的构成"①。也有观点认为，如果共同侵权既包括共同故意型，也包括共同过失型，甚至包括"直接结合"型，那么在适用共同危险行为规则时，须先排除可能构成狭义共同侵权行为的三种情况，即先要排除数个行为人的意思联络，再排除数个行为人的共同过失，最后排除数个侵害行为直接结合并发生同一损害。由于共同危险行为人主观过错的典型情形是共同过失，"仅就排除共同过失而言，就相当困难"②。本书认为，侵权法确立共同危险行为的目的，主要是解决"加害人不明"的情况，而不在于排除行为人的主观过错类型，换言之，如果能够确定具体的侵权人，无论实施危险行为的数个行为人其主观过错状态如何，则当然都不适用该规则。

另一方面，我国侵权法上的共同危险行为与结合因果关系分别侵权行为的

---

① 叶金强. 共同危险行为争议问题探析 [J]. 法学论坛，2012（2）：13.

② 程啸. 论共同危险行为的构成要件：以《侵权责任法》第10条为中心 [J]. 法律科学（西北政法大学学报），2010（2）：128.

责任轻重不相适应。例如，有观点认为，对于结合因果关系的分别侵权行为，在能够确定责任大小时，由数个侵权行为人各自承担相应的责任，允许能够证明不存在因果关系的行为人免责；而在共同危险行为中，"不允许无因果关系行为人的免责会产生情节轻重与责任轻重不相适应的矛盾"①。还有观点认为，如果数个行为人事先没有意思联络，甚至没有任何形式的联络与交流，只是在客观上的同一时空中分别从事某种可能致害的行为，行为主体之间的关联性、致害行为之间的关联性都很弱时，"则共同过失型共同侵权不能构成，但可能构成共同危险行为"②。此外，在概念界定上，不能将从事危险行为的人都界定为共同危险行为人，理由在于，虽然行为人参与实施了危险行为，但其行为与损害结果没有因果关系，"在概念上则不应被称为共同危险行为人"③。

（三）适用连带责任的正当性

有观点认为，共同危险行为属于责任者不明型共同侵权，"客观共同侵权连带责任之基础在于可能因果关系"④。具体到共同危险行为，作为责任者不明型共同侵权，从因果关系理论考察，其承担连带责任的正当性基础在于可能因果关系或者择一因果关系，当行为人能够证明自己参与的危险行为与损害结果之间不存在因果关系时，就应当免除责任。

但是，也有观点认为，在现代侵权法的数人侵权行为承担连带责任的理论基础从主观说转为关联共同说的背景下，将共同危险行为的法律后果与连带责任"对接"，其正当性基础"不再是共同过失，而是客观危险的可责难性"⑤。申言之，出于同样的原因，对于最终责任分担也应按照客观危险比例进行。换言之，共同危险行为承担连带责任的正当性基础在于客观危险的可责难性，能够证明自己没有实际造成损害的共同危险行为人，应该对其他行为人承担第二顺位的补充责任。

诚如叶金强教授所言："正是连带责任的正当化基础，决定着……共同危险

---

① 张新宝．民法分则侵权责任编立法研究［J］．中国法学，2017（3）：53.
② 叶金强．共同危险行为争议问题探析［J］．法学论坛，2012（2）：13.
③ 张新宝．民法分则侵权责任编立法研究［J］．中国法学，2017（3）：53.
④ 叶金强．解释论视野下的共同侵权［J］．交大法学，2014（1）：144.
⑤ 王竹．再论共同危险行为：以客观关联共同侵权行为理论为视角［J］．福建师范大学学报（哲学社会科学版），2010（4）：138.

行为免责事由和适用领域。"① "基于意思以及基于因果关系，均可以形成正当化连带责任的'一体性'。"② 换言之，在主观共同侵权中，连带责任的适用不必考虑各行为是否足以导致全部损害的发生，因为共同过错的这一责任构成要件的存在，已经降低或者部分涵盖了对因果关系要件的要求，即在共同故意涵射范围内的所有损害，均与共同侵权行为人的一个或数个行为具有因果关系。而在竞合因果关系的分别侵权中，即所谓"客观共同侵权"③ 中，在排除存在共同过错的前提下（否则，共同过错将导致该类型的多数人侵权被归入主观共同侵权），其最突出的特征即因果关系不明，每一个危险行为均可能导致全部损害的发生，因而有关数个危险行为人承担连带责任的理论基础，可以从因果关系类型特殊的角度论证其合理性。

本书进一步认为，对于结合因果关系的分别侵权行为，在"加害部分不明"时，虽然其核心特征也是因果关系不明，但这不属于责任构成或者责任形态的理论范畴，而仅仅是具体的责任分担规则，其目的在于"确定责任大小"或者说确定实际的责任分担，主要运用责任分担规则即综合考虑过错程度和原因力大小，在多个侵权责任人之间分配各自的责任份额。

（四）因果关系不明的解释理论

对于共同危险行为中因果关系不明的解释，传统上，德国法采用"选择性因果关系"理论④，美国侵权法也有类似的"选择责任"理论。⑤ 我国《关于民事诉讼证据的若干规定》，在第4条第1款第7项规定因果关系推定、举证责任倒置⑥，得到我国多数民法学者的支持。

对于共同危险行为中因果关系不明的解释理论，也有观点认为，"法国法的

① 叶金强. 共同危险行为争议问题探析 [J]. 法学论坛，2012（2）：11.

② 叶金强. 共同侵权的类型要素及法律效果 [J]. 中国法学，2010（1）：63.

③ 叶金强. 共同危险行为争议问题探析 [J]. 法学论坛，2012（2）：11.

④ 梅迪库斯. 德国债法总论 [M]. 杜景林，卢谌，译. 北京：法律出版社，2004：449.

⑤ HENDERSON J A, PEARSON R N, KYSAR D A, et al. The Torts Process [M]. 7th ed. New York：Aspen Publishers，2007：119-124.

⑥ 该项规定："因共同危险行为致人损害的侵权诉讼，由实施危险行为的人就其行为与损害结果之间不存在因果关系承担举证责任。"

'群体危险行为'理论与'客观关联共同说'的理论框架更为契合"①，应改变传统上选择因果关系理论的解释路径，转而采用群体危险行为理论。"群体危险行为"这一概念本身，即表明其主要特征有二：一是行为的群体性，二是行为的危险性。判断行为的群体性，即判断数个行为之间是否具有客观关联共同性，包括行为是否具有时空一致性、行为人是否具有参与性等方面；判断行为的危险性，应该考虑行为具有致害的可能性、行为的同类致害性以及危险的不合理性等方面。

（五）责任构成要件的列举式分析

关于共同危险行为的责任构成要件，特别是如何理解"二人以上实施危及他人人身、财产安全的行为""其中一人或者数人的行为造成他人损害""不能确定具体侵权人"等问题。有观点认为，该条"不是侵权责任成立规范，而只是证明责任分配规范"②，并提出共同危险行为的构成要件包括：一是客观上数人实施了危险行为③；二是有损害结果，并由受害人对损害结果负证明责任；三是因果关系不明，这里的因果关系不明仅指责任人不明，即择一因果关系形态，而不包括责任份额不明的情况；四是无意思联络是共同危险行为的消极主观要件。④

本书认为，该条中"二人以上实施"危险行为，既可能是"共同实施"，也可能是"分别实施"，因此，共同危险行为人的行为无须时空同一性的观点，有待商榷。以下两个例子，用以对比说明共同危险行为的责任构成要件中，其最核心的特征，既不是危险行为属于共同实施还是分别实施，也不是其共同过错的类型为何，更不取决于损害结果的严重程度，而仅仅在于因果关系不明。

例1：故意伤害案。A故意往楼下扔玻璃瓶想砸中C，几乎同时，B也故意

---

① 王竹．再论共同危险行为：以客观关联共同侵权行为理论为视角［J］．福建师范大学学报（哲学社会科学版），2010（4）：141.

② 程啸．论共同危险行为的构成要件：以《侵权责任法》第10条为中心［J］．法律科学（西北政法大学学报），2010（2）：126.

③ 具体包括：（1）存在数个共同危险行为人；（2）二人以上实施了行为；（3）共同危险行为人的行为无须时空同一性；（4）数人的行为均具有导致他人权益遭受特定损害的危险性。

④ 程啸．论共同危险行为的构成要件：以《侵权责任法》第10条为中心［J］．法律科学（西北政法大学学报），2010（2）：125-133.

往楼下扔玻璃瓶想砸中C，假如A、B两人事先均不知道对方，结果C被一个瓶子击中，不知何人所为。当C受到轻伤以上损害时，从刑法故意伤害罪的犯罪构成看，一方面，A、B因为没有共同故意，不是共同犯罪。另一方面，虽然从逻辑上可以判断A、B中肯定有1人既遂、1人未遂，但是在"不能确定具体侵权人"情况下，只能按照刑事诉讼法"疑罪从无"的原则，认定A构成故意伤害罪（未遂）、B构成故意伤害罪（未遂），这本质上是一个无法查清行为人、证明不能的问题。当C受到轻微伤以下损害时，只能认定A、B均不构成故意伤害罪。简言之，故意伤害罪的构成要件包括：主观方面只能是故意，过失不构成此罪，客观方面损害结果要达到轻伤以上，未达到该程度损害的不构成此罪，即衡量的主要因素是"故意—轻伤"。

例2：过失致人死亡案。A过失将玻璃瓶子掉到楼下，几乎同时，B也过失将玻璃瓶子掉到楼下，A、B两人事先均不知道对方，结果C被一个瓶子击中，不知何人所为。当C死亡时，从刑法过失致人死亡罪的犯罪构成看，A、B均涉嫌过失致人死亡罪，但是在"不能确定具体侵权人"情况下，只能按照刑事诉讼法"疑罪从无"的原则，认定A、B均不构成过失致人死亡罪。当C未死亡时，只能认定A、B均不构成过失致人死亡罪。简言之，过失致人死亡罪的构成要件包括：主观方面只能是过失，故意不构成此罪，客观方面损害要达到死亡的程度，未达到该程度的不构成此罪，即衡量的主要因素是"过失—死亡"。

从上述两个案例可以看出，对比故意伤害罪和过失致人死亡罪，可以发现：对主观过错要求高的（如故意），对损害结果要求低（如轻伤），对主观过错要求低的（如过失），对损害结果要求高（如死亡），主观过错的程度与损害结果的轻重呈现"负相关"，共同决定相关罪名的构成要件。

然而，民法对这一问题的解决思路与刑事法律有所不同。在例1中，在C受到轻微伤以下伤害时，虽然A、B均不构成故意伤害罪，但是按照《民法典》侵权责任编第1170条共同危险行为的规定，在"不能确定具体侵权人"情况下，A、B仍应承担连带侵权责任，需要注意的是，此时A、B属于"分别实施"侵权行为，他们的主观过错状态是"故意、故意，没有联络"，损害结果的下限是有损害、上限是轻微伤以下。在例2中，无论C是否死亡，A、B均不构成过失致人死亡罪，但是按照我国侵权法关于共同危险行为的规定，即使"不能确定具体侵权人"，A、B仍应承担连带侵权责任，此时A、B也属于"分别实施"侵权行为，他们的主观过错状态是"过失、过失，没有联络"，损害结果的下限是有损害、无上限（无论是否死亡）。

总之，在民法上的共同危险行为中，数名行为人的侵权行为可以是"分别实施"，主观过错既可能是"故意、故意、没有联络"，也可能是"过失、过失、没有联络"，因此，本书认为，我国侵权法上的共同危险行为，其责任构成要件上的突出特征，既不在于侵权行为是共同实施还是分别实施，也不在于行为人的主观过错处于何种状态（须排除共同过错），而只是在于因果关系不明或称择一因果关系，即条文中的"不能确定具体侵权人"。

通过上述对共同危险行为责任构成要件的"逐一列举"分析，本书认为，如果将一般多数人侵权划分为共同侵权和分别侵权，那么共同危险行为应作为一般多数人侵权类型的"兜底性"规定，因为其立法目的在于当具体侵权人不明时，解决受害人的赔偿问题，这种情况在共同侵权或者分别侵权中都可能发生，而且共同危险行为在一般多数人侵权和特殊多数人侵权各个类型中均可适用。

第三节　分别侵权行为

《民法典》侵权责任编第 1171 条①和第 1172 条②是对分别侵权的规定，其中，第 1171 条是竞合因果关系的分别侵权行为，第 1172 条是结合因果关系的分

---

① 在立法史上，该条的来源有二：一是 2003 年最高人民法院发布的《人身损害赔偿司法解释》第 3 条第 1 款规定，二人以上虽无共同故意、共同过失，但其侵害行为直接结合发生同一损害后果的，构成共同侵权，应当依照民法通则第 130 条规定承担连带责任。二是 2009 年颁布的《侵权责任法》第十一条规定，二人以上分别实施侵权行为造成同一损害，每个人的侵权行为都足以造成全部损害的，行为人承担连带责任。

② 在立法史上，该条的来源有二：一是 2003 年最高人民法院发布的《人身损害赔偿司法解释》第 3 条第 2 款规定，二人以上没有共同故意或者共同过失，但其分别实施的数个行为间接结合发生同一损害后果的，应当根据过失大小或者原因力比例各自承担相应的赔偿责任。二是 2009 年颁布的《侵权责任法》第十二条规定，二人以上分别实施侵权行为造成同一损害，能够确定责任大小的，各自承担相应的责任；难以确定责任大小的，平均承担赔偿责任。

别侵权行为。① 本书使用"分别侵权"的法律术语②，一方面是依照条文本身的表述，并主要参考立法机关释义书中使用的术语。另一方面，是基于学界对前述 2 个条文规范对象的争论，以类型化方法及其分类标准进行的理论分类，即按照是否具有共同过错，将我国一般多数人侵权行为分为共同侵权、分别侵权两个一级类型；再按照因果关系的不同类型，将分别侵权进一步分为竞合因果关系、结合因果关系两个二级类型。

有学者进一步总结到，前者的主要特征是"分别实施+足以造成"，后者的典型特征是"分别实施+结合造成"③，两者共同规范的是无意思联络数人侵权，目的是解决"数个行为人并无共同的过错而因为行为偶然结合致受害人遭受同一损害"的一般多数人侵权特殊问题，并将其视为与共同侵权行为相对应的一般多数人侵权基本类型。"在狭义的共同侵权中，数人都是基于共同过错而实施侵权行为；而在无意思联络的数人侵权中……行为人之间不存在共同过错。"④ 因此，王利明教授是从主观说的理论视角，将分别侵权与共同侵权加以区分，区分的标准为是否有"共同过错"。

一、分别侵权概说

"分别侵权行为是多数人侵权行为理论体系中不可或缺的重要组成部

---

① 叶名怡教授称之为"充分条件之数人侵权行为"和"非充分条件之数人侵权行为"。详见邹海林，朱广新.民法典评注：侵权责任编（1）［M］.北京：中国法制出版社，2020：70，86.

② 在法律术语使用上，立法机关认为，前者是对分别侵权连带责任的规定，后者是对分别侵权按份责任的规定。参见黄薇.中华人民共和国民法典侵权责任编解读［M］.北京：中国法制出版社，2020：30，32.司法机关认为，前者是对无意思联络数人侵权在聚合（等价）因果关系情形下责任承担的规定，后者是对无意思联络数人侵权在累积（竞合）因果关系情形下责任承担的规定。参见最高人民法院侵权责任法研究小组.《中华人民共和国侵权责任法》条文理解与适用（第二版）［M］.北京：人民法院出版社，2016：91，95.民法学界有观点认为，前者是对原因叠加情况下数个侵权行为人承担连带责任的规定，后者是关于数个侵权人承担按份责任的规定。参见张新宝.中国民法典释评·侵权责任编［M］.北京：中国人民大学出版社，2020：31，34.

③ 王利明.侵权责任法研究（第二版）（上卷）［M］.北京：中国人民大学出版社，2016：581.

④ 王利明.侵权责任法研究（第二版）（上卷）［M］.北京：中国人民大学出版社，2016：581-582.

分。"① 具言之，在我国多数人侵权体系的构建过程中，充分认识到分别侵权行为是多数人侵权体系中基础的、典型的侵权行为类型，具有重要意义。杨立新教授是较早提出并使用"分别侵权行为"的学者之一。② 纵向梳理我国"分别侵权"概念的提出和确立过程，大致分为以下几个阶段。

一是早在 20 世纪 80 年代初，学者们在讨论共同侵权的构成要件时，就有观点承认客观共同侵权行为，同时不赞同将共同侵权行为的本质要件仅限定在意思联络的狭窄范围内。③ 二是 20 世纪 90 年代初，有学者开始使用"无意思联络的数人侵权"这一概念④，并认为应依据过错程度确定侵权责任的大小。三是 2003 年最高法发布《人身损害赔偿司法解释》，其第 3 条第 1 款规定了数个侵害行为直接结合类型，第 2 款规定了分别实施的数个行为间接结合+同一损害后果类型，"是我国在司法解释中第一次肯定了这个概念，其中使用了'分别'一词，等于承认了分别侵权行为的概念"⑤。

我国《侵权责任法》颁布后，2012 年杨立新教授较早开始使用"分别侵权行为"的概念⑥，用以总结提炼《侵权责任法》第 12 条中规定的"分别实施"的主旨，"行为人在主观上不关联，在客观上也不关联，仅仅是损害后果相关联，其后果是按份责任"⑦。后来，杨立新教授对其观点进行了修正，将《侵权责任法》第 11 条和第 12 条统称为分别侵权行为。⑧

在斯堪的纳维亚民事责任法和普通侵权行为法中，共同侵权人的责任大量地由制定法调整，但是"传统上对共同加害人与分别的竞合多数加害人之区分，必须说明的是在实践中这种区分鲜有意义，因为两种加害人都承担连带责

---

① 陶盈. 分别侵权行为研究 [M]. 北京：中国政法大学出版社，2018：92.
② 杨立新，陶盈. 论分别侵权行为 [J]. 晋阳学刊，2014（1）：110-121.
③ 沈幼伦. 试析共同侵权行为的特征 [J]. 法学，1987（1）：29.
④ 王利明，杨立新. 侵权行为法 [M]. 北京：法律出版社，1996：201.
⑤ 杨立新，陶盈. 论分别侵权行为 [J]. 晋阳学刊，2014（1）：111.
⑥ 杨立新. 多数人侵权行为及责任理论的新发展 [J]. 法学，2012（7）：45.
⑦ 杨立新. 论竞合侵权行为 [J]. 清华法学，2013（1）：127.
⑧ 杨立新教授将分别侵权行为定义为"数个行为人分别实施侵权行为，既没有共同故意，也没有共同过失，只是由于各自行为在客观上的联系，造成同一个损害结果的多数人侵权行为"。（杨立新，陶盈. 论分别侵权行为 [J]. 晋阳学刊，2014（1）：115.）

任"①。而德国的判例和学界通说认为，分别侵权中的数个侵权行为与损害之间的因果关系都是明确的，即责任成立的因果关系是确定的。数名侵权行为人均应依据《德国民法典》第 823 条第 1 款，对受害人承担损害赔偿责任，结合该法第 840 条第 1 款的规定②，数名侵权行为人应当承担连带赔偿责任。这与我国侵权法的规定有所不同。从《民法典》侵权责任编第 1171 条和第 1172 条规定的分别侵权行为来看，二者的主要区别在于因果关系的类型不同，例如，有观点认为，"分别侵权可以分为择一因果关系型、累积因果关系型、共同因果关系型和混合因果关系型"③ 等四种类型。本书认为，竞合因果关系的实质为"多个因果关系的竞合"，属于多因果关系中的多因一果型；结合因果关系的实质为"多个条件结合为一个原因"，属于单一因果关系。

（一）分别侵权的规范对象

关于《民法典》侵权责任编第 1171 条和第 1172 条的规范对象，我国民法学界主要有以下观点。

持主观说的学者认为，前述条文规范的是无意思联络的数人侵权，由于《民法典》侵权责任编第 1168 条规定的"共同实施"有主观共同性的要求，前述条文规定的"分别实施"则排除了这种主观共同性的要求。④ 也有学者从因果关系的特殊性提出前述条文的规范对象，第 1171 条是"以累积因果关系表现的无意思联络数人侵权"，第 1172 条规范的是"以部分因果关系表现的无意思联络数人侵权"⑤。

持客观说的学者认为，分别侵权行为包括《民法典》侵权责任编第 1171 条

---

① 巴尔. 欧洲比较侵权行为法（上卷）［M］. 张新宝，译. 北京：法律出版社，2001：402.

② 《德国民法典》第 823 条规定了侵权行为的损害赔偿义务，第 840 条规定了多数人责任，其第 1 款规定："数人就基于侵权行为所生之损害共同负责者，负连带债务人之责任。"台湾大学法律学院，台大法学基金会. 德国民法典［M］. 北京：北京大学出版社，2017：732，741.

③ 李中原. 分别侵权责任的类型化分析：基于因果关系的视角［J］. 江苏社会科学，2015（5）：152.

④ 程啸. 论无意思联络的数人侵权：以《侵权责任法》第 11、12 条为中心［J］. 暨南学报（哲学社会科学版），2011（5）：70.

⑤ 王利明，周友军，高圣平. 中国侵权责任法教程［M］. 北京：人民法院出版社，2010：397.

和第 1172 条规范的情形，具体分为"叠加型"和典型的分别侵权行为，"叠加型"又可以分为全叠加的分别侵权行为和半叠加的分别侵权行为，"那些不符合客观的共同侵权行为要求的……又不是各个行为人单独实施的侵权行为的，就是分别侵权行为"①。

综上所述，我国民法学界关于前述条文规范对象的争论，本质上与对共同侵权的解释理论密切关联。一方面，对共同侵权持主观说的学者大都认为《民法典》侵权责任编第 1171 条和第 1172 条的规范对象，显然不同于以共同过错为主要特征的共同侵权，因而以无意思联络的数人侵权或者因果关系的特殊性，来界定分别侵权的不同类型。另一方面，对共同侵权持客观说的学者一般认为前述条文恰是对客观侵权或者客观关联共同说在立法层面的认可。

（二）与共同侵权的区别

关于共同侵权与分别侵权的区别，持主观说的学者认为：一方面，共同加害行为与无意思联络数人侵权，虽然同属于一般多数人侵权，但是前者要求数名侵权行为人之间具有共同过错或者意思联络（共同故意），而无意思联络的数人侵权并无此要求。共同加害行为对损害结果构成要件没有特殊要求，即不要求损害的同一性，而无意思联络数人侵权则要求必须造成同一损害，即该类多数人侵权的责任构成对损害结果构成要件有明确要求，"否则就不足以将数人连接在一起，作为一类多数人侵权责任加以规范"②。另一方面，共同危险行为与无意思联络数人侵权虽然主观要件要求相同，即数名侵权行为人各自独立实施加害行为而无意思联络，但是二者之间的因果关系类型不同，共同危险行为中的因果关系属于潜在的、择一的因果关系，即"不能确定具体侵权人"，而无意思联络数人侵权中的因果关系是明确的。此外，二者责任承担的方式不同，共同危险行为人共同承担连带责任，分别侵权行为人承担连带责任还是按份责任，取决于具体的加害行为与同一损害结果之间因果关系的类型。③

持客观说的学者则认为，共同侵权与分别侵权"在通常情况下，是确定两

---

① 杨立新，陶盈. 论分别侵权行为 [J]. 晋阳学刊，2014（1）：116.
② 程啸. 我国《侵权责任法》中多数人侵权责任的规范目的与体系之建构 [J]. 私法研究，2010（2）：144.
③ 程啸. 我国《侵权责任法》中多数人侵权责任的规范目的与体系之建构 [J]. 私法研究，2010（2）：144.

个以上的行为是否构成关联共同，构成关联共同的为共同侵权行为，不构成关联共同的为分别侵权行为。在实际适用中，则是以造成的同一损害结果是否可以分割为标准，同一损害后果能够分割的是分别侵权行为，不能分割的是共同侵权行为"①。

需要特别指出，在客观说的理论体系下，所谓"客观共同侵权"一般认为客观关联共同形成一个侵权行为且同一损害结果不可分，但是，这与修正后的"分别侵权行为"的类型划分存在相互矛盾之处，或者说形成了一个需界分客观共同侵权与分别侵权的理论难题。例如，客观共同侵权的构成要件中的主观过错，是指"数个行为人具有共同过失但没有共同故意，或者数个行为人均具有过失……应当认定为客观的共同侵权行为"②。换言之，如果将数个行为人仅具备共同过失的情形划归到共同侵权，那么对于数个行为人均具有各自过失的情形，则难以将其与典型的和叠加的分别侵权行为相区分，因为在分别侵权行为中，"分别实施"侵权行为的行为人，其典型的主观过错状态就是分别过失。

（三）与共同侵权的条文适用顺序

学界在讨论分别侵权规范对象的同时，还涉及共同侵权与分别侵权相关条文的适用顺序问题。有观点认为，应按照先共同侵权、后分别侵权的顺序，根据一般多数人侵权案件实际情况，依次考虑适用《民法典》侵权责任编第1168条、1170条、1171条和1172条的规定。③ 具言之，对于一个具体的一般多数人侵权责任民事纠纷案件，法官应按照如下顺序进行判断。

一是首先判断数名侵权行为人是否有共同故意，若有则考虑适用第1168条，此时不必考虑具体侵权人是否明确，即使不明确，仍作为狭义共同侵权处理。

二是数名侵权行为人若无共同故意，则需判明具体侵权人是否确定，如果不能确定具体侵权人，则考虑适用第1170条。

三是如果具体侵权人确定，则需查明受害人的损害结果是否满足"同一性"

① 杨立新. 网络交易平台提供者为消费者损害承担赔偿责任的法理基础 [J]. 法学，2016（1）：8.

② 杨立新. 中国侵权行为形态与侵权责任形态法律适用指引：中国侵权责任法重述之侵权行为形态与侵权责任形态 [J]. 河南财经政法大学学报，2013（5）：15.

③ 程啸. 论无意思联络的数人侵权：以《侵权责任法》第11、12条为中心 [J]. 暨南学报（哲学社会科学版），2011（5）：71.

要求，并根据因果关系的不同类型，考虑适用第 1171 条和第 1172 条。如果每个侵权人的行为都足以造成全部损害，则适用第 1171 条，否则适用第 1172 条。

四是如果数名侵权行为人主观上无共同故意，客观上也未造成同一损害，则不属于多数人侵权的范畴，至于多个侵权行为的累积，不需要侵权法的特别规范①。

本书赞同在面对一个具体的多数人侵权案件时，须按照一定的逻辑顺序选择适用相关条文的观点，也基本赞同首先按照主观说、共同过错说优先适用共同侵权，其次在排除共同侵权后再按照客观说、关联共同说选择适用分别侵权，最后排除多数人侵权这样的逻辑顺序。需要指出的是，本书认为，共同危险行为的立法目的主要是解决具体侵权人不明情况下的责任承担问题，与此相关的问题是《民法典》侵权责任编第 1172 条还包含着责任份额不明情况下的责任承担问题。有鉴于此，共同危险行为应作为共同侵权与分别侵权的"兜底"类型，在条文适用顺序上，应先考虑共同侵权、分别侵权的相关条文，共同侵权、分别侵权的相关条文均被排除适用后，再考虑是否符合共同危险行为条文规范的情形。

二、竞合因果关系的分别侵权

《民法典》侵权责任编第 1171 条规定了竞合因果关系的分别侵权。在学界，对竞合因果关系的称谓并不一样，例如，陈聪富教授称之为"累积因果关系"②，王利明教授称之为"累积因果关系"③，张新宝教授称之为"聚合因果关系"④，程啸教授先后使用"聚合的因果关系""累积的因果关系"的概念⑤。

（一）竞合因果关系

竞合因果关系的分别侵权，其适用要件有三，即分别实施、同一损害和足

---

① 所谓多个侵权行为的累积，是指数个加害人分别对同一受害人实施侵权行为，但分别给受害人造成了不同的损害。程啸. 论无意思联络的数人侵权：以《侵权责任法》第 11、12 条为中心 [J]. 暨南学报（哲学社会科学版），2011（5）：70.

② 陈聪富. 因果关系与损害赔偿 [M]. 北京：北京大学出版社，2006：60.

③ 王利明. 侵权责任法研究（第二版）（上卷）[M]. 北京：中国人民大学出版社，2016：584.

④ 张新宝. 侵权责任构成要件研究 [M]. 北京：法律出版社，2007：330.

⑤ 程啸. 侵权行为法总论 [M]. 北京：中国人民大学出版社，2008：268.

以造成。① 一是分别实施，从主观过错要件考察，数名侵权行为人无共同故意（意思联络），否则构成狭义共同侵权。二是同一损害，从损害结果要件考察，对损害结果要求具有"同一性"，即同一的或性质相同的损害。三是足以造成，从因果关系要件考察，每个侵权行为都是损害结果的充分条件（但不是必要条件）。具言之，一方面，如果单独考察每一个侵权行为，都足以造成受害人的全部损害，各个侵权行为在原因力上等价；另一方面，如果将数个侵权行为结合起来作为一个整体进行考察……因此，虽然《民法典》侵权责任编第1171条规定，任何一个侵权行为都足以造成全部损害，数名侵权行为人承担连带责任，但是如果单独考察每个人的侵权行为，其侵权行为与损害结果之间并不满足"若非—则不"的条件关系判断。因此，也有观点认为，"基于数个分别侵权行为全部'足以'的特点，应肯定内部责任的平均分担规则"②。

（二）因果关系的特殊性

在讨论竞合因果关系分别侵权行为的"分别实施"，是否需要考虑数个侵权行为的先后顺序或者是否要求时空一致性的问题时，程啸教授举了这样一个例子，大意是：甲乙均欲害丙，但彼此并不知道。甲先将致命毒药投入丙饮用的水中，丙饮用了该水。但在丙毒发身亡之前，乙突然实施杀害行为，在丙的心脏上扎了一刀，直接导致丙当场死亡。这种情形是否属于第1171条的"每个人的侵权行为都足以造成全部损害"？③ 对这一例子，刑法与民法解决问题的思路有很大区别。民事责任方面，本书也认为应适用竞合因果关系的分别侵权的规定。

一方面，"足以造成"在文义解释上与"实际造成"并不相同，在法解释学上甚至还包括了大概率的可能性和高度盖然性的意思，即"是否'足以造成'是从抽离于个案的思考而得出的结论，各个行为均创造了可导致全部损害发生的可能性……各自导致的损害份额可能无限接近全部损害"④。另一方面，虽然

---

① 程啸. 论《侵权责任法》第八条中"共同实施"的涵义 [J]. 清华法学，2010（2）：53.

② 曹险峰，陈海彪. 论数人分别侵权连带责任的内部追偿 [J]. 社会科学战线，2018（6）：276.

③ 程啸. 论无意思联络的数人侵权：以《侵权责任法》第11、12条为中心 [J]. 暨南学报（哲学社会科学版），2011（5）：73.

④ 叶金强. 解释论视野下的共同侵权 [J]. 交大法学，2014（1）：146.

单独考察每个侵权行为时，其不符合"若非—则不"的条件关系判断，但是，甲、乙应对丙的死亡负连带责任，且不得以对方的行为都足以导致丙死亡而要求减轻或者免除自己的责任。此外，至于甲、乙各自的责任大小问题，则属于承担连带责任形态之后的责任分担问题，对于本案中的超越因果关系，在责任分担上，乙的责任明显要大于甲。

三、结合因果关系的分别侵权

对于《民法典》侵权责任编第1172条规定，从因果关系类型的角度，本书称其为结合因果关系的分别侵权行为。结合因果关系的分别侵权，其适用要件有三，即分别实施、同一损害以及结合造成。其一，数个侵权行为人分别实施侵权行为，其主观过错要件既可能是数个侵权行为人的各自故意，也可能是各自过失，还可能是部分行为人的故意与其他行为人的过失相混合，总之，要排除数个行为人之间的共同过错，否则应构成共同加害行为。其二，对于损害的同一性要求，在此不再赘述。其三，对于"结合造成"，从因果关系要件看，对结合因果关系的分别侵权行为，如果单独考察每个侵权行为，与第1171条不同的是，每个侵权行为都符合"若非—则不"的条件关系判断，属于必要条件（但不是充分条件）。

（一）结合因果关系

从因果关系看，该条又可称为"以部分因果关系表现的无意思联络数人侵权"①。对于该条规范的情形，一种观点认为，该条规范的是"部分因果关系"情形②，理由在于，该条并未要求每个人的侵权行为都足以造成全部损害结果，数个侵权人的行为只有相互结合才能导致同一损害后果的发生。另一种观点则认为，该条规范了两种情形③：一种是，数人分别实施侵权行为，在无意思联络的主观过错要件和损害结果同一性要件的共同限制下，每一个行为都导致部分

① 王利明. 侵权责任法研究（第二版）（上卷）[M]. 北京：中国人民大学出版社，2016：584，588.
② 王利明，周友军，高圣平. 中国侵权责任法教程 [M]. 北京：人民法院出版社，2010：400.
③ 程啸. 论《侵权责任法》第八条中"共同实施"的涵义 [J]. 清华法学，2010（2）：54-55.

损害；另一种是，无意思联络的数人分别实施侵权行为，这些侵权行为在"结合"为一个侵权行为之后，给他人造成同一损害后果。还有观点认为，"该条规定并非共同侵权的规则，而是调整数个独立行为竞合性侵权的规则"①，解释上应定位于多数人侵权责任的体系中，特别是要以《侵权责任法》第 11 条为背景，若各行为均足以造成全部损害，则进入《侵权责任法》第 11 条的辐射范围。

对此，本书赞同第一种观点。原因在于，对于结合因果关系的分别侵权中，数名侵权人分别实施侵权行为，每一个都成为同一损害的一部分，法解释学上既涉及对"同一损害"的解释，又涉及对"结合"的解释，换言之，也可以将这种情形解释为数个侵权行为结合之后给他人造成同一损害。

《民法典》侵权责任编第 1171 条和第 1172 条都要求数个侵权行为造成"同一损害"，因此，对损害的"同一性"要求以及如何理解"结合"非常重要。有观点认为，损害的同一性是指数个侵权行为所造成的损害性质相同，损害内容具有关联性。② 例如，A 的侵权行为造成 C 的左腿受伤，B 的侵权行为也造成 C 的左腿受伤。也有观点认为，"同一性"是指损害结果同一且无法分割。③ 例如，A、B 两人分别开枪，同时命中 C 的心脏，两弹均造成致命伤。

还有观点认为，同一损害既不限于"同一个损害"，也不要求损害的"性质相同"，更不应以"损害的不可分性"作为判断标准，对于《侵权责任法》第 11 条与第 12 条都出现的"同一损害"，应当从数个侵权行为与损害结果之间的"责任成立因果关系角度上理解'同一损害'的含义"④。无论受害人受到多个损害还是一个损害，数个侵权行为人分别实施的侵权行为与损害之间，都具有责任成立的因果关系，至于责任范围的因果关系则在所不问。

---

① 叶金强. 解释论视野下的共同侵权 [J]. 交大法学，2014（1）：147.
② 王胜明. 中华人民共和国侵权责任法解读 [M]. 北京：中国法制出版社，2010：54.
③ 最高人民法院侵权责任法研究小组.《中华人民共和国侵权责任法》条文理解与适用（第二版）[M]. 北京：人民法院出版社，2016：92.
④ 程啸. 论无意思联络的数人侵权：以《侵权责任法》第 11、12 条为中心 [J]. 暨南学报（哲学社会科学版），2011（5）：73.

（二）因果关系的特殊性

本书认为，一方面，从多数人侵权的责任构成，侵权人与被侵权人的"双边关系"即"外部视角"看，责任成立的因果关系是明确的，数名侵权行为人应该共同承担侵权责任，其责任形态可以考虑适用连带责任。例如，在德国就将此情形称为"间接共同侵权"，各侵权人承担连带责任。① 另一方面，从数名侵权人之间责任分担的"内部视角"看，即数名侵权人对外共同承担什么责任形态，对内相互之间个人责任的大小如何分担，该条后半段则直接明确了"平均承担责任"的责任分担规则。对比第 1171 条规定的连带责任形态，第 1172条没有规定具体的责任形态，而是径直规定了责任分担规则，因此，该条文没有注意区分责任构成、责任形态和责任分担之间的区别与联系。

申言之，对于《民法典》侵权责任编第 1171 条竞合因果关系的分别侵权和第 1172 条结合因果关系的分别侵权，学界早有观点认为，其"并非独立的请求权基础"②，而是与《德国民法典》第 840 条第 1 款的功能相同，仅具有一种"连接功能"，即不解决责任成立的问题，只解决侵权人的责任承担方式以及其内部责任的分摊问题。

对于本条规定如何完善，张新宝教授认为，该条后半段"难以确定责任大小的，平均承担赔偿责任"应当予以删除。③ 原因有二：一是从因果关系理论考察，"这种情形下的因果关系主要体现为叠加因果关系，行为人原则上应当承担连带责任"④。而且，这种情形在性质上不同于因果关系不明，仅指各分别侵权行为与损害后果之间的原因力大小、比例难以确定。二是径直规定为按份责任的做法，使得对于受害人的保护过于薄弱。"按份责任，部分责任人无法偿付的风险由受害人承担。"⑤ 但是，张新宝教授也不建议作为侵权责任编中具有总

---

① 欧洲侵权法小组. 欧洲侵权法原则：文本与评注［M］. 于敏，谢鸿飞，译. 北京：法律出版社，2009：200-202.
② 程啸. 论无意思联络的数人侵权：以《侵权责任法》第 11、12 条为中心［J］. 暨南学报（哲学社会科学版），2011（5）：71.
③ 张新宝. 民法分则侵权责任编立法研究［J］. 中国法学，2017（3）：54.
④ 张新宝. 民法分则侵权责任编立法研究［J］. 中国法学，2017（3）：54.
⑤ 张新宝. 民法分则侵权责任编立法研究［J］. 中国法学，2017（3）：55.

则意义的条文，直接规定在难以确定责任大小时，各行为人承担连带责任。①

四、混合因果关系的分别侵权

结合《民法典》侵权责任编第 1171 条规定的竞合因果关系和第 1172 条规定的结合因果关系，理论上还存在另外一种可能性，即"充分因果关系+部分因果关系"相结合的分别侵权类型，杨立新教授将其称为"原因部分叠加的分别侵权行为"②，即在数个分别实施的侵权行为中，有的是造成同一损害的部分原因具有部分原因力，有的是造成同一损害的全部原因具有全部原因力，换言之，数个侵权行为的原因力相加，高于百分之百。对于这种情形，可以参照适用《侵权责任法》第 11 条关于分别侵权和连带责任形态的规定③，在责任分担上，"每一个中间责任人承担的最终责任份额，应当将每个行为的原因力相加，按照各自所占比例，确定最终责任份额"④。

本书认为，如果将混合因果关系的分别侵权行为，进一步划分为全部叠加的与半叠加的分别侵权行为两种类型，一方面在法律术语使用上需要规范，另一方面会产生进一步的问题，对于"半叠加的分别侵权行为"即部分侵权行为足以造成损害结果，是损害结果的充分条件，而其他侵权行为不足以导致损害结果发生、仅具部分原因力甚至不满足相当因果关系中条件的类型，我国侵权法上却并没有明确其责任形态。换言之，如果将半叠加的分别侵权行为规定为连带责任，则对于主观过错程度轻、原因力较小的侵权行为人可能不公平；如

---

① "更好的做法是，对于责任难以确定的情形暂不做规定，留待法院在具体案件中依据以连带责任为原则、按份责任为例外的精神灵活处理。"张新宝. 民法分则侵权责任编立法研究 [J]. 中国法学，2017（3）：55.

② 杨立新. 中国侵权行为形态与侵权责任形态法律适用指引：中国侵权责任法重述之侵权行为形态与侵权责任形态 [J]. 河南财经政法大学学报，2013（5）：18.

③ 需要特别说明的是，最高人民法院 2015 年 6 月发布的《关于审理环境侵权责任纠纷案件适用法律若干问题的解释》（以下简称《环境侵权责任司法解释》，已失效）第 3 条第 3 款规定，两个以上污染者分别实施污染行为造成同一损害，当部分污染者的污染行为足以造成全部损害，部分污染者的污染行为只造成部分损害，被侵权人"请求足以造成全部损害的污染者与其他污染者就共同造成的损害部分承担连带责任，并对全部损害承担责任的，人民法院应予支持"。

④ 杨立新. 中国侵权行为形态与侵权责任形态法律适用指引：中国侵权责任法重述之侵权行为形态与侵权责任形态 [J]. 河南财经政法大学学报，2013（5）：18.

果规定为按份责任，对于被侵权人同样可能不公平。因此，在"部分侵权行为足以造成全部损害，部分侵权行为不足以造成全部损害"情况下，数名侵权行为人的责任承担应由"部分行为人承担连带责任+部分行为人承担相应的责任"，在责任的外部承担上形成"全部责任+部分责任"。

第四节　责任构成论的研究进路及反思

回顾我国关于多数人侵权类型划分的立法和司法解释，大体上可以分为三个阶段：第一个阶段为20世纪八九十年代，以《民法通则》第130条和《民通意见》第148条为主要标志。第二个阶段为21世纪前十年，以2003年的《人身损害赔偿司法解释》第3条、第4条为主要特征。第三个阶段从2009年制定《侵权责任法》至今，以《侵权责任法》第8条到第12条系统规定我国一般多数人侵权的类型为主要标志。学界关于多数人侵权的理论研究，相应地也体现出这种阶段性特点。

一、责任构成论的研究进路

一是侵权行为要件的研究。从侵权行为要件的视角对一般多数人侵权进行类型化研究，典型适例是最高人民法院《人身损害赔偿司法解释》对共同侵权采用"直接结合—间接结合"的判断标准。该司法解释第3条的两款规定①，从数个侵权行为之间相互关系的角度，将直接结合的多数人侵权行为认定为共同侵权，将间接结合的多数人侵权行为归为"非共同侵权"，并且将非共同侵权与按份责任相对应，是典型的从多数人侵权构成论的侵权行为要件角度，对一般多数人侵权进行类型化的规定。司法实务界和学界对"直接结合—间接结合"

---

① 该司法解释第3条第1款规定，共同侵权行为的类型除共同故意、共同过失，还包括虽无共同故意、共同过失，但其侵害行为"直接结合发生同一损害后果"的类型。该解释第3条第2款规定，没有共同故意或者共同过失，但分别实施的数个行为"间接结合发生同一损害后果"的间接结合行为，应当根据过失大小或者原因力比例各自承担相应的赔偿责任。

这一判断标准在司法实践中的确立，既有支持的观点①，也有反对的观点②。

二是损害结果要件的研究。从损害结果要件的视角对一般多数人侵权进行类型化研究，典型适例是关于《侵权责任法》第11条、第12条都规定的"同一损害"这一损害结果要件的讨论。围绕着对于这一要件的理解，曾引起学界关于损害结果"同一性""不可分性"的广泛讨论。有的意见认为，"同一损害"是性质相同的损害③；有的意见认为，"同一损害"是损害结果不可分的损害④；还有的意见认为，"同一损害"是因果关系类型相同意义上的损害。⑤

三是因果关系要件的研究。"在所有的侵权法中，没有一个概念像因果关系要求那样普遍存在，而又难以捉摸。"⑥"在我们所知道的每一个法律体系中，被告行为的错误对原告造成伤害的因果关系，是被告承担责任的基本要求。"⑦ 我国

---

① 有支持的观点认为，"总结审判实践经验，并借鉴其他国家的理论学说和实务经验，对狭义共同侵权即共同加害行为的认定作出了具有明确价值判断的具体规定"。最高人民法院侵权责任法研究小组.《中华人民共和国侵权责任法》条文理解与适用（第二版）[M]. 北京：人民法院出版社，2016：65.

② 也有反对的观点认为，"由于未能正确地认识到多数人侵权责任的规范目的，因此上述法律规范确立的多数人侵权责任体系存在诸多问题。……这一规定不仅完全忽视了共同加害行为的规范目的，而且使得共同加害行为与共同危险行为的区分变得十分困难，不利于我国共同侵权行为制度内部的和谐"。程啸. 我国《侵权责任法》中多数人侵权责任的规范目的与体系之建构 [J]. 私法研究，2010（2）：127.

③ 有观点认为，"同一损害"是指数个侵权行为所造成的损害的性质是相同的，都是身体伤害或者财产损失，并且损害内容具有关联性，"本条强调损害的同一性"。王胜明. 中华人民共和国侵权责任法解读 [M]. 北京：中国法制出版社，2010：54.

④ 有观点认为，所谓造成同一损害是指数个行为造成的损害结果不可分的情形，即数个行为仅仅造成一个损害结果，而不是造成数个独立的损害结果。王利明，周友军，高圣平. 中国侵权责任法教程 [M]. 北京：人民法院出版社，2010：397.

⑤ 还有观点认为，应当从各个侵权人的侵权行为与受害人损害之间的责任成立因果关系角度理解"同一损害"的含义。"同一损害既不是指仅给受害人造成了一个损害，或者造成同一性质的损害，也不意味着受害人遭受的损害是不可分割的。而是指各个分别实施侵权行为之人的侵权行为均与受害人遭受的损害"具有责任成立的因果关系，即每一个侵权人的侵权行为都对损害的发生具有原因力。程啸. 论无意思联络的数人侵权：以《侵权责任法》第11、12条为中心 [J]. 暨南学报（哲学社会科学版），2011（5）：73.

⑥ WRIGHT R. Causation in Tort Law [J]. California Law Review, 1985, 73（6）：1735.

⑦ WRIGHT R, G'SELL F, FEREY S. Causation, Liability and Apportionment：Comparative Interdisciplinary Perspectives：Introduction [J]. Chicago – Kent Law Review, 2016, 91：445.

民法学界从因果关系要件的视角对一般多数人侵权进行类型化研究①，典型适例是民法学界对我国一般多数人侵权类型的体系解释，特别是对《民法典》侵权责任编第 1171 条和第 1172 条的解释。②

　　一种观点认为，上述条文规范的是"无意思联络数人侵权"。从无意思联络数人侵权行为内部来看，第 1171 条是"以累积因果关系表现的无意思联络数人侵权"，第 1172 条是"以部分因果关系表现的无意思联络数人侵权"③。需要说明的是，民法学界对前一种因果关系的称谓在表述上差异较大，例如，张新宝教授称之为"聚合因果关系"④，陈聪富教授称之为"累积因果关系"⑤，程啸教授称之为"聚合的因果关系""累积的因果关系"⑥，在比较法上，有的称之为"竞合因果关系"⑦。

　　另一种观点认为，可以将上述条文概括为"分别侵权行为"。需要注意的是，杨立新教授在开始使用"分别侵权行为"概念时，仅涉及《民法典》侵权责任编第 1172 条，"分别侵权行为在表现形式上，行为人在主观上不关联，在客观上也不关联，仅仅是损害后果相关联，其后果是按份责任"⑧。后来，杨立新教授将分别侵权的概念拓展到第 1171 条，从行为形态的角度进行界定，应当认定第 1171 条和第 1172 条规定的侵权行为类型是同一种侵权行为形态，即分别侵权行为。"因此，我们告别原来的主张，采用现在的这种主张。"⑨

---

①　例如，有观点认为，各类多数人侵权的请求权基础的差别主要体现于责任成立因果关系要件。参见吴香香. 中国法上侵权请求权基础的规范体系 [J]. 政法论坛，2020 (6)：175. 也有观点认为，在共同饮酒致人身损害侵权责任纠纷中，同饮人的责任承担方式取决于侵权行为与损害后果之间的因果关系。参见李春香，熊静. 共同饮酒致人身损害侵权责任纠纷中同饮人责任的裁判规则探析 [J]. 法律适用，2020 (18)：68-69.

②　例如，有观点认为，第 1171 条既包括累积因果关系的情形，也包括假设因果关系的情形；而第 1172 条则属于数名侵权人对外责任承担的规则。参见王运东. 复杂因果关系视角下数人侵权责任认定研究 [D]. 青岛：山东科技大学，2020.

③　王利明. 侵权责任法研究（第二版）（上卷）[M]. 北京：中国人民大学出版社，2016：584，588.

④　张新宝. 侵权责任构成要件研究 [M]. 北京：法律出版社，2007：330.

⑤　陈聪富. 因果关系与损害赔偿 [M]. 北京：北京大学出版社，2006：60.

⑥　程啸. 侵权行为法总论 [M]. 北京：中国人民大学出版社，2008：268.

⑦　奥利芬特. 欧洲"画布"上的中国侵权责任法 [M]// 金福海. 侵权法的比较与发展. 张玉东，王圣礼，译. 北京：北京大学出版社，2013：100.

⑧　杨立新. 论竞合侵权行为 [J]. 清华法学，2013：127.

⑨　杨立新，陶盈. 论分别侵权行为 [J]. 晋阳学刊，2014 (1)：118.

四是主观过错要件的研究。从主观过错要件的视角对一般多数人侵权进行类型化研究，典型适例是关于狭义共同侵权或称共同加害行为的主观说、客观说、折中说和兼指说的争论。

考察前述学说使用的理论工具和研究视角，可以看出，学界对于一般多数人侵权的讨论，或者是从主观过错即共同过错要件着手，或者是从因果关系要件的特殊性着手，例如，对共同危险行为与连带责任，结合因果关系的分别侵权行为与按份责任，或者是从损害结果要件的同一性着手，或者是从数个侵权行为之间的结合关系，即侵权行为要件着手。本书认为，无论是以单一责任构成要件为切入点，还是综合考察若干个责任构成要件，例如，对分别侵权行为的讨论就涉及损害结果同一性的要求，总体上均可将其概括为"责任构成论的研究进路"。这是研究多数人侵权责任的方法或者说侵权法上的主流研究方法。

因此，在共同加害行为的认定理论上，本书采用"主观说—共同过错说"，原因有二：一是共同加害行为规定在侵权法总则，适用过错责任原则，这对于共同侵权类型的划分起到基础性、原则性作用，换言之，任何关于共同侵权类型的规定，都要首先考量其主观过错要件。二是从我国《民法典》侵权责任编规定的多数人侵权责任体系看，第1171条规定"分别实施、足以造成"，第1172条规定"分别实施、不足以造成"等分别侵权的类型。我国侵权法同时规定狭义共同侵权和分别侵权的不同类型，因此从体系解释上，将狭义共同侵权按照主观说、共同过错说进行解释是合理的。

二、对构成论研究进路的反思

如果从多数人侵权责任构成与责任形态相区分的视角观察，综合分析前述责任构成论的研究成果，本书认为：

第一，我国关于一般多数人侵权类型的理论研究，以《侵权责任法》制定为界限，可以分为两个阶段：第一个阶段是没有严格区分多数人侵权的行为类型与责任类型，从"共同侵权行为—连带责任"的视角，研究一般多数人侵权的类型化问题，更早的研究还曾将共同侵权与连带责任等同视之；第二个阶段是用因果关系理论解释不同类型的共同侵权在因果关系方面的特殊性，从"因果关系—责任成立"的视角，研究一般多数人侵权的类型化问题。但是，同样的研究进路在行为类型更加复杂、责任形态更加多元的特殊多数人侵权中，却未能继续下去。

第二，侵权责任构成论一直以来是我国侵权法研究的核心内容，既往对于一般多数人侵权的研究，总体上也是以"构成论"为研究进路。具言之，对共同加害行为的主观说、客观说、折中说的争论，实质上是从主观过错要件角度对狭义共同侵权所涵盖的一般多数人侵权类型和连带责任正当性基础的讨论；司法解释中关于直接结合、间接结合的规定，典型的是从数个侵权行为之间的相互关系入手，解释共同侵权类型；对于损害结果同一性、不可分性的讨论，是从构成论视角对损害结果要件进行研究；运用因果关系理论解释一般多数人侵权不同类型在因果关系方面的差异，属于对于因果关系构成要件的研究。

第三，我国多数人侵权的类型，不仅包括一般多数人侵权，还包括责任形态更加多元的特殊多数人侵权。前文述及的构成论研究进路，解决的主要问题是一般多数人侵权的责任构成和连带责任适用的正当性基础等问题。而我国侵权法分则，特别是特殊责任主体、各类特殊侵权和第三人原因引起的多数人侵权责任，使用大量条文分别规定了先付责任、不真正连带责任、相应责任、补充责任、第三人自己责任等责任形态。对于多元责任形态的立法现象，需要进一步作系统梳理和体系性研究，而传统的构成论研究进路难以解释多元责任形态现象。

本章小结

总体上，我国关于一般多数人侵权行为的类型化研究，在立法、司法和民法学界具体表现为以下几方面。

一是理论研究和法解释学的"对象"，体现出"时代性"变化的特征。主观说、客观说和折中说、兼指说的争论，源于《民法通则》第 130 条对共同侵权规定的模糊性，也正是这种模糊性，给法解释学留下了较大的空间，从而促进法学理论的发展。二是最高人民法院的相关司法解释，对我国共同侵权的类型发展起到了重要推动作用。首先，《民通意见》第 148 条规定的教唆帮助侵权，丰富了我国共同侵权的类型；其次，2003 年《人身损害赔偿司法解释》第 3 条通过采用直接结合、间接结合的分类，进一步推动我国法学界重新审视客观共同侵权；最后，《人身损害赔偿司法解释》第4条规定的共同危险行为，丰富了我国共同侵权的又一重要类型。三是2009年《侵权责任法》第8条至第12条，在吸收借鉴既往立法、司法经验和理论研究的基础上，发展并确立了我国一般多数人侵权的类型体系。立法体系的确立，在法解释学和理论研究上表现为出现兼指说、客观关联共同说等观点。

如果以《侵权责任法》的颁布实施为界限，大体上可以概括为两个阶段。

第一个阶段，在《侵权责任法》颁布之前，主要表现为关于共同侵权类型化的诸多学说的争论，内容涵盖了从主观过错状态、侵权行为的结合形态、损害结果的同一性到因果关系的不同类型，总体上是对一般多数人侵权责任构成要件的具体讨论，但是没有严格区分行为类型与责任形态、责任分担之间的差异，一般将共同侵权与连带责任相对应，将非共同侵权与按份责任相对应。换言之，学界主要从与"行为类型—责任类型"相对应的视角，研究多数人侵权行为的类型化。

第二个阶段，在《侵权责任法》颁布之后，主要表现为用因果关系理论，分析并解释不同类型的共同侵权和分别侵权在因果关系方面的特殊性，从而对一般多数人侵权进行类型化，大多数研究延续甚至重复了对于共同侵权类型化的学说争论，部分研究成果注意到"因果关系—责任成立—责任范围"的区别，从责任构成论的研究范畴扩展到对于责任形态、责任分担规则的研究。但是，在用因果关系理论解释一般多数人侵权的类型化过程中，学者遇到了德国侵权法上通说"相当因果关系"理论和美国侵权法中"客观的可预见性标准"所面临的共同问题，即价值判断的模糊性问题。

简言之，从法史学角度观察，我国民法学界关于多数人侵权的理论研究，主要集中于以下三方面：一是关于共同侵权的主观说、客观说、折中说、兼指说等学说争论①；二是从因果关系的特殊性的角度对无意思联络数人侵权进行分

---

① 王利明. 侵权责任法研究（第二版）（上卷）[M]. 北京：中国人民大学出版社，2016：527-532；最高人民法院侵权责任法研究小组.《中华人民共和国侵权责任法》条文理解与适用（第二版）[M]. 北京：人民法院出版社，2016：59-64.

类阐释①，或者用分别侵权行为、原因叠加行为等概念进行理论概括②；三是用"一体性"解释多数人侵权与连带责任适用的正当性基础问题。③

需要特别指出的是，我国民法学界关于我国一般多数人侵权责任的研究，主要集中于一般多数人侵权的责任构成和连带责任的适用，其研究视角主要为责任构成论方面的研究；然而，反思后可以发现：一是构成论的研究进路无法合理解释多元责任形态的立法现象，二是对于特殊多数人侵权，这种责任构成论的研究进路并没有继续下去，其可能原因，一方面是受限于侵权责任编分则部分关于特殊多数人侵权"复杂"的具体规定，另一方面是对特殊多数人侵权的"多元"责任形态，既往构成论研究进路无法解释这一立法现象。因而，对于特殊多数人侵权的研究进路发生明显移转，即从一般多数人侵权的责任构成论研究，转向特殊多数人侵权的责任形态论研究。

---

① 程啸．侵权责任法教程（第二版）[M]．北京：中国人民大学出版社，2014：140-142；黄薇．中华人民共和国民法典侵权责任编解读 [M]．北京：中国法制出版社，2020：30-35.

② 杨立新．侵权责任法（第三版）[M]．北京：法律出版社，2018：118-120；张新宝．侵权责任法（第四版）[M]．北京：中国人民大学出版社，2016：49-50.

③ 叶金强．共同侵权的类型要素及法律效果 [J]．中国法学，2010（1）：68，70；叶金强．解释论视野下的共同侵权 [J]．交大法学，2014（1）：141.

第二章

对特殊多数人侵权责任形态论研究进路的反思

特殊多数人侵权是与一般多数人侵权相对应的概念。一般多数人侵权，是指在侵权法总则中，适用过错责任原则的多数人侵权。特殊多数人侵权，是指在侵权法分则中，适用特殊规则原则，或者责任构成要件特殊，或者具有特殊的免责事由（不包括减责事由），以及特殊责任主体中的多数人侵权类型。具体包括《民法典》侵权责任编第1175、1176条，以及第三章到第十章中有关多数人侵权责任的相关规定。此外，特殊多数人侵权还表现在我国商法、经济法等部门法中对于连带责任的诸多规定。

关于特殊多数人侵权的类型化研究，学界对其展开系统性研究的成果不多，其中突出的研究成果，一是杨立新教授提出并使用"竞合侵权行为"的理论概括，形成了完整的多数人侵权行为与责任形态相对接的研究结论；二是王竹教授对多数人侵权责任分担机制的建构。本书将这种区别于传统上责任构成论的研究视角，概括为"责任形态论的研究视角"。

第一节　我国特殊多数人侵权的类型

本部分内容主要包括以下三方面：一是杨立新教授关于竞合侵权行为的理论概括，二是第三人侵权行为的类型分析，三是特殊责任主体中的多数人侵权责任。

一、竞合侵权行为的理论概括

"竞合侵权行为"① 是杨立新教授总结提炼出的概念，"竞合侵权行为的法律后果就是不真正连带责任，具有多样性"②。

作为多数人侵权行为形态的类型之一，竞合侵权行为不同于我国侵权法传统上使用的共同侵权、分别侵权等概念。竞合侵权行为既包含直接侵权行为，也包含间接侵权行为，并与不真正连带责任相对接，因此不是单独侵权，而是对多数人侵权行为形态与责任形态的理论概括，是数个侵权行为特殊的原因竞合。需要说明的是，在杨立新教授的理论体系中③，一方面，"侵权行为形态"作为一个上位概念，可以进一步分为单独侵权行为和多数人侵权行为两类，前者对应"单独责任"，后者对应"共同责任"。另一方面，多数人侵权行为可以进一步分为一般多数人侵权中的共同侵权行为（对应连带责任形态）和分别侵权行为（对应连带责任形态或者按份责任形态），特殊多数人侵权中的竞合侵权行为（对应不真正连带责任形态）和第三人侵权行为（对应第三人单独责任或者依据侵权法关于第三人原因引起的特殊多数人侵权的具体规定承担责任）等四个小类。

（一）竞合侵权行为的法律特征

竞合侵权行为概念的提出，以多数人侵权的行为类型与责任类型相对应为理论前提，着眼于解决我国侵权法理论中，没有侵权行为类型与不真正连带责任相对应的问题，"竞合侵权行为是填补这一空白的概念"④。具言之，在我国多数人侵权行为与责任的理论中，多数人侵权行为应该与多数人侵权的共同责任相对应，其中，已经有共同侵权与连带责任相对应，分别侵权根据类型不同分别对应连带责任或者按份责任，而理论上的空白之处在于，没有与不真正连

① 杨立新．论竞合侵权行为［J］．清华法学，2013（1）：125.
② 竞合侵权行为是指，两个以上民事侵权主体，其中有的实施直接侵权行为，该行为与损害结果之间具有直接因果关系，有的实施间接侵权行为，其行为与损害结果之间具有间接因果关系，行为人承担不真正连带责任的侵权行为形态。参见杨立新．中国侵权行为形态与侵权责任形态法律适用指引：中国侵权责任法重述之侵权行为形态与侵权责任形态［J］．河南财经政法大学学报，2013（5）：18.
③ 杨立新．多数人侵权行为与责任［M］．北京：法律出版社，2017：24，98，172，215.
④ 杨立新．论竞合侵权行为［J］．清华法学，2013（1）：119.

带责任相对应的多数人侵权行为类型。

竞合侵权行为突出的理论特点在于，总结了我国侵权法上承担不真正连带责任的多数人侵权行为中，普遍存在直接侵权人、间接侵权人两种不同类型的侵权责任人这一特点。一方面，直接侵权人（例如，缺陷产品致人损害中，产品的销售者）的"直接"侵权行为造成他人损害，应承担侵权责任；另一方面，间接侵权人（例如，缺陷产品的生产者）的"间接"行为对损害的发生在客观上起到促进作用。在具体类型上，一是有的情况是间接侵权人为直接侵权行为提供必要条件，二是有的情况是间接侵权人未尽法定义务，三是有的情况是间接侵权人的行为虽不满足"条件"判断，但却为直接侵权的发生提供便利。"这两种行为即直接侵权行为和间接侵权行为竞合到一起，作为侵权行为类型的一种，就是竞合侵权行为。"①

在比较法上，日本侵权法理论上有"竞合的不法行为"的概念，分为"要件相同"的数个侵权行为竞合和"要件不同"的数个侵权行为竞合等两种类型②，以概括当产生同一损害的数个侵权行为出现竞合时，不作共同侵权行为处理的情况。有日本学者认为，竞合的不法行为可以补充个别行为（特别是间接行为）的责任构成要件，并确立了比例责任的规则。③

竞合侵权行为区别于一般多数人侵权中的共同侵权和分别侵权，属于我国侵权法规定的特殊多数人侵权行为的类型之一。其法律特征主要有以下四点④：一是行为主体为二人以上，属于特殊多数人侵权的一种类型。二是数个行为人实施的侵权行为性质不同，有的对受害人实施直接侵权行为（直接侵权行为、主行为），有的为直接侵权行为提供条件或者方便（间接侵权行为、从行为）。三是直接侵权行为与间接侵权行为，在观念上被"竞合"为一个行为，因此，竞合侵权行为不是单指直接侵权行为，也不是单指间接侵权行为，而是指这两个侵权行为的竞合。四是直接行为人与间接行为人承担的"共同责任"为不真正连带责任。换言之，竞合侵权行为属于"直接侵权行为（直接因果关系）+

---

① 杨立新. 论竞合侵权行为 [J]. 清华法学，2013（1）：127.

② 前者指日本《民法》第709条基本型侵权行为意义上的竞合，后者指日本《民法》第709条和第717条建筑物责任的竞合。

③ 潮见佳男. 不法行为法Ⅱ（第二版）[M]. 东京：信山社出版株式会社，2011：196-197.

④ 杨立新. 论竞合侵权行为 [J]. 清华法学，2013（1）：125-126.

间接侵权行为（间接因果关系）"的特殊多数人侵权类型，在其构成要件中，竞合的数个侵权行为与损害结果之间，具有两个或两个以上责任成立的因果关系（属于多因一果型），其中，直接因果关系适用"相当因果关系"的判断规则，间接因果关系适用"条件关系"的判断规则。

（二）竞合侵权行为的类型划分

杨立新教授结合我国侵权法上多元责任形态的规定，尤其是特殊多数人侵权的具体条文，按照间接侵权行为的因果关系类型，把竞合侵权行为分为三类①：一是必要条件的竞合侵权行为，其责任形态为典型的不真正连带责任；二是提供机会的竞合侵权行为，其责任形态为相应的补充责任；三是必要条件+政策考量的竞合侵权行为，其责任形态为先付责任。此外，还有一类特殊保险关系的竞合侵权行为。

1. 必要条件型

"这种竞合侵权行为的基本特征是间接行为人实施的行为通常是积极行为。"②

在我国侵权法上，必要条件的竞合侵权行为主要包括以下四种情形：（1）《民法典》侵权责任编第1203条，生产者和销售者对缺陷产品的不真正连带责任；（2）《民法典》侵权责任编第1223条，药品上市许可持有人、生产者、血液提供机构和医疗机构，对药品、消毒产品、医疗器械的缺陷或者输入不合格的血液承担的不真正连带责任；（3）《民法典》侵权责任编第1233条，因第三人过错，第三人和环境污染者、生态破坏者的不真正连带责任；（4）《民法典》侵权责任编第1250条，因第三人过错致使动物造成他人损害，第三人和动物饲养人或者管理人的不真正连带责任。上述缺陷产品侵权、药品缺陷侵权以及第三人原因引起的污染环境侵权、动物侵权属于特殊多数人侵权中必要条件的竞合侵权行为，承担典型的不真正连带责任。

---

① 必要条件的竞合侵权行为，是指直接行为和间接行为的竞合方式中，间接行为是直接行为的必要条件，没有间接行为的实施，直接行为不能造成损害后果。参见杨立新. 中国侵权行为形态与侵权责任形态法律适用指引：中国侵权责任法重述之侵权行为形态与侵权责任形态 [J]. 河南财经政法大学学报，2013（5）：18.

② 杨立新. 中国侵权行为形态与侵权责任形态法律适用指引：中国侵权责任法重述之侵权行为形态与侵权责任形态 [J]. 河南财经政法大学学报，2013（5）：18.

2. 提供机会型

"这种竞合侵权行为的基本特征，是间接行为人实施的行为通常是消极行为。"①

在侵权法上，提供机会的竞合侵权行为主要包括以下两种情形：（1）《民法典》侵权责任编第 1198 条第 2 款，第三人的侵权责任与未尽安全保障义务人相应的补充责任；（2）《民法典》侵权责任编第 1201 条，行为能力欠缺者受到第三人人身损害，第三人承担侵权责任，未尽管理职责的教育机构承担相应的补充责任。上述由于第三人的侵权行为引起的、负有法定作为义务的经营者或者教育机构承担的补充责任，被认为是竞合侵权行为的第二种基本类型。

3. 政策考量型

必要条件+政策考量的竞合侵权行为②，在我国侵权法上，该类型主要包括以下三种情形：（1）《民法典》侵权责任编第 1204 条，因第三人的过错（特别是运输者、仓储者等）使产品存在缺陷，生产者、销售者的先付责任以及向该第三人的追偿权；（2）《民法典》侵权责任编第 1252 条第 1 款第 2 句，建筑物倒塌塌陷侵权，建设单位、施工单位的先付责任以及向"其他责任人"的追偿权；（3）《民法典》侵权责任编第 1253 条第 2 句，物件侵权中，物件所有人、管理人或者使用人的先付责任以及向"其他责任人"的追偿权。

4. 工伤保险型③

在侵权法上，该类型主要是指《人身损害赔偿司法解释》第十二条的规定。一方面，有工伤保险的劳动者，因工伤遭受人身损害，请求用人单位承担民事

---

① 提供机会的竞合侵权行为，是指在直接行为和间接行为的竞合方式中，间接行为不是直接行为的必要条件，而仅仅是提供了机会或者便利，使直接行为的实施能够顺利完成。参见杨立新. 中国侵权行为形态与侵权责任形态法律适用指引：中国侵权责任法重述之侵权行为形态与侵权责任形态 [J]. 河南财经政法大学学报，2013（5）：18.

② 必要条件+政策考量的竞合侵权行为是指，"符合必要条件的竞合侵权行为的要求，但是基于政策考量，规定间接侵权人先承担中间责任，之后向直接侵权人追偿以实现最终责任的竞合侵权行为"。杨立新. 中国侵权行为形态与侵权责任形态法律适用指引：中国侵权责任法重述之侵权行为形态与侵权责任形态 [J]. 河南财经政法大学学报，2013（5）：19.

③ 工伤保险型竞合侵权行为，是指"造成受害人人身损害的侵权行为是一个独立的侵权行为，但受害人在遭受损害之前与有关单位共同订立了特别的责任保险，责任保险的权利与侵权损害赔偿请求权发生竞合"的竞合侵权行为。杨立新. 论竞合侵权行为 [J]. 清华法学，2013（1）：129.

赔偿责任，按照《工伤保险条例》的规定处理。另一方面，如果工伤事故是由于第三人侵权造成的，赔偿权利人在用人单位赔偿的基础上，还可以请求该第三人赔偿。劳动者的两个赔偿请求权都可以成立，其中，第三人的侵权行为是造成工伤事故和人身损害的直接行为；用人单位对工伤事故"因通过保险合同将责任转嫁给保险公司，构成客观上的损害结果的关联"①，属于间接行为。

（三）竞合侵权行为的法律适用规则

通过对竞合侵权行为的类型划分和条文规定进行梳理，可以发现竞合侵权行为的法律适用有以下特点：一是归责原则方面，竞合侵权行为的具体条文分别适用不同的归责原则。② 有的类型适用过错责任原则（例如，安全保障义务人、学校等教育机构），有的类型适用过错推定责任（例如，建筑物倒塌侵权、物件侵权），有的类型适用无过错责任（例如，第三人原因引起的质量缺陷侵权、动物侵权）。二是侵权行为方面，直接侵权行为与间接侵权行为两者之间表现为"主从关系"，是两个既没有主观关联，也没有客观关联的行为竞合。这种主从关系从因果关系看，直接侵权行为与损害结果具有责任成立的因果关系，而间接侵权行为虽然"也构成侵权行为，但其对损害的发生所起的作用仅仅是提供条件、创造机会"③。三是因果关系方面，主行为是损害结果的直接因果关系，适用"相当因果关系"规则，从行为是相对主行为而言，有的可以适用"条件关系"，有的甚至不满足条件关系。四是在特定情形中可能向共同侵权或分别侵权转化。④

本书认为，杨立新教授根据责任主体的不同情形，区别于侵权法上对多数人侵权责任或者对接连带责任或者对接按份责任的传统研究视角，归纳总结出"竞合侵权行为"并与不真正连带责任相对接，研究视角新颖，具有重要的开创性意义；但是，在竞合侵权行为可能转化为共同侵权行为的观点上，有待深入讨论，申言之，在竞合侵权行为是否能转化为分别侵权行为的问题上，理论解释仍不够清楚。一方面，按照杨立新教授关于主观关联共同、客观关联共同都属于共同侵权的观点，在特定情况下竞合侵权行为确实可以转化为共同侵权行

---

① 杨立新．论竞合侵权行为［J］．清华法学，2013（1）：129.
② 杨立新．论竞合侵权行为［J］．清华法学，2013（1）：130.
③ 杨立新．论竞合侵权行为［J］．清华法学，2013（1）：130.
④ 杨立新．论竞合侵权行为［J］．清华法学，2013（1）：132.

为，例如，在产品质量缺陷中，生产者和销售者因为没有主观关联和客观关联，我国侵权法规定二者承担典型的不真正连带责任，但是如果二者具有共同故意或者共同过失，则形成共同侵权。另一方面，杨立新教授认为分别侵权行为可以分为典型的分别侵权行为和叠加的分别侵权行为（分为全叠加型、半叠加型），前者对接按份责任，后者对接连带责任。因此总体上，竞合侵权行为的理论概括，是从"侵权行为要件"视角分析多个侵权行为与损害结果之间的因果关系，以及多个侵权行为之间的不同结合类型和相互关系。

需要注意的是，杨立新教授在提出竞合侵权行为概念之前，重新梳理并界定不真正连带责任的概念，采取了最广泛意义上的概念界定，将不真正连带责任分为典型的不真正连带责任、先付责任、补充责任和并合责任四种类型。[①]

本书认为，从类型化标准和利益衡量论视角，补充责任、先付责任与不真正连带责任是性质不同的责任形态。例如，对于先付责任的具体规定，即《民法典》侵权责任编第1204条、第1252条第1款第2句和第1253条第2句等3个条文，杨立新教授认为基于"政策考量"应是一种特殊类型的不真正连带责任。但本书认为，先付责任是一种独立的责任形态，其原因在于先付责任与不真正连带责任有如下重要区别：一是对于第三人原因引起的多数人侵权行为，先付责任人适用无过错责任原则，而第三人一般适用过错责任原则。由于归责原则的不同和对于不同责任主体的交叉适用，无过错责任人先承担侵权责任然后才能追偿，其他的情形也包括过错推定与过错责任原则的交叉适用。二是与不真正连带责任相比，此时第三人还取得了承担侵权责任的顺位利益，而不真正连带责任人没有这种顺位利益。三是先付责任人承担侵权责任后，还涉及"另案"追究第三人或其他责任人的责任，因此先付责任人需要承担诉讼法上的证明责任。

二、第三人侵权行为的类型分析

第三人侵权行为作为单纯的免责事由，本不属于本书的讨论范围；但是，鉴于《民法典》侵权责任编分则的具体规定，第三人在特定情形下与侵权行为人都是侵权"共同责任"的实际承担者。在侵权行为要件上，第三人的行为客

[①] 杨立新. 论不真正连带责任类型体系及规则 [J]. 当代法学，2012（3）：57-64.

观上可能与直接行为人的行为直接或者间接结合；在因果关系要件上，第三人的行为对损害结果的发生或者扩大符合相当因果关系的判断标准；在主观过错要件上，由于过错推定和无过错责任原则的适用，第三人也可能承担侵权责任或者被追偿。此外，第三人还可能与被告人承担特定责任形态的共同责任。因此，本书将第三人侵权行为作为一种特殊多数人侵权类型。

（一）第三人侵权行为概述

《民法典》侵权责任编中共有9个条文分别使用了"第三人"的概念。① 其中，第1193条中的"第三人"属于受害人，不属于侵权行为人或者责任人，在此不做讨论。此外，第1252条第1款中物件倒塌、塌陷侵权的"其他责任人"，第1253条物件脱落、坠落侵权的"其他责任人"，也属于本书所指称的"第三人"。因此，本书讨论中的"第三人"侵权行为是指上述10个条文。

1. 第三人侵权行为的概念

侵权法上的"第三人"，从侵权行为人或者侵权责任人一方观察，有广义上和狭义上的界定。广义的第三人是指，"侵权人与被侵权人之外的，作为侵权人一方与之有关联的他人"，包括竞合侵权行为中的第三人、第三人侵权行为中的第三人两类。后者即狭义的第三人，是指"在侵权法律关系中，在实际加害人和被侵权人之外的，因自己的过错，通过实际加害人造成被侵权人权利损害，应当由该人承担侵权责任的侵权人"②。

杨立新教授使用狭义的第三人概念，描述在"第三人+实际加害人+被侵权

---

① 这些条文分别是：（1）第1175条，第三人造成损害的侵权责任；（2）第1192条第2款，因第三人行为造成提供劳务一方损害的侵权责任；（3）第1193条，承揽人在完成工作过程中造成第三人损害；（4）第1198条第2款，因第三人行为造成他人损害，未尽到安全保障义务人的侵权责任；（5）第1201条，不完全民事行为能力人受到第三人人身损害，未尽到管理职责的教育机构的侵权责任；（6）第1204条，因第三人过错使产品存在缺陷的侵权责任；（7）第1233条，因第三人过错污染环境、破坏生态的侵权责任；（8）第1250条，因第三人过错致使动物造成他人损害的侵权责任；（9）第1252条第2款，因第三人原因，建筑物、构筑物或者其他设施倒塌、塌陷造成他人损害的侵权责任。

② 杨立新，赵晓舒. 我国《侵权责任法》中的第三人侵权行为 [J]. 中国人民大学学报，2013（4）：76.

人"的情况下，第三人承担自己责任的多数人侵权行为。① 本书是在广义上使用"第三人侵权行为"的概念，鉴于涉及"第三人"的条文散见于我国侵权法总论部分和分论部分，而且其适用的归责原则并不相同，将前述 10 个条文分为两类讨论，以简化论证过程：一是我国侵权法总论部分对第三人侵权行为的一般规定，即《民法典》侵权责任编第 1175 条和第 1252 条第 2 款，二是我国侵权法分论部分对第三人侵权行为的特殊规定，包括其余 8 个条文。

2. 第三人侵权行为的法律特征

在第三人侵权行为属于多数人侵权行为类型之一的理论前提下，有观点认为，其法律特征有：一是第三人侵权行为不属于共同侵权，因第三人的过错导致损害发生，第三人与实际加害人之间在主观上没有共同过错；二是第三人的侵权行为具有责任构成的因果关系，而且第三人的过错是损害结果发生的唯一原因；三是第三人承担最终责任、自己责任、单独责任；四是被侵权人的侵权请求权直接针对第三人。② 需要注意的是，虽然实体法上，第三人是侵权责任的最终承担者，但是从程序法看，被侵权人通常向实际加害人提起诉讼，因此第三人原因成为被告人免除侵权责任的抗辩事由或者司法机关直接追加第三人作为被告或者作为程序法意义上的第三人。

无论从免责事由的理论视角，还是从因果关系要件的理论视角，理解第三人侵权行为作为特殊多数人侵权的类型之一，重点都在于判断第三人行为是否中断直接侵权行为与损害结果之间的因果关系。按照因果关系理论，对于因果关系作为责任构成要件的考察，可以按照两个步骤进行，即先判断责任成立的因果关系，再判断责任范围的因果关系。前者考察的是侵权行为与损害结果之间是否有事实上的联系，采用英美法"but for"规则或者大陆法系"条件关系"

---

① 杨立新教授将第三人侵权分为两类，既包括适用过错责任（含过错推定责任）的第三人侵权行为，也包括适用无过错责任的第三人侵权行为。参见杨立新，赵晓舒. 我国《侵权责任法》中的第三人侵权行为 [J]. 中国人民大学学报，2013（4）：70-82. 需要注意的是，也有观点认为，在被告人实施了侵害他人民事权益的行为后，如果"第三人"从事了某种对损害后果产生了积极影响的行为，此时法律上就要考虑第三人的行为是否取代被告的加害行为成为损害后果的真正原因，从而发生免除被告侵权赔偿责任的效果。这是在广义上或者从免责事由的视角使用第三人的概念。参见程啸. 论侵权法上的第三人行为 [J]. 法学评论，2015（3）：48-60.

② 杨立新，赵晓舒. 我国《侵权责任法》中的第三人侵权行为 [J]. 中国人民大学学报，2013（4）：70-82.

的判断标准；后者考察的是损害结果与权益受到侵害之间的责任范围，可以采用英美法上"合理预见"或者大陆法上"相当性"的判断标准。具体到第三人侵权行为，则需要考虑在直接侵权行为发生后，"是否存在异常的介入原因……从而中断被告行为（直接侵权行为）与损害结果之间的因果关系"①，此时，第三人行为被称为"介入原因"或者因果关系中断。

关于第三人行为是否中断因果关系的判断标准，程啸教授认为②：一方面，在侵权法有明确规定时，应依据法律的具体规定处理。例如，《民法典》侵权责任编第1192条第2款（第三人的行为造成提供劳务一方损害）、第1233条（因第三人的过错污染环境、破坏生态）和第1250条（因第三人的过错致使动物侵权），第三人的行为或者过错不会导致适用无过错责任的接受劳务一方、侵权人以及动物饲养人或者管理人免除责任。另一方面，在侵权法没有明确规定时，第三人的行为如果中断因果关系则可以免除被告的责任。至于是否中断因果关系的判断，一般以"合理预见"为标准，具言之，一是当第三人的行为属于合法行为，一般不会中断被告行为与损害之间的因果关系；二是当第三人的行为是不法行为，故意的不法行为极容易中断因果关系，而过失的往往不容易中断因果关系；三是如果被告对第三人行为或其后果负有防止的义务，无论第三人的不法行为是故意还是过失，都不会中断因果关系。

3. 第三人侵权行为的类型

关于第三人侵权行为的类型，学界从两个视角分别讨论：一是将第三人侵权行为本身作为观察对象，分析第三人侵权行为的归责原则和构成要件。例如，有观点认为，按照实际加害人和第三人的行为之间关系的不同，第三人侵权行为可以分为介入型和借用型。③ 二是将直接侵权行为作为观察对象，考察第三人侵权行为在不同类型特殊侵权中的责任形态问题，换言之，将第三人侵权行为与直接侵权行为作为一个整体进行讨论。例如，可以将第三人侵权行为分为直

---

① 程啸. 论侵权法上的第三人行为 [J]. 法学评论, 2015 (3): 55.
② 程啸. 论侵权法上的第三人行为 [J]. 法学评论, 2015 (3): 57-59.
③ 介入型第三人侵权是指"实际加害人行为的实施过程中，加入了第三人的行为，造成被侵权人损害的第三人侵权行为"；借用型第三人侵权是指"第三人借用实际加害人的物件实施侵权行为，造成被侵权人权利损害的第三人侵权行为"。杨立新，赵晓舒. 我国《侵权责任法》中的第三人侵权行为 [J]. 中国人民大学学报, 2013 (4): 78-79.

接侵权行为适用过错责任原则或过错推定原则的类型①、直接侵权行为适用无过错责任原则的类型②，分别进行考察。

在杨立新教授的理论体系中，他将无过错责任原则下的第三人侵权行为纳入"竞合侵权行为"的类型之中，并进一步细分为两种情形③：其一，因第三人过错所引起的没有缺陷的产品致害。例如，由于第三人的错误指令，使用人没有按照产品警示说明的要求，造成人身损害。其二，因第三人故意或者过失引起的高度危险责任。《民法典》侵权责任编没有在第八章高度危险责任中规定第三人侵权行为，这一做法与同样适用无过错责任的第七章环境污染和生态破坏责任、第九章饲养动物损害责任有所不同。

因此，按照类推解释，可以分以下两种情形讨论：一是如果侵权法分则中规定了"受害人故意可以免责"，第三人故意与受害人故意大致相当，那么当损害是由第三人故意造成时，可以认定为第三人侵权行为，高度危险责任人免责。二是如果侵权法分则中规定了"受害人重大过失或者过失可以减责"，第三人过失与受害人过失也大致相当，那么当损害是由第三人因重大过失或者过失造成时，可以认定为第三人侵权行为，高度危险责任人可以免责。

如前所述，在第三人侵权行为类型的划分中，有观点认为，应主要是将归责原则作为主要分类标准，"第三人侵权行为的范围可以根据适用不同归责原则的侵权责任形态来确定"④。概言之，第三人侵权行为的理论概括，一是研究视角独特，从"行为形态—责任形态"相对接的角度，明确第三人侵权承担自己责任；二是明确了归责原则在特殊多数人侵权类型化过程中的重要作用；三是明确了法解释学适用的具体方法，当第三人侵权行为发生在适用无过错责任原则的侵权类型中，可以参照适用受害人故意、重大过失或过失时，相应减免第

---

① 杨立新，赵晓舒．我国《侵权责任法》中的第三人侵权行为［J］．中国人民大学学报，2013（4）：77.

② 这种情况对第三人侵权行为具有特别要求，理由在于"在适用无过错责任原则的侵权行为类型中，法律将有些第三人侵权规定为不真正连带责任"。杨立新，赵晓舒．我国《侵权责任法》中的第三人侵权行为［J］．中国人民大学学报，2013（4）：77.

③ 杨立新，赵晓舒．我国《侵权责任法》中的第三人侵权行为［J］．中国人民大学学报，2013（4）：77-78.

④ 杨立新，赵晓舒．我国《侵权责任法》中的第三人侵权行为［J］．中国人民大学学报，2013（4）：79.

三人责任，属于"类推解释"。需要注意的是，杨立新教授使用狭义的第三人概念，限缩了第三人侵权行为的必要类型，而在其竞合侵权行为的理论概括中，却将原本使用第三人概念的侵权行为类型纳入其中，出现这一问题的原因是类型化中的分类标准不一致。

（二）第三人侵权行为的一般规定

《民法典》侵权责任编第 1175 条规定，"损害是因第三人造成的，第三人应当承担侵权责任"。在立法史上，这一规定与《侵权责任法》第 28 条完全相同。通说认为，因该条规定在《侵权责任法》"不承担责任和减轻责任的情形"一章，因此这是对减免责事由的一般规定。需要注意的是，从文义解释看，该条仅规定第三人应当承担责任，但是对于行为人是否还需承担责任却没有明确，其规范的典型情形为超越因果关系型，严格来讲应属于免责事由。

此外，《民法典》侵权责任编第 1252 条第 2 款规定，因第三人的原因，物件倒塌、塌陷造成他人损害的，由第三人承担侵权责任。这里的"第三人"与第 1175 条规定的"第三人"意思相同。因此，本书将前述 2 个条文作为该类多数人侵权行为的"一般规定"共同讨论。

对于第 1175 条的规定，有观点认为，该条规定的第三人侵权行为是法定的免责事由，其后果是免除实际加害人的责任，这在适用过错责任原则和过错推定责任的侵权行为类型中普遍适用，但是，在适用无过错责任原则的侵权行为类型中，情况较为复杂，需要分情况讨论。① 也有批评的观点认为，"这种做法对司法实践而言，并无意义"②。"在理论上和实践中除了提示作用外，没有太大的价值。"③ 第三人的行为能否中断实际加害人与损害结果之间的因果关系，只能进行个案分析，立法上将第三人的行为作为抗辩事由加以规定，无助于解决该问题。④

本书认为，一是该条强调损害是"因"第三人造成的，重点强调其因果关

---

① 杨立新，赵晓舒. 我国《侵权责任法》中的第三人侵权行为 [J]. 中国人民大学学报，2013（4）：70.

② 程啸. 论侵权法上的第三人行为 [J]. 法学评论，2015（3）：48.

③ 程啸. 民法典侵权责任编的体系结构及总则部分的完善 [J]. 财经法学，2018（6）：16.

④ 冯珏. 论侵权法中的抗辩事由 [J]. 法律科学（西北政法大学学报），2011（4）：70-82.

系构成要件，从侵权行为的角度，此时既存在实际的、直接的侵权人，又存在间接的、主要的"侵权人"即第三人。如果从责任的角度观察，结合《民法典》侵权责任编的具体规定，第三人可能承担不同类型的责任形态。二是第三人侵权行为是否能够使得被告免责，不仅要考量《民法典》侵权责任编第 1175 条的规定，也要结合侵权法分则中的具体规定，概言之，第三人侵权行为既可以作为免责事由，又可能与一般多数人侵权、责任主体的特殊规定和特殊侵权制度相联系。

1. 作为一般免责事由的确立过程

通过梳理可以发现我国立法史上，《民法通则》《民通意见》以及《人身损害赔偿司法解释》均未将第三人侵权行为作为一般免责事由，而仅在特殊侵权中予以规定，例如，《民法通则》第 127 条和《民通意见》第 153 条第 2 款。① 不过，当时我国民法学界已经有一些权威学者开始将第三人原因（过错）作为一类独立且重要的抗辩事由，开展深入的研究。在梁慧星教授、王利明教授分别主持的两部对《侵权责任法》起草起到重要作用的建议稿中，其都曾将第三人过错明确规定为一项独立的免责事由，例如，梁慧星教授主持的《中国民法典草案建议稿·侵权行为编》第 1562 条的规定。②

在制定《侵权责任法》的过程中，对于是否将第三人原因（过错）作为具有总则意义的一般免责事由，民法学界仍有不同意见。例如，有支持的观点认为，无论在适用过错责任原则，还是适用无过错责任原则的侵权类型中，都可能出现因第三人过错造成损害的情况，"完全由于第三人过错所造成的损害，原则上应由第三人承担责任"③。但是，也有不同观点认为，一方面，第三人过错涉及的情况非常复杂，不应当将第三人过错规定为一般抗辩事由，而应根据不

---

① 《民法通则》第 127 条规定，由于第三人的过错致使饲养的动物造成他人损害的，第三人应当承担民事责任。《民通意见》第 153 条第 2 款规定，运输者和仓储者对产品质量负有责任的，也可以将运输者和仓储者列为第三人。

② 该条规定，"损害是由于第三人的过错行为造成的，由该第三人承担民事责任"。梁慧星 . 中国民法典草案建议稿附理由：侵权行为编、继承编 [M]. 北京：法律出版社，2004：30-31.

③ 全国人大常委会法制工作委员会民法室 . 侵权责任法立法背景与观点全集 [M]. 北京：法律出版社，2010：131.

同侵权责任形态分类作特别规定。① 另一方面，仅在过错责任和过错推定责任中，当第三人侵权行为是损害结果的唯一原因时才作为免责事由单独适用，而在侵权法分则中有具体规定时，则应适用该具体规定，因此，该免责事由的实际价值就是在过错责任和过错推定责任中，才能作为一般意义上的免责事由。②

还有观点认为，《侵权责任法》实际上采取了"折中方案"。一方面，将第三人过错规定在总则部分的"不承担责任和减轻责任的情形"一章中，具有一般规定的意义；另一方面，又没有明确第三人过错究竟是减责事由还是免责事由，以致该条的"表述非常独特……其仅规定第三人应当承担责任，却没有规定被告是否减责或免责"③，客观上也造成学界对该条究竟是减免责事由还是免责事由的理解不一。

2. 比较法上的不同做法

大陆法系国家一般没有将第三人侵权行为作为独立的免责事由。例如，《德国民法典》第 227 条至第 231 条规定的违法阻却事由，包括正当防卫、紧急避险与自助行为④；日本《民法》第 720 条规定的违法阻却事由包括正当防卫和紧急避险。此外，一些国家和地区虽然承认第三人侵权行为，但是没有将其作为一般减免责事由予以规定，例如，《荷兰民法典》第 6 编第 178 条第 5 项的规定⑤。

在英美侵权法的理论与实务中，第三人侵权行为属于被认为是一种介入行为或介入原因，例如，《美国侵权行为法重述（第二次）》第 440 条的规定⑥，介入行为只是在考察责任范围即因果关系的遥远性问题时需要考虑的问题，并非一种独立的抗辩事由。

---

① 全国人大常委会法制工作委员会民法室. 侵权责任法立法背景与观点全集［M］. 北京：法律出版社，2010：544.

② 张力，郑志峰. 侵权责任法中的第三人侵权行为［J］. 现代法学，2015（1）：32-46.

③ 程啸. 论侵权法上的第三人行为［J］. 法学评论，2015（3）：51.

④ 台湾大学法律学院，台大法学基金会. 德国民法典［M］. 北京：北京大学出版社，2017：196-198.

⑤ 该条规定，如果损害是因为非雇员的第三人的故意行为所致，被告可以免于承担第 175 条规定的高度危险物损害责任，第 176 条规定的污染物损害责任，第 177 条规定的矿物外溢损害责任。

⑥ 该条规定，因介入行为或介入原因而使得原本因其在先行为属于造成损害的实质性因素进而需要承担责任的行为人免于承担责任时，那么这个介入原因就成为"替代原因"。

（三）第三人侵权行为的特殊规定

《民法典》侵权责任编中使用"第三人"概念的特殊多数人侵权有 8 个条文，可以进一步分为以下 3 类：一是"第三人责任+违反法定义务人的补充责任"的情形，包括 2 个条文；二是"第三人+侵权人的不真正连带责任"的情形，包括 3 个条文；三是"先付责任+向第三人的追偿权"的情形，包括 3 个条文。具体情况如下。

1. 第三人责任+违反法定义务人的补充责任

该类型主要包括 2 个条文：一是《民法典》侵权责任编第 1198 条第 2 款规定的第三人承担侵权责任+未尽安全保障义务人承担补充责任。① 二是《民法典》侵权责任编第 1201 条规定的不完全民事行为能力人受到第三人人身损害，第三人承担侵权责任+未尽管理职责的教育机构承担补充责任。

观察第三人和违反法定义务人的区别，主要表现为：一是归责原则方面，第三人的行为根据其具体侵权行为的类型不同，主要适用过错责任原则，但在特殊情况下也可适用过错推定或者无过错责任原则；而无论是未尽到安全保障义务的经营者，还是未尽到管理职责的学校等教育机构，承担的都是过错责任。二是侵权行为要件方面，第三人的侵权行为一般是实施了积极的侵权行为；而补充责任人的"侵权行为"，属于违反法定的作为义务，表现为消极的不作为。三是因果关系方面，损害结果是因第三人的行为"造成"的，符合相当因果关系说；而违反法定义务人的不作为侵权行为，虽然不符合"若非—则不"条件关系的判断，但是符合"相当性"的判断标准。

2. 第三人+侵权人的不真正连带责任

该类型主要包括 3 个条文：一是《民法典》侵权责任编第 1192 条第 2 款规定了因第三人行为造成提供劳务一方损害，第三人与接受劳务方的不真正连带

---

① 在"江歌案"的讨论中，有观点认为，在赔偿层面，被告仅负部分赔偿责任，依据是安全保障义务规则的类推适用；在法政策上，尚可考虑其负连带责任的可能性。参见金可可，谈天. 从"江歌案"看民法典的司法适用及其争议：兼与本案相关论点商榷 [J]. 探索与争鸣，2022（4）：2，115-125，179. 同时，结合《电子商务法》的有关规定，有观点认为，平台经营者违反安全保障义务的间接侵权责任可以类推适用该规定，同时，平台经营者违反安全保障义务的侵权形态为分别侵权，也可适用《民法典》侵权责任编第 1172 条的规定。参见陈晓敏. 论电子商务平台经营者违反安全保障义务的侵权责任 [J]. 当代法学，2019（5）：27-36.

责任。二是《民法典》侵权责任编第 1233 条规定了因第三人过错污染环境、破坏生态，第三人与直接侵权人的不真正连带责任。[①] 三是《民法典》侵权责任编第 1250 条规定了因第三人过错导致动物侵权，第三人与动物的饲养人或者管理人的不真正连带责任。

观察第三人和直接侵权人之间的区别，主要表现为：一是归责原则方面，第 1192 条第 2 款的规定中，第三人行为根据其具体类型，既可能适用过错责任，也可能适用过错推定或者无过错责任，而接受劳务一方承担的是无过错责任。但是，在第 1233 条和第 1250 条的规定中，"因第三人的过错"表明第三人承担过错责任，而无论是污染环境、破坏生态的侵权人，还是动物饲养人或者管理人，承担的都是无过错责任。二是因果关系方面，前述 3 个条文均规定，损害结果是因第三人的行为或者过错造成的，这表明第三人的行为符合相当因果关系判断；而承担无过错责任的责任人，其行为既符合"若非—则不"条件关系的判断，也符合"相当性"的判断。

3. 先付责任+向第三人的追偿权

该类型主要包括 3 个条文：一是《民法典》侵权责任编第 1204 条规定了因第三人过错使产品存在缺陷，生产者、销售者的先付赔偿责任与向第三人的追偿权。二是《民法典》侵权责任编第 1252 条第 1 款规定了建筑物倒塌、塌陷造成他人损害，建设单位、施工单位的先付赔偿责任与向"其他责任人"的追偿权。三是《民法典》侵权责任编第 1253 条规定了物件侵权，物件的所有人、管理人或者使用人的先付赔偿责任与向"其他责任人"的追偿权。

观察先付责任人和第三人之间的区别，主要表现为适用的归责原则不同。一方面，在第 1204 条中，第三人的过错使产品存在缺陷，表明其适用过错责任原则，而产品的生产者、销售者适用无过错责任；另一方面，在第 1252 条第 1 款和第 1253 条中，"其他责任人"根据其行为的具体类型，则既可能适用过错责任，也可能适用过错推定或者无过错责任，而建筑物和物件侵权的责任人则适用过错推定责任。

[①] 也有观点认为，第三人介入型环境侵权，应对第三人的介入方式进行分类，对"第三人过错+污染者无过错"类型，适用按份责任；对"第三人过错+污染者过错"类型，先区分份额再适用不真正连带责任。参见冯德淦. 第三人介入型环境侵权解释论研究 [J]. 河南财经政法大学学报，2018（3）：20-29.

三、特殊责任主体中的多数人侵权责任

《民法典》侵权责任编第三章"责任主体的特殊规定"使用 14 个条文,分别规定监护人的无过错替代责任(第 1188 条、第 1189 条),暂时丧失意思能力人的过错责任和公平责任(第 1190 条),用工者的无过错替代责任(第 1191条、第 1192 条),定作人的过错责任(第 1193 条),网络服务提供者未履行法定义务的过错责任(第 1194 条至第 1197 条),未尽安全保障义务人的过错责任(第 1198 条),以及教育机构对无行为能力人的过错推定责任、对限制行为能力人的过错责任和对行为能力欠缺者未尽到管理职责的过错责任(第 1199 条至第1201 条)。

总体上,该章内容极为庞杂,有观点认为,"将内容差别较大的侵权行为糅杂地规定在同一章内,既不利于法律适用,也不利于更好地规范这些侵权行为。……它们在归责原则上存在本质的区别,总的来说,是差异大于共性"①。

关于"责任主体的特殊规定"这一法律术语本身即表明,本章立法的重点不在于责任构成,而是关注于在特定侵权类型中,侵权责任在数名责任人之间如何承担,即责任形态和责任分担规则,学界的研究方向也从责任构成论转向责任形态论和责任分担论的研究。对于前述条文的分类及论述,详见本书第七章"相应责任与补充责任之利益衡量分析"。

第二节　责任形态论的研究进路

一、责任形态论

侵权责任形态的理论体系和规则由杨立新教授于 2005 年提出。② 侵权责任形态论所要解释和解决的主要问题是,将侵权行为形态与侵权责任形态相对接,构建完整的侵权责任形态体系。从内容上看,责任形态论不仅关心多数人侵权

---

① 程啸. 民法典侵权责任编的体系结构及总则部分的完善 [J]. 财经法学,2018 (6):8.

② 杨立新. 中国侵权行为形态与侵权责任形态法律适用指引:中国侵权责任法重述之侵权行为形态与侵权责任形态 [J]. 河南财经政法大学学报,2013 (5):14.

的责任形态问题，对于单独侵权行为人的自己责任与替代责任、单方责任与双方责任也有论及，其核心内容是多数侵权人所要承担的共同责任。

（一）责任形态论的主要内容

侵权责任形态的理论和规则，由自己责任与替代责任、单方责任与双方责任、单独责任与共同责任三个部分组成。其主要研究结论可以概括为"特定的侵权行为形态必与特定的侵权责任形态相对接"①。

1. 自己责任与替代责任

自己责任②作为与替代责任相对应的概念，表现的是行为人为自己的行为负责，不能由他人承担赔偿责任，通常与一般侵权行为相对应。具言之，如果侵权行为人是一人，则由该行为人自己承担"单独责任"；如果侵权行为人是多数人，则由该多数侵权行为人承担并分担该"共同责任"。自己责任被普遍认为是侵权责任承担的原则性、基础性规则。

替代责任则是侵权责任承担的例外性规定，主要包括为他人的侵权行为负责、为物件造成的损害负责两种情况。一是为他人的侵权行为负责，主要包括监护人与被监护人、教育机构与其工作人员、个人劳务的接受者与提供者、用人单位与其工作人员以及医疗损害中的医疗机构与其医务人员等。责任人通常与行为人具有监护、隶属、雇佣、代理等特定关系，并对行为人具有支配、管理或者约束的职责和权力。二是为物件造成的损害负责，主要包括《民法典》侵权责任编中的产品责任、饲养动物损害责任、建筑物和物件损害责任等为自己管领的物件造成损害负责的情形，以及在环境污染和生态破坏责任、高度危险责任中，"为污染物造成的损害负责或者为高度危险物造成的损害负责的侵权行为"③。

---

① 杨立新. 中国侵权行为形态与侵权责任形态法律适用指引：中国侵权责任法重述之侵权行为形态与侵权责任形态［J］. 河南财经政法大学学报，2013（5）：14.

② 自己责任是指，违法行为人对由于自己的过错造成他人的人身损害和财产损害要由自己承担责任的责任形态。参见杨立新. 中国侵权行为形态与侵权责任形态法律适用指引：中国侵权责任法重述之侵权行为形态与侵权责任形态［J］. 河南财经政法大学学报，2013（5）：21-22.

③ 杨立新. 中国侵权行为形态与侵权责任形态法律适用指引：中国侵权责任法重述之侵权行为形态与侵权责任形态［J］. 河南财经政法大学学报，2013（5）：23.

2. 单方责任与双方责任

单方责任是指"由侵权人或者受害人'一方',单方承担侵权责任的侵权责任形态"①。因此,单方责任又可以进一步分为侵权人一方责任和受害人一方责任。侵权人一方责任是侵权法中责任承担的基本形式,而"受害人一方责任"如果从减免责事由角度观察,主要是指《民法典》侵权责任编第1174条规定的损害是受害人故意造成的,行为人不承担责任。

双方责任,从发生原因来看,主要包括与有过失规则和公平分担损失规则。《民法典》侵权责任编第1173条规定的被侵权人对损害的发生或者扩大有过错时,被侵权人要自己承担部分侵权责任,以及第1186条规定的受害人和行为人都没有过错时,依照法律规定由双方分担损失。

3. 单独责任与共同责任

单独责任"表现的是单一侵权人自己承担责任"②,属于单独侵权的范畴。而在多数人侵权中,我国侵权法上规定的多元责任形态,例如,不真正连带责任、按份责任,都属于共同责任。共同责任在外部效力上,表现为数名侵权行为人共同承担侵权责任,尽管在不同责任形态中,责任承担的具体规则有所差别;在内部效力上,共同责任还涉及数名侵权人之间的责任分担规则和追偿权行使等。

关于侵权行为形态与侵权责任形态相对接的观点,杨立新教授认为,多数人侵权行为与共同责任之间的对应关系,主要包括以下四种类型③:一是共同侵权行为,可以分为普通的共同侵权行为(包括教唆帮助完全行为能力人侵权和共同危险行为)、交叉的共同侵权行为(教唆帮助行为能力欠缺者侵权)两种类型,前者对应连带责任,后者对应单向连带责任。二是分别侵权行为,可以分为典型的分别侵权行为和叠加的分别侵权行为两种类型,前者对应按份责任,后者对应连带责任(其中,半叠加的分别侵权行为对应部分连带责任)。三是竞合侵权行为,分为必要条件型、提供机会型和必要条件+政策考量型三种类型,

① 杨立新.中国侵权行为形态与侵权责任形态法律适用指引:中国侵权责任法重述之侵权行为形态与侵权责任形态[J].河南财经政法大学学报,2013(5):24.
② 杨立新.中国侵权行为形态与侵权责任形态法律适用指引:中国侵权责任法重述之侵权行为形态与侵权责任形态[J].河南财经政法大学学报,2013(5):14.
③ 杨立新.多数人侵权行为与责任[M].北京:法律出版社,2017:23.

分别对应典型的不真正连带责任、相应的补充责任和先付责任。四是第三人侵权行为对应第三人单独责任。

（二）侵权责任并合

侵权责任并合现象，是由杨立新教授首先予以较为系统阐释的。[①]

在我国商法和经济法领域，规定了许多以连带责任为代表的多元责任形态。例如，在商法领域，《中华人民共和国公司法》（以下简称《公司法》）中的侵权型连带责任，根据侵权行为的类型，可以分为三种：一是"揭开公司面纱"型，即《公司法》第20条第3款、第63条。二是协助抽逃出资型，即《关于适用〈中华人民共和国公司法〉若干问题的规定（三）》（以下简称《公司法解释三》）第14条。三是怠于履行清算义务型，即《关于适用〈中华人民共和国公司法〉若干问题的规定（二）》（以下简称《公司法解释二》）第18条。需要注意的是，与"揭开公司面纱"型和协助抽逃出资型不同的是，怠于履行清算义务型的侵权行为属于消极不作为的侵权行为。又如，在经济法领域，《中华人民共和国消费者权益保护法》（以下简称《消费者权益保护法》）第44条第1款的规定[②]、《中华人民共和国广告法》（以下简称《广告法》）第56条的规定[③]、《中华人民共和国食品安全法》（以下简称《食品安全法》）第130条的规定[④]等。

以《广告法》第56条关于虚假广告的民事责任的规定为例：一方面，广告

---

① 所谓"侵权责任并合"，是指在多数人侵权行为中，法律原本规定了一种侵权责任形态，又增加规定了新的侵权人承担同一种侵权责任形态或者其他侵权责任形态，构成更多的侵权人对同一损害承担同一种或者不同种侵权责任，并相互重合的责任形态。参见杨立新.论侵权责任并合［J］.法商研究，2017（2）：101-112.

② 《消费者权益保护法》第44条第1款规定，消费者通过网络交易平台购买商品或者接受服务，当网络交易平台提供者不能提供销售者或者服务者的真实名称、地址和有效联系方式时，消费者也可以向网络交易平台提供者要求赔偿。

③ 《广告法》第56条第1款规定，发布虚假广告，由广告主依法承担民事责任，当广告经营者、广告发布者不能提供广告主的真实名称、地址和有效联系方式时，消费者可以要求广告经营者、广告发布者先行赔偿。该条第2款进一步规定，关系消费者生命健康的商品或者服务的虚假广告，造成消费者损害的，广告经营者、广告发布者、广告代言人应当与广告主承担连带责任。

④ 《食品安全法》第130条规定，集中交易市场的开办者、柜台出租者、展销会的举办者允许未依法取得许可的食品经营者进入市场销售食品，或者未履行检查、报告等义务，使消费者的合法权益受到损害的，应当与食品经营者承担连带责任。

主发布虚假广告的，应由其承担自己责任，但在广告经营者、发布者不能提供广告主有效信息时，须承担先行赔偿的责任。结合《民法典》侵权责任编第1203条关于缺陷产品由产品生产者、销售者承担不真正连带责任的规定，此时如果广告主是产品生产者或者销售者其中之一，则会发生缺陷产品的生产者、销售者的不真正连带责任与虚假广告中广告经营者、发布者先付责任的并合。另一方面，在关系消费者生命健康的商品或者服务的虚假广告中，则会发生缺陷产品的生产者、销售者的不真正连带责任与虚假广告经营者、发布者、代言人连带责任的并合。因此，杨立新教授认为，侵权责任并合主要发生在涉及消费者权益保护领域，适用范围主要是产品责任也包括服务致害，发生侵权责任并合的主要是在连带责任与不真正连带责任之间。①

本书认为，"侵权责任并合"的产生主要是《民法典》侵权责任编中的"一般规定"与商经法中的"特别规定"形成"想象竞合"的结果。相对而言，《民法典》侵权责任编中关于缺陷产品与不真正连带责任的规定属于一般规定，而《广告法》中关于虚假广告与先付责任或者连带责任的规定属于特别规定。此时，虽然可以适用"特别法优于一般法"的原则，但是如前所述仍然会形成侵权责任并合。特别法的立法目的是要"建立最严格的各方法律责任制度""突出民事赔偿责任""对食品安全违法行为加重法律责任"②，其实质是增加了承担侵权责任的责任主体。这种做法与《民法典》侵权责任编中"责任主体的特别规定"有异曲同工之处。

（三）不确定并列责任主体

杨立新教授提出"并列责任主体"的概念，用以描述我国侵权法在规定某种特殊侵权责任时，并列地列举、规定了两个或多个责任主体的立法现象。并列责任主体可以分为确定的和不确定的两种类型，其中"确定的并列责任主体"其侵权行为类型和责任形态是明确的，但是，"不确定的并列责任主体"是指"侵权法……并列规定了两个以上应当承担责任的主体，但未明确规定其实施的侵权行为的性质及责任承担形态"③，属于法律漏洞，通过类推解释、目的解释

---

① 杨立新.论侵权责任并合［J］.法商研究，2017（2）：101-112.
② 信春鹰.中华人民共和国食品安全法释义［M］.北京：法律出版社，2015：440-448.
③ 杨立新.侵权责任法的不确定并列责任主体［J］.杭州师范大学学报（社会科学版），2016（5）：91.

等方式进行漏洞填补，因此需要从责任形态、责任分担方面加以特别研究。

不确定并列责任主体所指称的条文范围和类型①，主要包括：

一是竞合侵权行为适用不真正连带责任。包括：（1）《民法典》侵权责任编第1204条，生产者、销售者其中之一或者共同，对因运输者、仓储者等第三人的过错使产品存在缺陷承担的无过错责任、先付责任。其中，生产者、销售者承担的是中间责任，责任形态为不真正连带责任。（2）《民法典》侵权责任编第1245、1246、1247和1249条，动物饲养人或者管理人其中之一或者共同对饲养动物侵权承担的无过错责任、不真正连带责任。虽然条文中使用"或者"作为连接词，但对于饲养人或者管理人，从其侵权行为类型看，既不是单独侵权行为，也不是共同侵权行为，而是属于竞合侵权行为，其责任形态为不真正连带责任。

二是连带责任中存在不真正连带责任的可能。包括：（1）《民法典》侵权责任编第1242条，所有人、管理人不能证明对防止他人非法占有尽到高度注意义务的，与非法占有人承担连带责任。其中，如果所有人、管理人两者均有过错时，承担连带责任；若仅两者之一有过错时，则属于竞合侵权行为，责任形态是不真正连带责任。（2）《民法典》侵权责任编第1252条，建设单位与施工单位对建筑物倒塌、塌陷侵权承担连带责任。其中，如果建设单位与施工单位仅两者之一有过错时，则属于竞合侵权行为，责任形态是不真正连带责任。

三是若构成单独侵权行为，则承担单独责任；若构成客观共同侵权行为，则承担连带责任。包括《民法典》侵权责任编第1253条②、《民法典》侵权责任编第1257条③、第1258条第2款④。

我国侵权法规定诸多不确定并列责任主体，"存在的最大问题，是对不确定并列责任主体实施的侵权行为的性质与承担的责任形态具有不确定性，影响法

---

① 杨立新. 侵权责任法的不确定并列责任主体［J］. 杭州师范大学学报（社会科学版），2016（5）：98.

② 该条规定，所有人、管理人或者使用人对物件脱落、坠落侵权不能证明自己没有过错的，应当承担侵权责任。

③ 该条规定，林木的所有人或者管理人不能证明自己没有过错的，应当承担侵权责任。

④ 该款规定，管理人对地下设施侵权不能证明尽到管理职责的，应当承担侵权责任。其中的"管理人"为广义概念，可能包括管理国有资产的人或者管理维修的人。

律的准确实施"①。本书认为，不确定并列责任主体概念的提出，是为了解决司法实践中，当法官面对一个具体的特殊侵权案件时，确定数名侵权责任人之间应承担什么样的责任形态以及责任如何分担的问题。以《民法典》侵权责任编第 1204 条为例，生产者、销售者对缺陷产品本来承担不真正连带责任，但是当缺陷是因运输者、仓储者等第三人的过错造成时，产品生产者、销售者依据侵权法的规定仍要承担先付责任②，这样就造成在原来的不真正连带责任之上又叠加了一种特殊情况下的不真正连带责任。对于这种不同类型责任形态的相互叠加的立法现象，前文在"侵权责任并合"部分已经进行讨论，这同时也说明我国侵权法对于多元责任形态规定的丰富性。

二、责任分担论

王竹教授是我国法学界较为全面、系统论述侵权责任分担论的学者之一。所谓"侵权责任分担"，是指"包括赔偿权利人在内的数个当事人之间对损害赔偿责任和受偿不能风险及程序负担的分配，以及在连带责任中部分责任人无分摊能力时，对损害赔偿责任和受偿不能风险及程序负担的再分配"③。从这一概念可以看出，责任分担论既包括数名侵权责任人之间对于不同责任形态中责任大小的分担，又包括受偿不能风险和程序负担在原告与数名被告之间的分担，还包括原告在与有过失情况下对侵权责任的分担。传统上，侵权法主要是以"侵权行为—归责原则—责任构成要件"为研究进路，而责任分担论的基本理论逻辑有别于此，主要是以"行为形态—责任形态—责任分担"为主要理论构造。

（一）责任分担论的主要内容

侵权法上的侵权责任分担制度，主要包括四方面内容④：一是最终责任分担制度，包括在赔偿权利人一方与数名侵权行为人一方之间的最终责任人分担，在数名侵权行为人之间的最终责任分担，以及无法确定全部或者部分份额时的

---

① 杨立新. 侵权责任法的不确定并列责任主体 [J]. 杭州师范大学学报（社会科学版），2016（5）：97.

② 按照杨立新教授的观点，先付责任属于不真正连带责任的一种。

③ 王竹. 侵权责任论：侵权损害赔偿责任数人分担的一般理论 [M]. 北京：中国人民大学出版社，2009：82.

④ 王竹. 侵权责任论：侵权损害赔偿责任数人分担的一般理论 [M]. 北京：中国人民大学出版社，2009：82-83.

平均分担规则。二是受偿不能风险分担制度，是指在赔偿权利人一方与赔偿义务人一方之间，根据责任形态的不同规定，分配受偿不能风险和程序负担的制度，包括因受害人过错①而改变侵权责任形态适用的情形。三是受偿不能风险实现制度，对于连带责任人内部的分担请求权，当部分责任人无分摊能力时，在赔偿义务人之间以及赔偿义务人与赔偿权利人之间，按照最终责任比例对受偿不能风险的再分配制度。四是受害人不明情况下的侵权责任分担制度。

王竹教授认为，在理论脉络上，侵权责任分担论是对责任形态论的发展与完善②，具体体现在：一是责任形态论仍未摆脱侵权责任构成论的思维方式，"侵权责任分担论意在改变侵权法理论现有的单一侵权责任构成论模式，构建侵权责任构成论与侵权责任分担论的并立模式"③。二是明确自己责任与替代责任的区分属于侵权责任构成问题，在责任分担论中不做此种类型区分。三是明确公平责任属于与侵权责任构成并列的民事责任构成问题，与受害人过错具有本质差异。④

王竹教授还认为，侵权责任分担论的正当性基础在于分配正义，在最终责任分担、受偿不能风险分担以及分摊不能再分配等方面均具有解释力；提出"风险责任"的概念，是指"在连带责任、不真正连带责任和补充责任中，责任人承担的超过自己责任份额部分的责任"，并作为与"最终责任"概念相对应的基础概念；责任分担标准应采用可责难性和原因力组成的二元标准体系，其中，风险责任分担应采用"可责难性为主，原因力为辅"，最终责任分担应采用"原因力为主，可责难性为辅"。⑤

需要说明的是，所谓"风险责任"或称受偿不能风险，其本来含义是描述

---

① 有观点认为，受害人过错情形下多数人侵权责任的分配，涉及程序上、实体上诸多技术性问题，依过错及原因力对责任比例进行精准划分本就不易，论证各种复杂的计算方案何种更为公平则更为艰难。袁依婷. 论受害人过错情形下的数人侵权责任分担 [D]. 武汉：中南财经政法大学，2020.

② 王竹. 侵权责任论：侵权损害赔偿责任数人分担的一般理论 [M]. 北京：中国人民大学出版社，2009：82-83.

③ 王竹. 侵权责任论：侵权损害赔偿责任数人分担的一般理论 [M]. 北京：中国人民大学出版社，2009：83.

④ 王竹. 侵权责任论：侵权损害赔偿责任数人分担的一般理论 [M]. 北京：中国人民大学出版社，2009：83-84.

⑤ 王竹，杨立新. 侵权责任分担论 [J]. 法学家，2009 (5)：149-156，160.

被害人一方无法及时、足额获得赔偿的可能性，或者由于程序上须承担举证责任并因举证不能而无法获得赔偿的可能性，其视角立足于赔偿权利人一方与赔偿义务人的"双边"关系。这也不同于先付责任、不真正连带责任中，部分特殊侵权人须承担的"中间责任"。有鉴于此，本书仍在民法传统意义上使用"受偿不能风险"的概念，其实质是将受偿不能的"可能性"在赔偿权利人与赔偿义务人之间的"外部责任分担"，并认为"最终责任分担"的实质是数名侵权行为人之间的"内部责任分担"以及权利人受偿不能情况下的责任再分担规则。

（二）风险责任分担

在特殊多数人侵权责任中，我国侵权法使用大量条文，分别规定了连带责任、不真正连带责任、相应责任和补充责任等多元责任形态。数名侵权责任人依据不同责任形态的具体规定，普遍存在可能承担本不属于或者超过自己责任份额的更多责任的情况，例如，在典型的不真正连带责任中，与最终的真正责任人相比，存在"中间责任人"需要承担过渡性质的侵权责任。确立风险责任概念的意义在于，风险责任对应追偿请求权，而最终责任对应分摊请求权，能够更加准确地描绘侵权损害赔偿责任的内部结构，例如：在连带责任中，连带责任人的全部损害赔偿责任等于最终责任+风险责任；在不真正连带责任中，中间责任人承担的全是风险责任，而最终责任人承担的全是最终责任；在补充责任中，直接责任人承担的是最终责任，而补充责任人承担的是直接责任人全部损害赔偿责任与最终责任之间的差额。[1]

王竹教授认为，"风险责任"的实质是受偿不能风险，风险责任分担的规则应以"可责难性标准为主，原因力标准为辅"，并借助多元责任形态的具体规定，如连带责任、不真正连带责任、补充责任，对受偿不能风险在原被告双方之间进行一次性分配。其中，可责难性标准是适用连带责任的根本标准；而客观关联共同侵权行为则涵盖不真正连带侵权责任形态的适用范围，并使不真正连带责任具有法定性特征。[2] 需要注意的是，作为与最终责任相对应的概念，风险责任的分担规则是对赔偿权利人一方与数名赔偿义务人另一方之间的责任分担，与传统侵权法上数名赔偿义务人之间的"内部责任分担"相比，这可被称

---

[1] 王竹. 论风险责任概念的确立 [J]. 北方法学，2011 (2)：5-12.

[2] 王竹，杨立新. 侵权责任分担论 [J]. 法学家，2009 (5)：149-156，160.

为"外部责任分担"。但是，在王竹教授的概念界定中，最终责任与责任份额相等，风险责任则是超过最终责任的差额部分①，这与传统侵权法在概念使用上有明显区别。此外，从责任形态与责任分担的关系来看，责任分担的前提是侵权法对多元责任形态有特殊的、具体的规定，换言之，责任形态是责任分担的前提条件，责任分担是责任形态的具体应用规则。

（三）最终责任分担

最终责任分担是在数名侵权责任人之间的责任分担，属于"内部责任分担"。对于最终责任份额确定中的过错与原因力，二者之间的关系以及以哪一个为主的问题，学界长期存在争议，例如：一种观点认为，过错程度大小对于共同责任的分担起主要作用。② 另一种观点认为，应该以原因力作为主要标准，适当考虑第三人与被告的过错类别和过错程度。③ 也有观点认为，最终责任分担对应分摊请求权而非追偿请求权，其分担标准应该以"原因力标准为主，可责难性标准为辅"，实际分担方式是以比例分担为主、人头分担为辅。④

王竹教授认为，最终责任的分担应以原因力标准为主，而受偿不能风险的分担需要分两种情况分别讨论⑤：一方面，在适用过错责任原则（包括过错推定责任）的多数人侵权中，以过错程度为主要标准；另一方面，在适用无过错责任原则的多数人侵权中，不论侵权行为人是否有过错，应以客观危险程度为主要标准。

对于侵权法上规定的"相应的责任"，王竹教授认为其"实质上就是最终责任的比例分担问题"。⑥ 但是，本书认为，在梳理《民法典》侵权责任编相关条文时，我国侵权法有 10 个条文使用"相应的责任"或"相应的赔偿"等表述，总体上可以将其分为两类：一是部分条文规定了一种独立的多数人侵权责任形

---

① 王竹.论风险责任概念的确立［J］.北方法学，2011（2）：5-12.

② 杨立新.侵权法论［M］.北京：人民法院出版社，2005：200，618-619.

③ 张新宝.侵权责任法原理［M］.北京：中国人民大学出版社，2005：142.

④ 此外，我国侵权法对不具有分摊能力连带责任人份额的再分配方案，应采纳大陆法系传统的"事后二次分担规则"。王竹，杨立新.侵权责任分担论［J］.法学家，2009（5）：149-156，160.

⑤ 王竹.论数人侵权责任分担中最终责任份额的确定方式［J］.法商研究，2010（6）：19-22.

⑥ 王竹.论数人侵权责任分担中最终责任份额的确定方式［J］.法商研究，2010（6）：19-22.

态，即"相应的"责任形态，包括第 1169 条第 2 款，第 1189 条，第 1191 条第
2 款，第 1209 条，第 1212 条，第 1256 条第 2 句等 6 个条文；二是部分条文属于
典型的责任分担规则，包括第 1172 条，第 1192 条第 1 款第 3 句①，第 1193 条第
2 句，第 1224 条第 2 款等 4 个条文。对于前述条文及相应责任形态的分析，详
见本书第七章"相应责任与补充责任之利益衡量分析"。

（四）受害人过错与责任分担的关系

受害人过错制度按照其法律效果，可以分为受害人责任、过失相抵责任和
比较责任三种类型，其中，受害人责任是指受害人自己原因造成损害而完全免
除加害人责任，其典型情形是受害人故意；过失相抵责任是一种公平的实现矫
正正义的损害赔偿制度，其典型情形是受害人过错；而比较责任的适用范围限
于法定的事故类型中，其典型情形是公平责任或公平补偿规则的适用，应以原
因力为比较基础，过错作为比例调整因素。②

对于受害人过错参与数人侵权责任分担，王竹教授认为，一方面，在连带
责任形态中，最终责任分担应根据受害人过错，减轻加害人一方的损害赔偿总
额；风险责任分担应在共同侵权中适用"整体衡量说"，在分别侵权中适用"连
带责任再分配说"。另一方面，在不真正连带责任、补充责任等责任形态中，最
终责任分担根据受害人过错，减轻最终责任人的损害赔偿数额；风险责任分担
不因受害人过错受到影响，但可能导致补充责任人的赔偿责任减免。③

---

① 在《侵权责任编（草案）》二次审议稿、三次审议稿和《民法典（草案）侵权责任
编》中，该句均为"提供劳务一方因劳务自己受到损害的，根据双方各自的过错承担
相应的责任"。后立法机关采纳了部分学者的建议，将"自己"这一赘语删除。参见
《民法典立法背景与观点全集》编写组. 民法典立法背景与观点全集 [M]. 北京：法律
出版社，2020：801-802.

② 王竹，杨立新. 侵权责任分担论 [J]. 法学家，2009（5）：149-156, 160.

③ 王竹，杨立新. 侵权责任分担论 [J]. 法学家，2009（5）：149-156, 160.

第三节 对责任形态论研究进路的反思

关于多数人侵权的责任形态论①，本书认为，其着眼于解释不同类型的多数人侵权行为形态与多元责任形态的对应关系，对我国侵权法中特殊多数人侵权的多元责任形态立法现象，进行了系统的研究和总结，具有重要的理论价值和实践意义。需要说明的是，责任形态论从"行为形态—责任形态"的对应关系视角进行理论建构，本书以"责任构成—责任形态"相区分、相适应关系为基础，运用、发展责任形态理论，并强调责任形态的法定性特征。

一、责任形态的法定性特征

既往研究忽视了对责任形态法定性特征的强调。作为研究多数人侵权如何承担责任、承担什么类型责任的责任形态理论，除按份责任外，不仅连带责任要明确其法定性特征，先付责任、不真正连带责任、相应责任和补充责任等多元责任形态，均只能由侵权法予以规定，法定性是多数人侵权责任形态的重要特征。

第一，侵权连带责任法定。"《民法典》建立了合理的多数人侵权法律适用机制：原则上适用按份责任，例外情形下承担连带责任，对连带责任适用法定主义。"② 在多数人侵权责任形态中，按份责任是自己责任原则的具体体现，也是多数人侵权最基本的责任形态，"在选择责任形态时，需要遵循从特殊到一般的原则，即先考虑是否属于连带责任、不真正连带责任或补充责任，否则就应当是按份责任"③。依据《民法典》总则编第 178 条第 3 款的规定④，可以将连

---

① "在侵权法中，侵权行为形态与侵权责任形态需相互对应。换言之，有什么样的侵权行为形态就有什么样的侵权责任形态；什么样的侵权责任形态，就必定由什么样的侵权行为形态所决定。"杨立新 . 多数人侵权行为与责任［M］. 北京：法律出版社，2017：11.

② 张平华 .《民法典》多数人侵权体系及相关法律适用问题［J］. 东南学术，2020（5）：37.

③ 王利明 . 侵权责任法研究（第二版）（上卷）［M］. 北京：中国人民大学出版社，2016：45.

④ 该款内容为："连带责任，由法律规定或者当事人约定。"

带责任分为法定连带责任和意定连带责任。从民事法律事实的分类看，侵权行为属于事实行为，因此侵权法上规定的多数人侵权中的连带责任都属于法定连带责任。侵权连带责任的法定性，还表现在立法上对连带责任形态配置过程的特殊权衡与考量，"近几十年来，随着经济的不断发展和保险制度的日益完善，一些国家对连带责任制度的适用范围进行了反思。……但是，不能否认，连带责任有利于被损害者得到充分的救济，减轻了被损害者的举证责任"①。

第二，先付责任、不真正连带责任和补充责任法定。结合上文条文梳理的情况，可以认为：一是先付责任限于《民法典》侵权责任编第1204条、第1252条第1款第2句和第1253条第2句的规定。二是补充责任限于《民法典》侵权责任编第1198条第2款和第1201条的规定。② 也有学者认为，"补充责任在我国是一种独立的民事共同责任类型"③。三是不真正连带责任除《民法典》侵权责任编第1192条第2款、第1233条和第1250条的规定，还包括第1203条缺陷产品侵权中生产者、销售者之间的责任和第1223条医疗产品侵权中药品上市许可持有人、生产者、血液提供机构和医疗机构之间的责任。虽然民法解释学上，允许类推解释和对法律漏洞的类推适用④，而且侵权法理论认为，对符合共同侵权、分别侵权或共同危险行为的特殊多数人侵权，也可以适用连带责任；但是，上述条文规定的特殊责任形态，其适用情形是明确具体的，而且不同的责任形态，其受偿不能风险分配、顺位利益有无、证明责任承担、追偿权行使以及最终责任承担等外部效力、内部效力各不相同。简言之，责任形态不同，其责任承担规则、责任分担规则各不相同，因此，上述特殊责任形态具有法定性特征。

第三，作为独立责任形态的"相应的责任"法定。关于"相应的责任"的性质，民法学界存在不同的看法：一种观点认为，相应责任既是对内部的责任，

---

① 石宏.《中华人民共和国民法总则》条文说明、立法理由及相关规定［M］.北京：北京大学出版社，2017：415-417.

② 需要注意的是，《民法典》侵权责任编关于安全保障义务的相关规定，还包括两个间接的转致条文：一是第1176条第2款，自愿参加具有一定风险的文体活动，活动组织者的责任可能适用第1198条关于安全保障义务的规定；二是第1254条第2款，高空抛物坠物侵权中，物业服务企业等建筑物管理人未采取必要的安全保障措施的，应当依法承担未履行安全保障义务的侵权责任。

③ 张海燕.民事补充责任的程序实现［J］.中国法学，2020（6）：183.

④ 梁慧星.民法解释学（第四版）［M］.北京：法律出版社，2015：274-275.

也是对外部的责任，性质上属于按份责任。"'相应的责任'在本质上是一种按份责任，这与《民法总则》第 177 条的规定是一致的。"① 另一种观点认为，相应责任只是对内部而言，不是按份责任，而是和全部责任对应的部分赔偿责任。②

本书认为，对"相应责任"可以分两种情况分别讨论：一是属于典型的责任分担规则。如第 1172 条、第 1192 条第 1 款第 3 句、第 1193 条第 2 句和第 1224 条第 2 款等 4 个条文的规定，上述条文从内容上看，相关责任人承担的均为部分责任，有的应按照过错程度和原因力大小分担责任，有的则明确规定根据过错大小分担责任，属于典型的责任分担规则。二是属于独立的责任形态。如第 1169 条第 2 款教唆、帮助情形下，监护人对于被监护人侵权承担的过错责任；第 1189 条将监护职责委托给他人的，监护人承担的过错责任；第 1191 条第 2 款劳务派遣单位对于被派遣的工作人员承担的过错责任；第 1209 条机动车所有人、管理人因租赁、借用机动车承担的过错责任；第 1212 条未经允许驾驶他人机动车情形下，机动车所有人、管理人承担的过错责任；第 1256 条第 2 句公共道路管理人承担的过错推定责任③。

对于第二种情形中的 6 个条文，有观点认为，这是一种"单向连带责任"④，

---

① 张新宝. 侵权责任编起草的主要问题探讨 [J]. 中国法律评论, 2019 (1)：138.

② 例如, 王利明教授认为, "法律上之所以要规定相应的责任, 是因为可能存在多个责任主体, 或者责任主体与行为主体之间相分离, 在这种情况下, 为了限制非实际加害人的责任, 故在规定补充责任后, 对其责任范围进行限制, 使其承担一定份额的责任, 而不能要求其承担全部责任". 王利明. 侵权责任法研究（第二版）（上卷）[M]. 北京：中国人民大学出版社, 2016：51-52.

③ 虽然本书认为,《民法典》侵权责任编第 1256 条第 2 句规定的公共道路管理人承担的过错推定责任应为补充责任, 鉴于责任形态的法定性特征, 在此将其作为相应的责任形态予以统计。同时也表明, 学界对"相应的补充责任"是一种独立的责任形态的观点基本持肯定意见, 比较而言, 不存在顺位利益的"相应的责任", 也应当承认其是一种独立的责任形态。

④ 例如, 杨立新教授认为, "在多数人侵权行为中, 一方当事人承担连带责任, 另一方当事人承担按份责任, 是我国以前的侵权责任法律规范没有规定的责任形态, 因此是一种新型的侵权责任形态, 本书把它称为单向连带责任是比较妥当的". 杨立新. 教唆人、帮助人责任与监护人责任 [J]. 法学论坛, 2012 (3)：52.

并认为属于连带责任中的一种类型①。本书认为，上述条文规范的是"确定的全部责任+或有的部分责任"情形，例如，在第 1169 条第 2 款中，教唆、帮助人承担全部责任，而未尽到监护职责的监护人承担部分责任；在第 1191 条第 2 款中，由用工单位对被派遣的工作人员承担替代责任和全部责任，劳务派遣单位承担与过错相应的责任；在第 1209 条中，机动车使用人承担全部责任，而机动车所有人、管理人承担与过错相应的部分责任。这种责任承担的模式和责任分担规则，既不同于连带责任的外部效力和内部效力，也不同于按份责任的内部责任分担，因此可以认为是一种独立的责任形态，其适用情形限于侵权法上述条文的具体规定。

也有观点认为，"未来侵权法的展开应该是一个'侵权责任构成论—侵权责任分担论—侵权责任公平论'的三论结构"②。然而需要注意的是，在责任构成论和责任分担论之间，正是责任形态的"法定性"特征，使其处于责任构成论与责任分担论"之间"的重要连接枢纽，是起到承上启下作用的关键环节。

二、责任构成与责任形态、责任分担相区分

多数人侵权的责任构成论，通过逐一判断各构成要件，主要解决行为人是否应承担侵权责任以及在多数人侵权中哪些行为人应承担侵权责任的问题。而多数人侵权的责任形态论，则是在多数人侵权责任构成的基础上，着重解决以连带责任为代表的多元责任形态的正当性基础和责任分担问题。例如，连带责任的外部效力，重点关注在多数侵权人与受害人之间，多数侵权人承担"受偿不能风险"。从这个意义上说，责任形态和与有过失规则③一样，都是在多数侵权人与受害人之间，对责任的大小、风险的承担进行分配的制度。而在立法层面对责任形态进行系统、科学、合理的配置，则取决于立法者对不同类型的特

---

① 例如，杨立新教授认为，"连带责任的新发展，是在连带责任中出现了单向连带责任。单向连带责任也称混合责任，是指在连带责任中，有的责任人承担连带责任，有的责任人承担按份责任，是连带责任与按份责任混合在一起的连带责任形态"。杨立新. 多数人侵权行为及责任理论的新发展 [J]. 法学，2012 (7)：46.
② 王竹，杨立新. 侵权责任分担论 [J]. 法学家，2009 (5)：154.
③ 在比较法上，有观点认为，在与有过失制度中，不应采用原因力比例的比较。See GOUDKAMP J，KLAR L. Apportionment of Damages for Contributory Negligence：The Causal Potency Criterion [J]. Alberta Law Review，2016，53：849.

殊多数人侵权，综合考量其特殊归责原则、特殊构成要件、特殊免责事由、特殊责任主体以及对特殊侵权的具体列举，并结合政策考量和价值判断进行利益衡量。

比较而言，多数人侵权的责任分担规则，是在责任形态法定的基础上，特别是在司法层面上确定多数人侵权案件中每一个侵权责任人"实际承担"的"责任大小"，一般依据过错程度和原因力大小进行分担。因此，在"责任构成—责任形态—责任分担"三者关系中，"责任形态"处于承上启下的枢纽位置。具言之，一方面，对于多数人侵权责任构成的讨论，要归结到具体责任形态的配置；另一方面，对于责任分担规则的讨论，要以责任形态的法定性为前提。

从多数人侵权的类型来看，一般多数人侵权包括共同侵权、教唆帮助侵权，也包括分别侵权、共同危险行为等类型。在一般多数人侵权中，对于共同侵权对应连带责任，学者们基本达成共识，而对于分别侵权分别对应连带责任或按份责任，既往研究主要以因果关系理论为基础，分析一般多数人侵权类型中因果关系的特殊性及其对类型划分的影响。比较而言，特殊多数人侵权不仅包括我国侵权法分则规定的适用特殊归责原则的多数人侵权，也包括特殊免责事由、特殊责任主体和特殊侵权中规定的多数人侵权，甚至还包括公司法、经济法等部门法中特别规定的多数人侵权类型。在特殊多数人侵权中，第三人原因引起的多数人侵权责任根据具体情形不同，我国侵权法既规定了第三人承担自己责任，又规定了安保义务人或者教育机构承担补充责任，还规定了不真正连带责任和先付责任等多元责任形态，而共同过错说和因果关系理论，都无法解释多元责任类型的正当性基础。正是从这个意义上，本书认为，共同过错说和因果关系理论总体上属于对多数人侵权的责任构成论研究，至于多数人侵权在责任构成的前提下，应承担什么类型的责任形态以及后续的责任分担问题，则不同于传统责任构成论的研究范畴。因此，本书将"多数人侵权责任"这一问题，分解为"责任构成""责任形态"以及"责任分担"等具体问题分别讨论。

三、责任构成与责任形态、责任分担相适应

对于多数人侵权的责任承担和责任分担，自己责任是首要原则，除侵权法特别规定多数侵权人应承担连带责任、先付责任、不真正连带责任、补充责任

或者相应责任外，数名侵权人原则上应承担自己责任，具体包括按份责任和第三人原因引起的第三人自己责任。在多数人侵权责任形态法定的理论前提下，有观点认为，侵权行为形态与责任形态是"一一对应"关系，"着眼于不同的侵权行为与不同的侵权责任的相互衔接，构建侵权行为与侵权责任之间的合理、完美的逻辑结构，寻求更加科学、合理地在侵权法律关系当事人之间分配侵权责任的具体规则"①。本书认为，这一观点有待商榷。

一是"侵权行为形态"的表述不准确。这种观点是从多数人侵权责任构成要件中"侵权行为"这一单一要件出发而进行的理论概括，而从构成论的视角进行理论概括则更加全面。以补充责任形态为例，《民法典》侵权责任编第1198条第2款和第1201条规定：（1）侵权行为方面，直接侵权人为积极作为侵权，补充责任人为消极不作为侵权；（2）损害结果方面，直接侵权人与补充责任人共同导致一个损害结果，符合"同一性""不可分性"要求；（3）因果关系方面，直接侵权人的侵权行为符合"but for"事实因果关系判断，直接侵权人承担侵权责任较容易判断，而补充责任人的"侵权行为"（消极不作为）则难以从因果关系理论中得到论证②；（4）主观过错方面，直接侵权人为故意或者过失，补充责任人只能是重大过失或者一般过失。从构成论视角观察，上述条文规范的情形，其责任构成要件相同，可以归为一类，并与补充责任相适应。

二是"一一对应"关系有待检讨。多数人侵权责任构成与责任形态总体上是一种"相适应"关系，这种适应关系虽然经过立法上的利益衡量、选择和决断，在具体条文中表现为行为类型与责任形态的某种"对应"，但是以《民法典》侵权责任编第1195条第2款规定的网络服务提供者未及时采取必要措施承担"连带责任"和第1256条规定的公共道路管理人不能证明已经尽到清理、防护、警示等义务承担"相应的责任"为例，网络服务提供者、公共道路管理人承担责任的情形与承担补充责任的结构类型基本相同，而在立法中却分别规定为连带责任、相应责任。从体系解释来看，对于立法上"结构类型相同、责任

① 杨立新. 中国侵权行为形态与侵权责任形态法律适用指引：中国侵权责任法重述之侵权行为形态与侵权责任形态 [J]. 河南财经政法大学学报，2013（5）：13.

② 例如，在美国的侵权法学界也有对其相关司法判决的质疑，法院首先考虑的是对被侵权人的公平性，特别是在多数人侵权中，但如果法院适用传统的"条件因果关系"测试，被侵权人将得不到补救。See DILLBARY J S. Causation Actually [J]. Georgia Law Review, 2016, 51：68.

形态不同"的例外规定，利益衡量论可以将其解释为特殊的政策价值考量。因此，我国多数人侵权的责任构成与责任形态总体上是一种相适应关系，而非一一对应关系。

本章小结

多数人侵权责任可以分为一般多数人侵权责任和特殊多数人侵权责任。学界对于一般多数人侵权责任的理论研究成果非常丰富。一方面，研究难点主要集中于是应该以数个侵权行为之间的结合关系为类型化标准，还是以因果关系的不同类型为类型化标准，后者在学界目前得到多数学者的支持。另一方面，对《民法典》侵权责任编第1171条和第1172条"分别侵权"的理论概括，以及共同侵权适用连带责任的正当性基础在于"一体性"等研究成果也占据重要地位。

《民法典》侵权责任编分则部分，对于特殊多数人侵权责任规定了更为多元的责任形态。而在一般多数人侵权责任研究中取得的主要研究成果，并没有在对特殊多数人侵权责任的研究中继续下去，换言之，责任构成论的研究进路在解释类型更加复杂、责任形态更加多元的特殊多数人侵权多元责任形态的复杂立法现象时，表现出理论上的局限性，事实上，责任构成论的研究进路没有在对特殊多数人侵权的研究中继续下去。

较为系统地重点分析特殊多数人侵权责任的突出理论成果，例如，杨立新教授提出的"责任形态论"，特别是其中竞合侵权行为的理论概括、竞合侵权行为与不真正连带责任相对接的观点，为解释特殊多数人侵权责任的多元责任形态立法开辟了一条新路，促使本书进一步探究责任形态的法定性特征，以及责任构成论与责任形态论相区分、相适应等问题。又如王竹教授关于侵权责任分担论的主要观点，也促使本书对于责任形态、责任分担两者关系有了进一步思考。

总体上，本书认为，责任分担规则的具体适用要以责任形态的"法定性"为前提，申言之，多数人侵权的责任构成、责任形态和责任分担是彼此紧密联系的"不同"问题：一方面，责任构成要落实到责任形态的具体规定，另一方面，责任分担要以责任形态的实然规定为前提条件。正是从这个意义上说，责任形态对于责任构成论和责任分担论起到了非常重要的桥梁和纽带作用。本书进一步认为，按份责任是多数人侵权责任形态的"原则性"规定，其他多元责任形态则属于"例外性"规定，均需要强调其法定性特征。需要特别强调的是，在我国侵权法分则规定的特殊侵权类型中，如果其符合一般多数人侵权的责任构成、应适用连带责任形态时，原则上可以适用侵权法总则部分关于连带责任的一般规定，但是分则条文中有明确具体的、例外性规定的除外。

当然，本书也认识到，"从经济学角度出发，数名侵权行为人履行充分的注意义务并保持行为的有效性以避免侵权，应得到激励"①。换言之，虽然避免多数人侵权的发生，是降低社会总体成本的根本方法，但是，本书需要探究的核心命题，即寻求对一般多数人侵权和特殊多数人侵权，尤其是能够理论上协调一致、系统地解释我国侵权法上复杂的多元责任形态的"统一"的理论基础，仍然难以从经济分析的视角得到较为满意的答案。

本书认为，一方面，对多数人侵权责任开展类型化研究，要以《民法典》侵权责任编的实然规定为依据，系统地梳理相关条文，特别是分则中关于数名侵权责任人的相关规定，并遵循类型化研究的理论和方法（尤其是分类标准），按照互斥与周延的逻辑分类标准，对我国多元责任形态进行类型化展开并分类进行研究。另一方面，面对我国侵权法上独特的多元责任形态立法现象，经过仔细的分析和比较，利益衡量论在侵权立法上的适用，是能够"一体性"系统地解释我国多元责任形态立法现象的有力的理论工具。

简言之，通过对多数人侵权责任的研究视角、研究方法的比较和分析，可以发现，学界对于多数人侵权责任的研究，从一般多数人侵权的责任构成论，转向特殊多数人侵权的责任形态论和责任分担论，然而客观上形成了针对同一问题，法学解释理论不一致、不协调问题，因而需要强化论证责任构成论与责任形态之间的关系，也需要从新的理论视角体系性地解释多数人侵权的多元责任形态。

---

① FAURE M. Attribution of Liability: An Economic Analysis of Various Cases [J]. Chicago-Kent Law Review, 2016, 91: 633.

第三章

类型化的基本问题与利益衡量论的应用

基于前文对一般多数人侵权责任构成论研究进路的反思和对特殊多数人侵权责任形态论研究进路的反思，需要再次聚焦于本研究的核心问题：我国侵权法上复杂的多元责任形态立法现象，其合理性基础是什么？

传统上，侵权法以单独侵权为理论模型，主要考虑行为人与受害人的"双边关系"，责任构成论亦是在此基础上，通过综合分析行为人的侵权行为、受害人的损害结果、二者之间的因果关系，以及行为人的主观过错等责任构成要件，判断行为人侵权责任的有无与责任的大小。而多数人侵权责任的复杂之处在于：不仅要分析数名侵权行为人一方与受害人一方的"双方关系"，在数名侵权行为人彼此之间存在的"内部关系"上，更需要细致的分析和考察。①

现代侵权法以过错责任、自己责任为原则，多数人侵权责任亦不例外。一方面，学界关于一般多数人侵权责任构成论的研究进路，没有在特殊多数人侵权中继续下去。另一方面，责任形态论、责任分担论的研究进路，虽然致力于解决特殊多数人侵权的行为形态与责任形态之间的"对接"关系，并以自己责任和最终责任的承担为目的，建构了责任分担的一般规则；但是，如果从"多数人侵权责任"这一上位概念来看，一般多数人侵权的责任构成论与特殊多数人侵权的责任形态论、责任分担论之间，在理论一致性方面的"壁垒"需要进

---

① 多数人侵权责任的特殊之处，恰恰在于如何对数名侵权行为人之间的"内部关系"进行合理的理论解释，因为如果从"双边关系"视角来观察，通过责任构成论的分析，无疑数名侵权行为人是要承担侵权责任的。而问题的关键在于，数名侵权行为人到底要承担什么样的共同责任，具体到每一名侵权人的责任有多大。因此，本书重点审视数名侵权行为人之间的这种"内部关系"。

一步贯通，换言之，需要寻求具有更强解释力和理论一致性的法学理论工具，以系统解释多数人侵权责任多元责任形态的立法现象。

第一节 类型化研究概述

我国侵权法上的类型化方法，主要是以单独侵权为视角，根据侵权行为的类型不同、适用的归责原则不同，将单独侵权行为分为一般侵权（总论部分）和特殊侵权（分论部分），这种根据行为类型和归责原则的类型化方法在特殊侵权中表现得尤为明显。而对于多数人侵权行为，在符合责任构成论要求的基础上，即数名侵权行为人作为一方应对被侵权人一方承担损害赔偿责任，其特殊之处在于如何对数名侵权行为人之间的"内部关系"合理确定责任承担方式以及如何合理分担责任，即责任形态和责任分担是多数人侵权责任的特殊之处。因此，从责任论的研究进路对多数人侵权进行类型化研究，也是行之有效的一个研究视角。

一、类型化的标准与处理规则

白建军教授认为，法律世界中有两个意义上的应然与实然。一方面，法律中的应然与实然首先意味着规范与规范的实现（包括遵守与违反）。另一方面，法律中的应然与实然即法律原则、理念与这些原则和理念在实定法文本中的实际体现；除了法律文本以外，司法实践中与应然之间的距离更是常见。① 也有观点认为，多数人侵权研究中的传统进路是以法律概念为基点而进行演绎推理，不免受制于法律概念本身的局限而难以达成共识，"多数人侵权概念之争的解决，并不能仍从概念出发，而需要新的解决思路，类型化的思维值得尝试"②。

结合本书所要研究的核心问题，即我国侵权法上多数人侵权责任特有的多元责任形态立法现象的合理性基础问题，传统责任构成论的研究进路，在分析不同类型多数人侵权行为责任构成的基础上，还要解决的问题是数名侵权人之

---

① 白建军. 法律实证研究方法（第二版）[M]. 北京：北京大学出版社，2014：202.
② 林文彪. 多数人侵权类型化研究 [M]. 北京：中国政法大学出版社，2018：7.

间如何承担责任以及责任如何分担。如果说责任构成论解决的问题是多数人侵权"应然"承担侵权责任，那么责任形态论和责任分担论解决的则是数名侵权责任人"实然"承担什么样的责任、承担多大的个人责任。诚如白建军教授所言，"从广义上看，'应该怎样不等于实际上怎样'还意味着，'应该怎样'的判断本身有时就值得怀疑"①。一方面，由于信息的不对称性，一些应然性判断背后隐藏的信息可能不为人知，或者判断者由于被偏在的信息所误导，进而做出错误的判断。另一方面，应然性的判断中必然蕴含着价值判断的因素，而价值判断的模糊性和不确定性也影响着应然性判断的正确与否。

（一）类型化的作用和标准

类型化可以"弥补抽象概念的不足，掌握生活多样的生活现象与意义脉络的生活样态"②。类型化不是简单的一一列举，类型化的重点在于对分类标准的恰当选取和类型的构建，"主要是找出某类侵权行为的共通因素，并加以总结表达，构成法律中的类型"③。因此，类型化是根据科学标准、按照逻辑顺序的列举，"类型化是一种科学、合理的列举"④。我国侵权法在总则部分的一般侵权中，通过归责原则和减免责事由建构起侵权责任的一般规定，在分则部分即特殊侵权中，总体上以特殊归责原则和特殊责任主体为主线进行类型化展开。一方面，"适用特殊归责原则的侵权责任的类型化是侵权责任法独立成编的内在要求"⑤。另一方面，将特殊责任主体单独列为我国侵权法的一章，是因为与一般侵权相比，"此类侵权责任突破了传统侵权法的自己责任原则。……特殊责任主体的侵权责任多是不作为的侵权责任"⑥。在"责任主体的特殊规定"中，既涉及责任构成要件的特殊性，又涉及减免责事由的特殊性，还涉及责任形态和责任分担规则的特殊性。

对于多数人侵权责任的类型化标准问题，笔者曾考虑，以侵权法传统上占主导地位的责任构成论为理论依据，首先根据适用的归责原则不同，将多数人侵权行为按照适用过错责任原则、过错推定责任原则、无过错责任原则和公平

---

① 白建军. 法律实证研究方法（第二版）[M]. 北京：北京大学出版社，2014：7-10.
② 舒国滢. 法学方法论问题研究 [M]. 北京：中国政法大学出版社，2007：449.
③ 许中缘. 论体系化的民法与法学方法 [M]. 北京：法律出版社，2007：106.
④ 王利明. 论我国侵权责任法分则的体系及其完善 [J]. 清华法学，2016（1）：121.
⑤ 王利明. 论我国侵权责任法分则的体系及其完善 [J]. 清华法学，2016（1）：119.
⑥ 王利明. 论我国侵权责任法分则的体系及其完善 [J]. 清华法学，2016（1）：120.

责任原则等分为四个类型。其次以责任构成要件中的因果关系类型为标准进行二级分类。但是，在梳理反思民法学界关于一般多数人侵权责任的研究成果过程中，笔者越来越体会到叶金强教授的感受，"共同侵权的上空总是阴云密布，俯视之下难见其清晰面目，置身其中则令人眼花缭乱、方向感尽失"①。而且更严重的问题是，尽管可以根据上述标准对一般多数人侵权进行分类，但是这种分类的结果能够解释、论证特殊多数人侵权中的多元责任形态立法现象及其正当性基础吗？答案是否定的。

于是，笔者继续梳理民法学界对特殊多数人侵权责任的研究成果，杨立新教授的责任形态论和王竹教授的责任分担论，先后进入本书的视野范围。同时，笔者也逐渐意识到，对于特殊多数人侵权的研究方法和研究方向发生了明显的移转，即从对一般多数人侵权的责任构成论研究进路，向对特殊多数人侵权责任形态论和责任分担论移转。我国侵权法对于多数人侵权责任分别规定了连带责任、不真正连带责任、补充责任等多元责任形态，以此为标准并根据立法的"实然"规定全面梳理相关法条，可以大致勾勒出多元责任形态的轮廓和范围，从而将本书研究的问题予以具体化。尽管如此，责任形态论的主要思想和责任分担论的具体规则，仍然没有能够完全解决本书的核心问题，即多数人侵权责任"特有"的多元责任形态立法现象，其合理性与合法性到底是什么的问题。

（二）类型化中的互斥与周延

对法律条文进行划分与归类，实际上就是类型化的过程。"类型化必须满足一定的方法论要求。其基本规则就是互斥与周延。"② 所谓"互斥"主要是指作为类型化标准的分类依据要含义清晰、前后一贯，使划分出来的各个部分之间呈现出互不相容的全异关系，不能有不必要的交叉和包含。所谓"周延"主要是指分类依据能够全面反映出侵权法中各个法条的共有属性，使集合中每个法条都属于某个子类，最终穷尽某一责任形态的所有相关规定。"当然，真正做到互斥与周延并不容易。……就要根据你对这个对象基本属性或核心特征的理解进行处理了。"③ 因此，本书以连带责任、先付责任、不真正连带责任、相应责任、补充责任和按份责任作为分类标准，对我国侵权法上相关责任形态的法律

① 叶金强.共同侵权的类型要素及法律效果［J］.中国法学，2010（1）：63.
② 白建军.法律实证研究方法（第二版）［M］.北京：北京大学出版社，2014：27.
③ 白建军.法律实证研究方法（第二版）［M］.北京：北京大学出版社，2014：28.

规定进行全面梳理，能够满足分类标准清晰、分类结果周延的基本要求。

二、多数人侵权责任的类型化

（一）概念的厘清

对于多数人侵权行为、多数人侵权责任等基本概念，我国民法学界有不同的界定。例如，王利明教授分别使用"多数人侵权责任"和"数人侵权中的责任"等概念①，但没有对上述概念进行界定。程啸教授使用"多数人侵权责任"的概念，"多数人侵权责任，是指二人以上实施侵权行为造成他人损害时的侵权责任"②。他认为，多数人侵权责任并非规范所有的加害人为多人的情形，而仅仅解决那些因果关系比较特殊的、多数加害人造成他人损害时的责任承担问题。③

又如杨立新教授使用"多数人侵权行为与责任"的概念，并区分多数人侵权行为和多数人侵权责任。④ 张新宝教授同时使用"多数人侵权行为"和"数人共同的侵权责任"的概念。⑤

目前，我国民法学界对于多数人侵权责任这一基本概念没有进行必要的概念厘清，混淆使用的现象比较普遍。从大陆法系传统的债法理论，特别是债的发生原因来看，多数人侵权行为偏重于强调侵权之债的发生原因，而多数人侵权责任则主要基于侵权责任构成论，除侵权行为要件，还包括综合运用损害结果、因果关系、主观过错等责任构成要件，判断侵权责任是否成立。因此，本书在术语选择上，区分多数人侵权行为和多数人侵权责任的概念，在责任形态论的意义上使用多数人侵权责任。

---

① 王利明. 侵权责任法研究（第二版）（上卷）［M］. 北京：中国人民大学出版社，2016：521-604.

② 程啸. 侵权责任法教程（第二版）［M］. 北京：中国人民大学出版社，2014：123.

③ 程啸. 侵权责任法［M］. 北京：法律出版社，2011：237.

④ 杨立新教授认为，"多数人侵权行为是由数个行为人实施，造成同一个损害后果，各侵权人对同一损害后果承担不同形态的责任的侵权行为。多数人侵权责任则是指数个行为人实施的行为，造成了同一个损害后果，数人对该同一损害后果按照行为的不同类型所承担的不同形态的侵权责任"。杨立新. 侵权责任法（第三版）［M］. 北京：法律出版社，2018：106.

⑤ 张新宝. 侵权责任法（第四版）［M］. 北京：中国人民大学出版社，2016：40.

（二）分类的视角

王利明教授认为，我国多数人侵权责任的类型分为共同侵权行为（包括教唆、帮助他人侵权）、共同危险行为和无意思联络数人侵权责任三种类型。① 王利明教授是从狭义上使用多数人侵权责任这一概念的，该分类表明，分别侵权行为和特殊多数人侵权行为，均被排除在多数人侵权责任的概念之外。程啸教授认为，我国多数人侵权责任的体系，依据有无意思联络即是否有共同故意，可以分为两大类、五小类：（1）共同侵权行为，包括共同加害行为、共同危险行为和教唆帮助行为三种类型；（2）无意思联络的数人侵权，包括承担连带责任的和承担按份责任的两种类型。② 这一分类表明，程啸教授没有将特殊多数人侵权责任纳入多数人侵权责任的范围之内。

张新宝教授对我国多数人侵权责任的类型划分所持观点有所发展变化。③ 其认为，"数人共同的侵权责任"按照责任类型的不同可以分为三类：（1）数人对同一损害后果承担连带责任；（2）数人对同一损害后果承担按份责任；（3）部分责任主体承担全部侵权责任，部分责任主体承担补充责任。④ 这一分类表明，张新宝教授改变了从行为类型视角进行分类的传统方法，采用了责任形态视角的分类。

杨立新教授着眼于我国多数人侵权行为及责任之间的对应关系，将多数人侵权责任分为四种类型：（1）共同侵权与连带责任⑤，（2）分别侵权与连带责任或者按份责任⑥，（3）竞合侵权与不真正连带责任⑦，（4）第三人侵权与第三人单独责任⑧。

---

① 王利明. 侵权责任法研究（第二版）（上卷）[M]. 北京：中国人民大学出版社，2016：521，577，581，582-583.

② 程啸. 侵权责任法教程（第二版）[M]. 北京：中国人民大学出版社，2014：124.

③ 早在《中国民法典草案建议稿附理由·侵权行为编》一书中，张新宝教授就认为，我国广义上的共同侵权行为包括共同侵权行为与共同危险行为、教唆和帮助行为、团伙成员的侵权行为和安全保障义务人的补充责任等四种类型。梁慧星. 中国民法典草案建议稿附理由·侵权行为编 [M]. 北京：法律出版社，2013：23-32.

④ 张新宝. 侵权责任法（第四版）[M]. 北京：中国人民大学出版社，2016：41.

⑤ 杨立新. 多数人侵权行为与责任 [M]. 北京：法律出版社，2017：45.

⑥ 杨立新. 多数人侵权行为与责任 [M]. 北京：法律出版社，2017：111.

⑦ 杨立新. 多数人侵权行为与责任 [M]. 北京：法律出版社，2017：181.

⑧ 杨立新. 多数人侵权行为与责任 [M]. 北京：法律出版社，2017：228.

总体上，目前我国民法学界对于多数人侵权的理论研究，除杨立新教授使用竞合侵权行为的理论概括外，其他研究成果主要集中于侵权法总论部分，即《民法典》侵权责任编第 1168 条至第 1172 条建构的一般多数人侵权制度和分类，而且在一般多数人侵权责任的类型化研究中，我国侵权法学者所持的理论观点不一，甚至难以形成相对多数的通说。此外，对于情况更加复杂的特殊多数人侵权责任的理论研究和分类，学界关注不多，基础研究稍显薄弱。

三、国外相关研究中的类型化

在比较法研究中，本书主要参阅了冯·巴尔教授的《欧洲比较侵权行为法》，欧洲侵权法研究小组的《侵权法的统一：多数人侵权》及其系列书籍，欧洲侵权法小组编著的《欧洲侵权法原则：文本与评注》，库齐奥教授的《侵权责任法的基本问题（第 1 卷）：德语国家的视角》，以及美国芭波里克教授的《侵权法重述纲要》、美国法律研究院的《侵权法重述第二版：条文部分》等相关书籍和文献。

（一）多数人侵权责任的类型

意大利①、荷兰②等国家对多数人侵权内部的类型划分并不非常强调；法国和瑞士③则在多数人侵权内部区分连带责任和不真正连带责任。

德国法和英美法在传统上区分共同侵权、竞合侵权。其中，竞合侵权在德国法上往往被称为"无意思联络的多数人侵权"，在英美法上被称为"分别侵权"④。德国法与英美法对于二者的区别尽管在细节上存在出入，但总体上都强调以是否存在通谋或意思联络作为区分标准，这种区分方式在国际上影响较大。

---

① BUSNELLI F D, COMANDE G, BARGELLI E. Multiple Tortfeasors under Italian Law ［M］//ROGERS W V H. Unification of Tort Law：Multiple Tortfeasors. The Hague：Kluwer Law International，2004：120.

② BOOM M H. Multiple Tortfeasors under Dutch Law ［M］//ROGERS W V H. Unification of Tort Law：Multiple Tortfeasors. The Hague：Kluwer Law Internationl，2004：140.

③ CHAPPUIS C, PETITPIERRE G, WINIGER B. Multiple Tortfeasors under Swiss Law ［M］//ROGERS W V H. Unification of Tort Law：Multiple Tortfeasors. The Hague：Kluwer Law International，2004：239.

④ 美国侵权法上，虽然区分"joint tortfeasors"和"several concurrent tortfeasors"，并且承认"combined actions"的情形，但都一致规定为连带责任。See DUA S K, TURNER C. Unlocking Torts ［M］. 5th ed. New York：Routledge，2020：12.

但是，这种传统意义上的划分在英美法系已经逐渐淡化①，取而代之的则是对多数人侵权责任的若干典型形态的列举，例如：故意侵权人的连带责任、协同行为人的连带责任、替代责任人的连带责任，以及安保义务人与直接行为人的连带责任等。② 在德国法中，类似英美的淡化现象也在发生。虽然德国的理论和实践至今仍以"通谋说"或"意思联络说"为通说，但是目前共同侵权和竞合侵权在法律上都适用"连带责任"，这就使得二者的划分失去了主要意义。

在继受德国法传统的日本中，在解释学上，共同侵权的范围被不断扩大，已经不再以通谋为限，而是扩张到了无意思联络的多数人侵权领域。在这样的语境下，共同侵权与多数人侵权在理论和实践中被基本上等同起来。就共同侵权类型而言，该类型在德国及受其影响的日本侵权法中被进一步划分为共同加害行为、教唆帮助行为和共同危险行为三种典型形态。

"集体行为"（collective behavior）或"协同行为"（action in concert）在欧美的理论和实践中也日益受到重视。现代侵权法上，共同侵权范围的扩张主要体现为一般共同侵权行为构成条件从主观化向客观化的扩张。扩张性的解释方案，归纳起来可以概括为客观关联说和折中说。客观关联说认为，考察共同侵权行为应该从行为本身出发来确定，只要多数人的侵权行为在观念上可以被视为一体，具有客观的不可分性，就成立共同侵权。折中说则介于主观关联说和客观关联说之间，或者将主观关联说的范围扩大到通谋以外的"准意思联络"领域，或者综合运用主观关联、客观关联的理论扩大共同侵权的认定。

---

① 例如，在美国侵权法上，学界对于多数人侵权责任的讨论，不仅包括对连带责任、赔偿的讨论，还包括对责任分担、替代责任、市场份额理论的讨论。See EMANUEL S L. Torts ［M］. Beijing：CITIC Publishing House，2003：173；EPSTEIN R A. Torts ［M］. Beijing：CITIC Publishing House，Aspen Publishers，2003：221.

② 英国侵权法上，关于多数人侵权的成文规定，以前由《法律改革（已婚妇女和共同侵权人）法案 1935》调整，现在由《民事责任（分担）法案 1978》加以规定。See DYSON M. Comparing Tort and Crime ［M］. Cambridge：Cambridge University Press，2015：35.

（二）多数人侵权的责任承担

两大法系在传统上都实行连带责任①，在大陆法系内部，还存在着连带责任与不真正连带责任的区分，但该区分的合理性一直存在争议。

美国各州从 20 世纪 80 年代以后掀起的"去连带化"改革，聚焦于连带责任较之按份责任到底有何优势的问题上，使得连带责任在理论和实践中受到诸多方面的质疑。首先，受害人过错和比较过失理论，构成对连带责任的最大挑战。受害人过错的存在，使得受害人在传统上相对于侵权人的道德优势不再存在，这动摇了连带责任的伦理基础。比较过失理论的运用，则动摇了"损害的不可分性"这一连带责任的客观前提。其次，被欧美的司法实践所采纳的一些做法对"损害的不可分性"提出了进一步挑战，例如，在"继发性损害"案件中根据时间分割损害，在"并发性损害"案件中，特别是环境污染案件中根据污染源的排放量、共同危险案件中根据危险的发生概率等"合理标准"分割损害。再次，对轻微过失或次要责任人适用连带责任备受批评。实践中，如果一侵权人是轻微过失而另一侵权人是重大过失，美国、瑞士的司法实践认为轻微过失的责任应当被限制，日本对关联共同性弱或违法程度小的侵权人责任也主张进行限制。最后，多数人侵权的责任分担模式，在传统的按份责任、连带责任基础上开始呈现出一种多元化的趋势，特别是若干新的或者混合责任形式不断出现。尽管如此，W. V. H. Rogers 认为，连带责任在我们已考察的欧洲法制领域已经根深蒂固，以至于废除连带责任就相当于一场"反原告"性质的广泛的法律革命。

（三）多数人侵权的责任分担

当代大陆法系和英美法系各国一般都强调以过错、原因力两个因素作为衡

---

① 例如，依据英国侵权法律规定，一方面，原告对共同侵权人中的一人起诉或与之达成和解，并不排除其对其他侵权行为人另行提起诉讼。See DIETRICH J, RIDGE P. Accessories in Private Law [M]. Cambridge: Cambridge University Press, 2015: 163. 另一方面，责任分担之诉，则由共同侵权责任人中的该已经承担赔偿责任的被告提起。See DAVIES M, MALKIN I. Focus Torts [M]. 8th ed. Chatswood NSW: Lexis Nexis Butterworths, 2018: 769.

量标准，以平均分配作为一种合理的最后选择。① 理论上所谓的"风险"因素，也基本上可以依情况分别归入过错或原因力的范畴。在德国等国家，像保险、经济后果等情况是否应予考虑，虽然理论上有争议，但主流观点认为，只有与损害的发生相关的情况才应予考虑。在美国等国家，侵权法的改革和"非侵权赔偿体系"在理论上和实践中正在逐步建立完善。②

关于追偿权的理论基础，在比较法上主要存在两大类型：一是自己权利说，以日本和瑞典为代表，英美也接近于自己权利说，该说理论上又进一步区分为当然存在说、主观共同关系说、无因管理说、不当得利说等不同的解释。二是代位权说，以瑞士为代表。两说最大的差异在于对追偿权诉讼时效的影响。依自己权利说，追偿权的诉讼时效从追偿权人被判决赔偿或达成和解之日起算，或者从其支付赔偿之日起算；而依代位权说，追偿权的诉讼时效需适用受害人赔偿请求权的诉讼时效。

总体上来说，欧洲侵权法统一运动和美国侵权法重述第三次的相关研究成果，在国际上具有较大的影响，并直接或间接影响到我国《侵权责任法》和《民法典》侵权责任编的立法和司法实践。

总之，在我国侵权法的理论研究和司法实践中，对多数人侵权行为的理论概括尚未形成相对多数或较为权威的意见。对于多数人侵权行为与责任，民法学界主要运用因果关系理论来解释、论证其责任成立与责任范围的合理性。考虑到过失认定客观化的发展趋势和多数人侵权行为成因的复杂性和多样性，在多数人侵权行为类型与责任形态相适应的语境下，本书认为，利益衡量理论具有一定的解释力。在比较法上，研究重点主要是从多数人侵权的行为类型入手，并运用因果关系理论解释连带责任的适用。因果关系理论虽然有助于我们理解、认识不同类型的多数人侵权行为，也有助于阐明多数人侵权的"归责"问题，即不同类型的多数人侵权行为应当承担侵权责任；但是，对于以按份责任、连带责任、不真正连带责任为代表的多数人侵权责任，因果关系理论不能有效解

---

① 例如，英国侵权法在共同过错和责任分担中，一般将原告的过失比例与多数人侵权责任在整体比例上进行划分。See GILIKER P. Tort［M］. 5th ed. London：Thomson Reuters（Professional）UK Limited，2014：583.

② Christie G C, Sanders J. Advanced Torts：Cases and Materials［M］. Third Edition. St. Paul MN：West Academic Publishing，2018：445.

释为什么有的多数人侵权应承担连带责任或不真正连带责任，而有的多数人侵权却应承担按份责任。

第二节 以"实然"责任形态为类型化标准

既往研究中，有学者尝试用共同过错或者意思联络来解释数名侵权行为人之间的"一体性"，进而论证对这一"共同责任"适用连带责任的正当性；也有学者尝试从因果关系的理论视角，区分竞合因果关系的分别侵权行为和结合因果关系的分别侵权行为，进而论证对前者适用连带责任的合理性以及对后者适用"相应的责任"的合理性。具言之，对于竞合因果关系的分别侵权行为，虽然无法按照共同过错或意思联络将多数侵权行为人视为"一体"，但是每个侵权行为人都足以造成全部损害结果，因此对该类型的多数人侵权适用连带责任仍然具有合理性。而对于结合因果关系的分别侵权行为，数名侵权行为人需要"加起来"像单独侵权的行为人那样去承担"一个侵权责任"，此时对结合因果关系的分别侵权行为人而言，则不再涉及责任形态的问题，其本质是将这"一个责任"在数名侵权行为人之间进行分担，在侵权法上即表现为使用了"相应的责任"的表述。

我国侵权法对于责任形态如此丰富的规定，例如，先付责任、不真正连带责任、相应责任和补充责任，在比较法上是十分独特的。对于多数人侵权，学界主要从数名侵权人之间主观过错或侵权行为之间的关联性或从因果关系的特殊性，对多数人侵权责任进行分类，本书尝试以责任形态作为多数人侵权责任的分类标准，这不仅有利于丰富多数人侵权责任的类型化标准，对于特殊多数人侵权责任更具有特殊的意义。

一、以责任形态为类型化标准的必要性

对于我国侵权法分则，有观点认为，独立的分则体系是我国侵权立法中的重大创举，其类型化有两条线索，主要表现为：一是归责原则的特殊性，即侵权法分则的规定主要是适用过错推定原则、无过错责任原则，而《民法典》侵权责任编总则第1168条至第1172条的规定，原则上适用过错责任原则，第

1175 条第三人原因造成损害也适用过错责任原则。二是责任主体的特殊性，即《民法典》侵权责任编第三章责任主体的特殊规定，是对"行为主体与责任主体相分离"情形下责任主体的特殊性进行规定，涉及第 1188 条至第 1201 条。① 鉴于前述原因，本书也曾考虑将我国特殊多数人侵权责任的类型化标准按照归责原则，即过错责任、过错推定责任和无过错责任，再加上责任主体的特殊规定作为"其他"，形成对特殊多数人侵权责任分类标准的"四分法"。但是，随着研究的不断深入，笔者发现，一方面，这种类型化仍是将行为类型或者说责任构成作为分类标准，另一方面，从责任承担和责任分担的角度看，侵权法分则的规定均属于特殊的"例外"规定。如果从责任构成与责任形态相区分的观点看，特殊多数人侵权责任的关键之处和复杂性，不在于责任构成论下的"外部关系"，即数名侵权责任人是否承担侵权责任，而恰恰在于数名被告之间的"内部关系"，即责任形态和责任分担。例如，我国侵权法上的多元责任形态的外部效力并不相同，在"受偿不能风险负担"一项，由原告或被侵权人承担的责任形态包括按份责任、相应责任和补充责任，而连带责任、先付责任和不真正连带责任中，受偿不能风险则分配给被告一方或数名侵权责任人一方。

正如本书第一、二章所述，学界将我国多数人侵权责任分为一般多数人侵权和特殊多数人侵权分别讨论。对于一般多数人侵权责任，主要从"构成论"视角加以研究，并取得了丰富的研究成果。需要注意的是，学界既往研究曾将多数人侵权责任构成与责任形态问题混淆，例如，将共同侵权等同于连带责任，将其他类型的多数人侵权等同于按份责任，因此也导致学界相当长一段时间一直围绕"共同侵权"这一关键词展开研究，无论是主观关联共同说、客观关联共同说还是折中说或兼指说，其研究重点均在于行为类型的划分，而不是连带责任或按份责任等责任形态。而对于特殊多数人侵权责任，学界则主要从"责任论"视角加以研究。这种研究视角的转变，主要原因在于我国特殊多数人侵权责任的诸多具体规定和例外规定，难以通过"构成论"用一体化的统一理论予以整合和解释。

换言之，构成论的研究进路，其关注的重点是多数侵权人一方（赔偿义务人）与被侵权人一方（赔偿权利人）的责任构成，从数名侵权人的角度看，属

---

① 王利明. 论我国侵权责任法分则的体系及其完善 [J]. 清华法学, 2016 (1): 114-117.

于对外承担侵权损害赔偿责任，是一种"外部关系"。虽然最终责任分担的规则是按照"过失大小或者原因力比例"，责任论的研究进路关注的重点是数名侵权人之间"内部关系"的责任承担和责任分担。本书的核心问题是分析有哪些影响因素、经过怎样的考量过程，使立法者决定在某一特定类型的多数人侵权中，规定该类责任形态而非其他，进而系统性地分析确立诸多责任形态背后的影响因素和考量过程。由于类型丰富的多元责任形态是我国侵权法的又一重要特色，本书从责任形态论出发，重点分析侵权法上如此丰富的责任形态背后有哪些影响因素。

二、以责任形态为类型化标准的可行性

在一般多数人侵权中，主要涉及连带责任和按份责任两种责任形态，但在特殊多数人侵权中，情况更加复杂，多元责任形态的具体规定往往出现在特殊多数人侵权中。侵权责任形态是确定侵权责任的具体方式，也是侵权责任的具体体现，是指依据侵权责任法在当事人之间分配侵权责任的具体形式。[1] "侵权责任形态和责任承担方式存在一定的联系，因为同一责任形态可能适用多种责任承担方式。"[2]

对于特殊侵权类型化的完善，有学者建议，一方面，适用过错责任原则的医疗损害责任、违反安全保障义务责任等，须考虑侵害法益是否重大、过错判断和因果关系判断难易度、损害确定的难易度等因素，"我们所说的特殊侵权，并非仅限于严格责任的侵权行为，即使是过错责任，其在构成要件、免责事由等方面具有特殊性的，也应当置于特殊侵权之中加以规定"[3]。另一方面，适用特殊归责原则的特殊侵权责任，我国侵权立法对其调整范围始终保持较好的"开放性"，例如，过错推定责任和无过错责任类型的"法定性"可以较好实现侵权法与特别法的衔接；又如《民法典》侵权责任编第1236条对高度危险责任规定了其适用无过错责任的"一般条款"，对危险责任的调整范围也保持这种"开放性"。[4]

---

① 杨立新. 侵权法论 [M]. 北京：人民法院出版社，2005：516.
② 王利明. 论我国侵权责任法分则的体系及其完善 [J]. 清华法学，2016 (1)：119.
③ 王利明. 论我国侵权责任法分则的体系及其完善 [J]. 清华法学，2016 (1)：121.
④ 王利明. 论我国侵权责任法分则的体系及其完善 [J]. 清华法学，2016 (1)：121.

但是，本书以责任形态作为类型化标准，一方面是基于学界对特殊多数人侵权责任研究现状的实际情况，另一方面是基于我国侵权法的诸多具体规定，尝试通过法条梳理方法，以我国侵权法的"实然"规定为依据进行分类。采用不同的分类标准，会得出不同的分类结果。对于多数人侵权责任的理论分类，本质上不是理论演绎的结果和思维分类的方法，而是根据实践中发生的多数人侵权责任形态和责任分担的实际和难点，对《民法典》侵权责任编具体规定进行的系统化梳理。在厘清责任构成论、责任形态论与责任分担论相互关系的基础上，以责任形态为主要研究对象，提出并初步论证立法中规定多元责任形态的利益衡量因素和过程。

我国侵权法"总则+分则"的立法模式，总体上是按照"归责原则+特殊规定"的方式展开的。其中，过错责任原则的一般规定，主要体现在侵权法总则部分，其特殊规定则以"责任主体的特殊规定"和"医疗损害责任"的方式呈现；过错推定责任和无过错责任等特殊归责原则的"法定性"，主要体现在侵权法分则部分，从第4章到第11章中具体条文的规定。这种以归责原则、行为类型或者责任构成为标准的分类方法，在典型的单独侵权责任中具有逻辑脉络清晰、有利于司法适用统一高效的特点。而对于多数人侵权"责任"这"一个问题"，责任构成和责任形态则是其既相互联系又在理论基础、制度规则等方面有重大区别的"两个方面"。

以"实然"的责任形态论作为分类标准，需要注意以下三个"区分"。

一是多数人侵权的"行为类型"与"责任形态"相区分，即"归责"与"担责"相区分。行为类型主要包括共同侵权、分别侵权、第三人侵权、竞合侵权等多数人侵权的行为类型；责任形态主要包括按份责任、连带责任、不真正连带责任、补充责任等多数人侵权的责任形态。在两者之间，并不是一种"对应关系"，而是一种"适应关系"，这种"适应关系"是由立法中对责任形态配置的内部因素、外部因素进行综合利益衡量的结果。

二是多数人侵权的"责任形态"与"责任分担"相区分，即"担责"与"量责"相区分。量责是在归责的前提下，按照法律规定的特定责任形态，运用责任分担规则具体决定多数侵权人中的一名侵权人承担的责任份额。在是否承担责任、如何分担责任之间，还有一个承担什么样责任的问题，即还有一个中间环节——"责任形态"——决定着多数侵权责任人要承担什么类型的责任，是连带责任、不真正连带责任、按份责任、相应责任，还是补充责任？立法中的责任形态配置是在立法过程中立法者进行利益衡量的结果，不仅受到归责原则、构成要件、减免责事由等侵权法内部要素的影响，还受到政策考量、价值判断等外部要素的影响。

三是"立法中的责任形态配置"和"司法中的责任分担规则"相区分。立法中责任形态的配置是利益衡量的结果，其调整工具包括归责原则、构成要件、减免责事由等手段，由此决定了"侵权行为类型与侵权责任形态"的"相适应"关系。而责任分担规则主要表现为个案中多数侵权人最终需要承担多少"自己责任"和"最终责任份额"，其调整工具主要包括过错程度和原因力大小。特殊多数人侵权行为与责任，是指适用过错推定和无过错责任原则的多数人侵权行为与责任。

第三节 利益衡量论概述

利益衡量论在侵权立法中的运用，在我国民法学界是由张新宝教授较早提出的。利益法学派起源于对概念法学形式主义的克服。在边沁功利法学和耶林目的法学影响下，德国法学家菲利普·赫克（Philipp Heck）创立了以利益衡量论为核心思想的利益法学派。随后，美国法学家罗斯科·庞德（Roscoe Pound）对利益进行了详尽的分类，论述了利益冲突的成因以及解决方法。① 日本的利益衡量论作为民法解释学极具特色的法学方法论，对于指导司法实践具有重要价值。

20 世纪以来，利益法学取得了非凡成就，例如，法经济学的研究方法在很大程度上也受到利益衡量论的影响，该学说认为利益衡量是一个复杂、多层次、多角度的过程，其中包含了利益妥协和利益最大化。也有观点认为，在对多数人侵权责任，特别是多重因果关系的分析中，"合作博弈理论的语言和概念——

---

① 李璐. 论利益衡量理论在民事立法中的运用：以侵权立法为例［M］. 北京：中国政法大学出版社，2015：9.

集合、联盟、贡献、解决、分享规则——对法律学者来说具有很大的意义"①。不过"利益"这一术语使用,"时而被指代促使立法者立法的'因果要素',时而被指代立法者进行价值评判的对象,间或甚至用来指代价值标准"②,因而使其饱受术语使用含混之苦,利益法学的支持者也承认这一缺陷的存在。

一、利益衡量论的主要学说

（一）赫克利益法学的利益衡量

对利益概念的界定是利益衡量论的重要内容。"日常用语中的'利益'一词,含有人类的最高利益以及道德的和宗教的利益之意。只有在这种最宽泛的意义上……利益一词对于法学才是有用的。"③ 赫克认为,利益冲突是法律规范形成的基础,也是进行利益衡量的根本原因,衡量的标准是处于更高价值位阶的决定性利益或称共同体利益。④

赫克的利益法学认为,利益衡量的目的:一是形成法律。立法者在制定法律时,要对存在于不同利益主体的利益冲突进行衡量,需要经历信息搜集、利益评价、利益判断和法律表达四个阶段。二是填补漏洞。主要步骤包括:(1)法官应探究相关利益并对其进行比较;(2)法官应受到制定法价值判断的拘束;(3)"其他地方"是指法律共同体的价值判断;(4)一般在有明确授权时,法官还可以根据自己的价值判断填补漏洞。⑤ 三是修改法律。利益法学认为,制定法只有在立法者未能正确地表达事实关系时才可以被更正。⑥

① FEREY S, DEHEZ P. Overdetermined Causation Cases, Contribution and the Shapely Value [J]. Chicago-Kent Law Review, 2016, 91：657-658.
② 拉伦茨. 法学方法论（全本第六版）[M]. 黄家镇, 译. 北京：商务印书馆, 2020：159.
③ 黑克. 利益法学 [J]. 傅广宇, 译. 比较法研究, 2006 (6)：147.
④ 吴从周. 概念法学、利益法学与价值法学：探索一部民法方法论的演变史 [M]. 北京：中国法制出版社, 2011：249.
⑤ 吴从周. 概念法学、利益法学与价值法学：探索一部民法方法论的演变史 [M]. 北京：中国法制出版社, 2011：299-304.
⑥ 顾祝轩. 制造"拉伦茨神话"：德国法学方法论史 [M]. 北京：法律出版社, 2011：52.

（二）庞德社会法学的利益衡量

美国法学家庞德对法律层面隐藏的利益的概念界定、详尽分类以及如何协调各种利益冲突做出了突出贡献。关于利益的概念，庞德说："我想将利益规定为人们个别地或通过集团、联合或亲属关系，谋求满足的一种需求或愿望。"① 从这一概念表述可以看出，"庞德主要不是从最大限度地自我维护的角度，而主要是从最大限度地满足需求的角度来思考法律目的的"②。利益协调是为了维护社会正常秩序，对人类本性的扩张性进行约束和控制。庞德认为，以强制力为保证的法律就是利益协调的有效工具，"法律用惩罚、预防、特定救济和代替救济来保障各种利益，除此之外，人类的智慧还没有在司法行动上发现其他更多的可能性"③。

庞德利益衡量论的特点在于，他将利益进行了详尽分类，而且认为"在一个时期可能应该优先考虑一些利益，而在另一时期则应该优先考虑其他一些利益"④。

（三）日本民法解释学的利益衡量

日本的利益衡量论作为民法解释学的一种方法论，由加藤一郎和星野英一共同倡导提出。⑤ 梁慧星教授是较早引介并提倡这种学说的学者之一。

总的来看，日本民法解释学的利益衡量论，一是赋予法官很大的裁量自由，将个案裁判的妥当性而不是法律的稳定性放在优先地位；二是利益衡量的标准是一般国民的判断，而不是法律共同体的判断；三是重视事实判断，裁判的依据不是法律构成，而是法律之外对案件事实中各种冲突利益进行比较衡量后所

---

① 庞德．通过法律的社会控制 ［M］．沈宗灵，译．北京：商务印书馆，1984：33.
② 博登海默．法理学：法律哲学与法律方法 ［M］．邓正来，译．北京：中国政法大学出版社，2017：162.
③ 庞德．通过法律的社会控制 ［M］．沈宗灵，译．北京：商务印书馆，1984：31.
④ 博登海默．法理学：法律哲学与法律方法 ［M］．邓正来，译．中国政法大学出版社，2017：163.
⑤ 张利春．日本民法中的利益衡量论 ［M］//陈金钊，谢晖．法律方法（第七卷）．济南：山东人民出版社，2008：156.

得出的决断。①

二、侵权法上的利益衡量

20 世纪 90 年代，经梁慧星教授引介，日本的利益衡量论作为民法解释学的方法论之一，在我国民法的理论界、实务界具有较大影响。有研究表明，利益衡量论不仅是民法解释学的一种方法论，也可用于解释民事立法中制定法律规范的衡量因素和过程。法律制度作为一种最为稳定的利益平衡机制，在侵权法的立法过程中，追求实现三种利益冲突的平衡保护，即民事权益保护与行为自由维护之间的平衡，个人权益保护与社会公益维护之间的平衡，一般利益维护与特殊利益保护之间的平衡。

（一）侵权法中的利益冲突

一是表现为民事权益保护和行为自由维护之间的紧张关系，这是侵权法归责原则、制度建构和具体规则形成的基础。如果从侵权行为人与受害人的"双边"视角观察，我国民法典侵权责任编立法通过归责原则和具体制度、规则，着眼于解决侵权行为人是否应承担侵权责任，即责任构成问题，以及如何承担责任，即损害赔偿和多数人侵权中的责任分担问题。如果从利益衡量论的视角观察，我国侵权法通过直接的法律技术手段和间接的政策价值判断，所要解决的问题是侵权人行为自由维护和受害人民事权益保护的紧张，所要实现的目的是通过制定出公平公正的法律原则、制度和规范，实现对行为自由和权益保护在体系上的总体平衡。

二是表现为个人权益保护与社会公益维护之间的紧张关系。在司法个案中，法官不仅要对具体侵权人是否承担责任、承担多大责任以及多数侵权人如何分

---

① 有学者经过考察认为，加藤一郎和星野英一利益衡量论的相同点主要有六个：（1）尊重普通国民的解释，认为法律是作为控制社会手段的市民的立场。（2）社会是由追求相互对立目的的个人和团体组成，法的纷争就是对这些目的的追求所引发的利益冲突。（3）裁判的目的是对这些冲突的利益进行最妥当的配置。（4）能够最终决定裁判结果的是实质上的利益衡量而非形式上的法律构成。（5）主张对民法问题进行类型化研究，主张对纠纷事实中所存在的实质的利益冲突予以分类，以此作为法律解释或法律适用进行类型化处理标准的操作手段。（6）上述共识必会将法官塑造成相同的、积极的、被信赖的形象。参见张利春. 关于利益衡量的两种知识：兼行比较德国、日本的民法解释学 [J]. 法制与社会发展，2006（5）：110-117.

担责任等具体问题进行判断，即对具体侵权人的行为自由和具体被侵权人权益保护的边界予以厘定，还需要考虑判决结果的社会效果，即是否可能对社会公益维护造成不利影响，以实现司法公正。在立法活动中，立法者在制定具体规则时，不仅需要对行为自由和权益保护两种相互冲突的利益进行表达、评价和取舍，还需要结合立法政策和价值判断，对个人权益保护和社会公益维护进行妥当的权衡，以实现应然意义上的立法正义。诚如张新宝教授所言，行为自由维护既包括一般意义上的行为自由之意，也包括个案中侵权人的行为自由之意，它"与民事权益保护包括宏观意义上的受害人群体的民事权益之保护和个案中的受害人一方的民事权益保护之间的矛盾，是侵权责任法所要解决的基本矛盾"①。

三是表现为一般利益维护与特殊利益保护之间的紧张关系。例如，我国侵权法通过对特殊责任主体进行列举，分别对监护人、用人者、网络服务提供者、安全保障义务人以及教育机构等 5 类特殊主体承担侵权责任予以特别规定；还通过对特殊侵权责任的类型化，特别规范了产品生产者或销售者责任、机动车一方责任、医疗机构责任、污染环境和破坏生态者责任、高度危险责任、动物饲养者或管理者责任，以及物件所有人、管理人、使用人责任等 7 类特殊侵权责任。"对受害人一方往往予以倾斜保护，对加害人一方的行为自由予以特别的限制……此即侵权责任法的特殊利益衡量。"② 此外，在消费者权益保护法、反不正当竞争法、反垄断法、劳动法、妇女儿童权益保护法等法律中，对于公众利益与行业利益、弱势群体利益与优势群体利益，突出地体现为对公众利益和弱势群体利益的倾斜保护。

（二）利益衡量论在侵权立法上的运用

利益衡量论作为法解释学的方法论之一，受到我国学者的广泛关注和深入研究。面对立法中存在的法律漏洞，立法上通过基本原则、一般条款和不确定概念等立法技术赋予司法机关一定程度的自由裁量权，法官在解决司法个案纠纷的过程中，一方面需要借助法解释学的原则、方法，明确法律规范的内涵，另一方面需要对个案纠纷中的合法利益进行识别，并依据一般社会价值观念和

---

① 张新宝. 侵权责任法立法的利益衡量 [J]. 中国法学，2009（4）：189.
② 张新宝. 侵权责任法立法的利益衡量 [J]. 中国法学，2009（4）：190.

法官个人的司法经验、生活阅历、价值取向等因素，对个案中相互冲突的利益进行位阶排序、价值判断和利益取舍。因此，法解释学上的利益衡量论本质上是一种司法方法，其应用的典型场域为司法适用。

利益衡量论不仅在司法活动中得以应用，在立法活动中也有广阔的应用空间。法律制度的目的在于对相互冲突的利益划出合理的边界并以制定法的形式予以规范，进而公平合理地分配资源、调节利益关系，促进社会和谐发展与进步。因此，立法过程也可以理解为一个利益衡量过程，是立法者面对利益资源的稀缺性、利益主体的多元性和利益关系的冲突性所做出的取舍和决断。司法中的利益衡量，是以存在法律漏洞或者法律的模糊性、滞后性为前提条件，主要表现为个案中对冲突利益的具体衡量①，而且是在明确的法律规则限定的范围内和立法者给出的立法目的范围内进行的利益衡量。与此不同的是，立法中的利益衡量则更具有宏观性和决定性，"不可否认对主要利益的衡量仍须通过立法来完成"②。

根据前文所述，利益衡量论在侵权立法上的应用主要也体现在三方面：一是微观个案层面的内部衡量。二是宏观社会层面的外部衡量，即内部衡量的外部性问题，"侵权责任法在填补受害人损害和矫正加害人行为的同时，威慑社会上的不特定第三人，明晰其注意义务和行为自由的边界"③。三是特殊衡量，相对一般衡量而言，特殊衡量主要是针对"行业或领域利益与民众利益、优势群体利益与弱势群体利益"④，为了保护民众利益和弱势群体利益而在立法上予以倾斜保护。

三、侵权法上的利益衡量路径

侵权立法中的利益衡量，按照从具体到一般、从一般到特殊的路径，可以分为内部衡量、外部衡量和特殊衡量三个层面。

---

① 在比较法上，有观点甚至认为，从造成伤害的活动中获得的利益，决定了侵权责任的形式和内容。See STEIN A. The Domain of Torts［J］. Columbia Law Review, 2017, 117: 535.

② 张新宝. 侵权责任法立法的利益衡量［J］. 中国法学, 2009（4）: 178.

③ 张新宝. 侵权责任法立法的利益衡量［J］. 中国法学, 2009（4）: 180.

④ 张新宝. 侵权责任法立法的利益衡量［J］. 中国法学, 2009（4）: 187.

（一）民事权益保护和行为自由维护

内部衡量，是指对于具体法律规范中相互冲突的民事权益保护和行为自由维护之间的利益衡量。从法律规则制定的微观层面看，侵权法"主要调整个体之间的利益冲突，个案中具体受害人与具体加害人之间的关系构成侵权责任法律关系之内部关系"①，立法过程中，立法者首先要对这种内部关系中相互冲突的利益进行衡量，以实现均衡保护。具体到侵权法，立法者主要运用侵权法的法律技术手段，包括归责原则、责任构成要件、减免责事由等，实现行为自由与民事权益之间的平衡保护。

侵权法立法中的利益衡量，如果立法者认为受害人的权益更需要保护，往往倾向于通过增加损害赔偿范围加强民事权益保护；如果立法者认为行为人的行为自由更需要保护，则倾向于运用归责原则、责任构成要件和减免责事由等一系列侵权法的法律技术手段，合理划分行为自由与权益保护的边界，实现对二者的平衡保护。

首先，过错责任原则作为现代侵权法最重要的归责原则，从历史发展的角度看，对行为自由维护起到重要作用。"就各国民法典及判例法中侵权责任法之整体而言，'过错'是确定责任承担的核心因素，也是平衡受害人权益保护与加害人行为自由维护的最基本的工具。"②

其次，在责任构成要件中，对侵权行为的违法性讨论，对损害结果中侵害和损害的辨别，对因果关系中事实因果关系判断和损害赔偿范围的争论，以及对主观过错的证明责任的分配，都为避免行为人动辄得咎进而维护其行为自由起到重要作用。"这些要件共同构成法律调整技术系统，服务于侵权责任法在权益保护和行为自由维护之间达致平衡的目标。"③

最后，减免责事由方面，虽然在特殊侵权中，特别是在法律明确规定特定的减免责事由的情况下，受害人过错、受害人故意、第三人行为等减免责事由，不能在特殊侵权中普遍适用；但是在一般侵权中，上述减免责事由包括总则编中的不可抗力、正当防卫和紧急避险以及《民法典》侵权责任编中新增加的自甘冒险等减免责事由，对于维护行为自由也起到作用。因为减免责事由"蕴含

---

① 张新宝. 侵权责任法立法的利益衡量 [J]. 中国法学, 2009 (4): 179.
② 张新宝. 侵权责任法立法的利益衡量 [J]. 中国法学, 2009 (4): 182.
③ 张新宝. 侵权责任法立法的利益衡量 [J]. 中国法学, 2009 (4): 183.

着正义、平衡与效益等法律价值，存在着正当性的基础，所以各国的立法均将其作为权益保护与自由维护的平衡机制加以规定"①。

（二）个人权益保护和社会公益维护

外部衡量，是指内部衡量的"外部性"，即在内部衡量过程中体现出的或者说外溢出的个人权益保护和社会公益维护之间的利益衡量。由于"社会公益"是典型的不确定性概念，虽然在立法中经常使用这一法律术语，但是对其概念的界定难以找到确切的、有说服力的观点。有观点认为，社会公益是"与基本法律价值相关的不特定第三人的利益，它的内容表现为与基本法律价值相关的个人利益"②，其主要特征表现为主体为不特定的多数人，内容为与基本法律价值相关的个人利益。在侵权立法中，立法者主要通过政策考量和价值判断，实现个人权益和社会公益之间的平衡保护。

侵权法的内部衡量，着眼于侵权人的行为自由维护和被侵权人的合法权益保护，综合运用归责原则、责任构成要件和减免责事由等法律技术手段，通过对行为人侵权责任构成的判断和责任范围的限制，平衡行为自由与权益保护之间的紧张关系。侵权法的外部衡量，则着眼于具体侵权案件中的个人权益保护和一般意义上的社会公益维护，在立法上主要通过政策考量、价值判断等方法，平衡个案公正和社会公正之间的紧张关系。

民法的基本原则是民法价值理念的集中体现。现代民法不再一味强调对私权利的绝对保护，而是承认个人权益的实现要建立在尊重其他民事主体的个人权益和社会公益的基础上，通过适当限制个人权益以实现整体社会公益的最大化。一方面，对个人权益的保护不能超越社会公益，更不能因为保护个人权益而损害社会公益。侵权法上的个人权益包括行为自由与合法权益两方面，无论对二者中的哪一方面进行保护，都不得违背公共秩序和善良风俗，不得违背一般意义上的社会公平正义观念。另一方面，以社会公益限制个人权益须保持在必要限度内。社会公益对个人权益的限制归根结底是对私法中意思自治的限制，过分强调社会公益维护则可能动摇民法作为私法的基本理念。总之，民法在平衡个人权益与社会公益之间的关系时，既要强调个人权益不能损害社会公益，

① 张新宝.侵权责任法立法的利益衡量 [J].中国法学，2009（4）：184.
② 李璐.论利益衡量理论在民事立法中的运用：以侵权立法为例 [M].北京：中国政法大学出版社，2015：165-168.

社会公益是个人权益行使的外部界限，又要确保社会公益对个人权益的限制须保持在必要范围内。

例如，公序良俗原则立足于国家和社会本位，对个人权益的行使划定界限。公序良俗原则作为现代民法的一项基本原则，包括公共秩序和善良风俗两层含义。公共秩序是以国家本位为视角进行的界定，一般理解为须由法律、行政法规的强制性规定所建构；善良风俗是以社会本位为视角进行的界定，一般认为是特定社会条件下所普遍尊重的一般道德和基础性伦理要求。"公序良俗原则承担着维护国家利益和社会公共利益的使命，在功能上构成对意思自治原则的限制。"① 又如公平原则不仅要求微观个案的公正，也追求社会一般观念上的公正。公平正义是人类共同追求的基本价值，也是我国民法的一项基本原则。按照公平原则的要求，一方面，民事主体应依据社会公认的公平观念从事民事活动，合理设定权利、全面履行义务，避免权利义务失衡，维持当事人之间的利益均衡；另一方面，立法者和司法者在民事立法和司法过程中，应合理确定民事主体应承担的民事责任，在适用过错责任原则时，责任承担要与过错程度相适应，在特殊情况下，也可以根据公平原则合理分担损失。

总之，在侵权法的立法过程中，在民法基本原则的指导下，立法者既要着眼于保护民事主体的个人权益，也要兼顾个案对社会公平正义观念可能产生的影响，在对个人权益和社会公益进行衡量时，既不能因为过分强调社会公益而牺牲个人权益保护，也不能为实现个人权益保护而完全忽视社会公益的客观要求，而要妥善协调二者之间的紧张关系。

（三）一般利益衡量与特殊利益衡量

特殊衡量，是指在一般利益维护与特殊利益保护之间的衡量。特殊利益是"现代民法在承认'人'的一般利益的同时，也例外地承认特定群体或领域的特殊利益的存在"②，分别由消费者权益保护法、反不正当竞争和反垄断法、劳动法以及妇女儿童老年人权益保护法等法律加以保护。虽然从利益衡量的内容和过程上看，一般利益维护和特殊利益保护均包括内部衡量和外部衡量两个层面，但一般利益维护"因奠基于主体抽象平等判断之上，双方利益天平无须加以特

---

① 王利明. 民法（第八版）（上册）［M］. 北京：中国人民大学出版社，2020：48.
② 张新宝. 侵权责任法立法的利益衡量［J］. 中国法学，2009（4）：187.

别倾斜", 而特殊利益保护 "以承认特定群体或特定领域中的特殊利益为前提" ①。在侵权立法中, 立法者主要通过对特殊责任主体的明确列举和特殊侵权的类型化, 实现一般利益和特殊利益之间的平衡保护。

　　一般利益衡量的对象是一般利益关系, 包括 "个人利益与个人利益之间的关系、个人利益与公共利益之间的关系" ②。而特殊利益衡量的对象是 "行业或领域利益与民众利益、优势群体利益与弱势群体利益的关系" ③。例如, 产品责任中产品生产者、销售者与消费者之间的利益冲突, 机动车交通事故责任中机动车一方与行人、非机动车一方的利益冲突, 医疗损害责任中医疗机构或者其医务人员与患者之间的利益冲突, 环境污染和生态破坏责任中侵权人与被侵权人之间的利益冲突, 等等。在上述利益冲突中, 消费者、行人或非机动车一方、患者以及环境污染和生态破坏的受害者作为处于弱势地位的群体, 需要对其在侵权立法中和特别立法上予以格外关照和倾斜保护。对这类民众利益、弱势群体利益的特殊保护属于立法上的特殊衡量。

第四节　利益衡量在责任形态配置上的运用

　　利益衡量论作为法解释学的一种方法, 既可以应用于侵权法的法学研究领域, 也可以广泛应用于侵权法的司法实践。同时, 利益衡量论的不同衡量路径, 即通过内部利益衡量 (民事权益保护和行为自由维护) 和外部利益衡量 (个人权益保护和社会公益维护)、一般利益衡量和特殊利益衡量 (特定行业领域利益、弱势群体利益), 使其在侵权立法上也有广阔的应用空间。利益衡量论在一般多数人侵权中, 通过过错责任原则、责任构成论以及对减免责事由的一般规定等法律技术手段, 论证连带责任的正当性基础, 主要表现为一般利益衡量。而利益衡量论在特殊多数人侵权中, 则主要表现为特殊利益衡量, 即通过责任主体的特殊规定、特殊侵权类型的具体列举等法律技术手段, 综合考量诸多政策价值因素, 论证多元责任形态的正当性基础。

---

①　张新宝. 侵权责任法立法的利益衡量 [J]. 中国法学, 2009 (4): 179.
②　张新宝. 侵权责任法立法的利益衡量 [J]. 中国法学, 2009 (4): 187.
③　张新宝. 侵权责任法立法的利益衡量 [J]. 中国法学, 2009 (4): 187.

一、一般多数人侵权责任的利益衡量

侵权法上的一般利益衡量，既涉及对被侵权人的民事权益保护与对数名侵权人一方的行为自由维护之间的内部衡量，也涉及个案层面的个人权益保护和一般意义上的社会公益维护之间外部利益衡量。侵权法上，一般利益衡量是立法者综合运用过错责任原则、一般侵权责任构成要件和一般减免责事由等工具，从内部、外部两个维度进行综合考量和平衡保护的结果，在一定程度上表现为倾向于对被侵权人的民事权益进行保护。需要特别指出，在利益衡量论视域下，一般多数人侵权的责任构成论解决的是数名侵权人须共同承担"一个"侵权责任的问题，随之而来的问题是，数名侵权人为什么须承担连带责任形态的共同责任，而非其他责任形态，即连带责任的合法性问题。

本书认为，多数人侵权的责任构成与责任形态总体上是一种"相适应"的关系，是利益衡量论在一般多数人侵权责任中的具体适用。具体到连带责任，一方面，学界可以从主观关联共同或者客观关联共同论证其合法性，也有学者从因果关系类型论证其合法性，这也是民法学界目前对连带责任合法性论证的主要做法。另一方面，作为民事领域中仅次于惩罚性赔偿非常"严厉"的民事责任形态，法定连带责任的"法定性"是立法者经过系统的政策考量和价值判断的结果。

（一）法定连带责任的社会因素考量

连带责任的正当性基础在于多数侵权人的"关联性"，这种关联性的范围十分广泛，既包括主观过错的关联，也包括客观行为的关联，还包括特定身份的关联。主观过错的关联和客观行为的关联在前文已经充分讨论，对于特定的身份关联，有观点认为，"某些民事主体存在经济强弱差别……而这种经济上的支配关系就形成新型的身份关系"①。例如，劳动者与用人单位之间的关系，消费者与产品或者服务的生产者、销售者之间的关系，甚至包括患者与医疗机构、医生之间的关系。

对特定行业领域利益的限制和对弱势群体利益的保护，是现代社会的基本共识并体现在相应的立法活动中。例如，在《民法典》侵权责任编有关责任主

---

① 阳雪雅. 连带责任研究［D］. 重庆：西南政法大学，2010.

体的特殊规定中，基于这种身份关联的监护人与被监护人之间、用人者与被使用者之间，被学界以无过错责任的"替代责任"概括，而网络服务提供者与网络用户之间的身份关联，也导致前者对后者的侵权行为承担连带责任。在侵权法特殊侵权中，对这种身份关联的特殊调整表现得更加明显，而最突出的则表现为我国《消费者权益保护法》《广告法》等经济法部门中大量规定的连带责任。"从身份到契约是从身份束缚到个人自由的转变，而现代社会已经超越了近代纯粹的契约社会，在坚持契约自由的基础上，校正特定经济身份带来的不平等。"①

（二）法定连带责任的效力因素考量

合同法中的连带责任主要以约定为主，而侵权法中的连带责任则以法定为限，侵权法中的连带责任规范不应超越或者偏离侵权法的功能。一般认为，侵权法不仅具有补偿功能，而且有预防功能和威慑功能。连带责任形态就是侵权法补偿功能的集中体现，作为最为严厉的侵权责任形态，连带责任不仅最大化满足对受害人的补偿，而且连带责任的请求权行使方式、追偿权具体规则所产生的"外部性"，即对一般社会公众的威慑作用和减少多数人侵权的预防功能，都得以充分体现。

申言之，侵权法的补偿功能与威慑功能并不是在同一层次，补偿功能是侵权法的主要功能，而在补偿的同时"间接"起到威慑加害人的作用。亚里士多德将正义分为分配正义和矫正正义，补偿功能正是矫正正义的充分体现，即在加害人与受害人之间形成的法律关系中，使受害人得以恢复损失，矫正加害人的违法行为。但是，侵权法的补偿功能重在使受害人恢复到之前权利未被侵害的状态，对加害人的威慑是有限的，对社会安定性保护是欠缺的。连带责任形态不仅能充分体现补偿功能，更能体现民事责任的强制性，在连带责任形态中，债务不能清偿的风险由数名侵权行为人承担，而且通过连带责任的具体规则，无论是中间责任还是最终责任，始终由数名侵权行为人承担。这对赔偿权利人而言是最充分的保护，对数名侵权责任人而言是后果最为严重的一类民事责任。

（三）法定连带责任的价值因素考量

尽管价值具有主观性和不确定性的特点，换言之，价值的衡量标准会随着

---

① 阳雪雅. 连带责任研究［D］. 重庆：西南政法大学，2010.

社会发展变化而不断变化，价值也会因人们主观认识的差异而有所不同，但价值的不确定性和主观性不妨碍公认的基本价值的确立，例如，平等、自由、效率。这些基本价值，不是运用归纳或者演绎的逻辑方法或者辩证思维进行论证的，相反，基本价值是进行逻辑思维和辩证思维的前提条件。"基本价值的独立地位不容置疑，不过基本价值之间有时很难同等重视甚至必须做出取舍。"[①] 学者们对于这些基本价值的认识也不一致，例如，罗尔斯认为平等为首要前提，哈耶克认为自由最重要，波斯纳则强调利益最大化和效率是法律的目的。

一方面，连带责任形态体现着侵权法对于公平价值的追求。民法的基本原则以平等为前提，追求自愿、公平、诚实信用等基本价值。在侵权法中，对受害人民事权益充分有效的保护，不仅是责任构成论的追求目标，更是责任形态论和连带责任形态及其制度规则所要实现的价值目标。连带责任就是最有利于充分保护受害人民事权益的民事责任形态。另一方面，"连带责任的效率价值非实体上的体现，而是程序上的体现"[②]。相比于按份责任，对于连带责任形态的明确规定，无论是从民事诉讼程序上还是从实体法上，都充分体现了实现民事责任的效率。

总体上，我国侵权法中的连带责任形态，由于受到理论体系的约束，即连带责任适用债权总论中连带债务理论的影响，其制度变化的内生动力不足。但是，从我国侵权法对特殊责任主体和特殊侵权的具体列举，以及商法、经济法等部门法规定了大量的连带责任形态来看，连带责任形态在我国还处于不断扩张适用的发展阶段。本书认为，连带责任形态的正当性基础不能仅从法学理论和相关法律规定本身寻找答案，而是还要追溯到连带责任的社会基础、效力基础和价值基础，以论证其合法性问题。从这个意义上说，我国侵权法上规定的连带责任形态可以大体上分为：（1）逻辑意义上的连带责任，即主观关联的连带责任和客观关联的连带责任；（2）技术意义上的连带责任，即建构性连带责任，用于概括侵权法分则、商法、经济法等经价值判断和政策考量而规定为连带责任的情形。

---

① 阳雪雅. 连带责任研究 [D]. 重庆：西南政法大学，2010.
② 阳雪雅. 连带责任研究 [D]. 重庆：西南政法大学，2010.

二、特殊多数人侵权责任的利益衡量

侵权法上的特殊利益衡量，虽然同样涉及内部利益衡量、外部利益衡量两个维度，但是在法律技术手段和政策价值判断上与一般利益衡量有所不同，从《民法典》侵权责任编的结构看，主要表现为对特殊责任主体和7类特殊侵权中的过错推定和无过错责任原则的法定适用、责任构成要件的特殊性和减免责事由的特别规定，表现出对民众利益、弱势群体利益的优先保护和对行业领域利益、优势群体利益的限制。

（一）无过错责任的法定适用

《民法典》侵权责任编第1166条规定，不论行为人有无过错，法律规定其应当承担侵权责任的依照其规定，这明确了无过错责任原则的法定适用。一般认为，适用无过错责任原则的法定情形主要包括以下几种：（1）产品缺陷责任中，生产者和销售者的不真正连带责任；（2）环境污染和生态破坏责任中，侵权人的无过错责任；（3）高度危险责任中，行为人的无过错责任；（4）饲养动物损害责任中，除动物园外，饲养人或者管理人的无过错责任；（5）在特殊责任主体的替代责任中，监护人和用人者的无过错责任（被监护人和被使用人的责任，按照其侵权行为类型确定）。

有观点认为，无过错责任"是指不以行为人的过错为要件……除非有法定的免责事由，否则行为人就要承担侵权责任"[①]。也有观点认为，采纳严格责任的提法更为确切。[②] 无论采用无过错责任的概念，还是采用严格责任[③]的概念，对上述条文列举的情况，如果从特殊利益衡量的角度观察会发现，现代社会作为高风险社会，一方面难以苛求作为弱势群体的受害人一方有能力负担证明行为人具有主观过错的证明责任，另一方面行为人也可能找出各种无过错的理由进行抗辩以免除自己的责任。在立法上对这种特殊利益进行衡量的结果是偏向

---

① 黄薇. 中华人民共和国民法典侵权责任编解读［M］. 北京：中国法制出版社，2020：13.

② 王利明. 侵权责任法研究（第二版）（上卷）［M］. 北京：中国人民大学出版社，2016：262.

③ 在英国侵权法上，有观点认为严格责任适用范围限于雇佣关系、代理关系和不可委托他人的注意义务。See BEUERMANN C. Reconceptualising Strict Liability for the Tort of Another［M］. Oxford：Hart Publishing，2019：7-12.

于保护弱势群体一方的民事权益。

（二）责任构成要件的特别适用

一是过错推定的法定适用。《民法典》侵权责任编第 1165 条第 2 款规定，"依照法律规定推定行为人有过错，其不能证明自己没有过错的，应当承担侵权责任"，明确了过错推定的法定适用。适用过错推定的法定情形主要包括以下四种情形：（1）无民事行为能力人在教育机构受到人身损害，教育机构的责任承担；（2）机动车交通事故责任中，机动车一方对非机动车或者行人交通事故的侵权责任；（3）动物园动物侵权中，动物园的责任承担；（4）建筑物和物件损害责任中，相关责任人的责任承担。此外，"过错推定有一个表达的公式，就是行为人能够证明自己没有过错的，不承担责任；或者反过来说，行为人不能证明自己没有过错的，就要承担责任。这两种表达是等值的"①。因此，本书认为，《民法典》侵权责任编第 1222 条规定的"推定医疗机构有过错"不属于适用过错推定的情形，而属于对医疗机构主观过错的判断和认定。

二是因果关系推定。因果关系推定在《民法典》侵权责任编中主要包括以下两种情形：（1）第 1170 条规定的共同危险行为；（2）第 1230 条规定的因污染环境、破坏生态侵权，行为人应承担证明减免责事由和不存在因果关系的举证责任。需要说明的是，学界对于共同危险行为的理论研究主要集中于因果关系推定和行为人免除自身责任的证明标准问题，即行为人只需证明自己不是侵权人，还是须确定谁是侵权人的问题。在共同危险行为中，如果将数个危险行为作为一个整体，其对于损害结果的发生符合相当因果关系的判断。但是，如果从每一个危险行为对于损害结果发生的因果关系来看，按照相当因果关系理论来检验，则均不符合"若非—则不"（but for）规则对于条件因果关系的判断。因此，有观点认为，共同危险行为中的因果关系推定不是"法定的因果关系推定"，而是属于"裁定的因果关系推定"②。

过错推定和因果关系推定，实际上是将民事诉讼中的证明责任直接分配给侵权行为人一方，免除被侵权人对侵权责任构成要件中主观过错或者因果关系的证明责任，从而有利于弱势群体维护自身的人身和财产权益。从特殊利益衡

---

① 张新宝. 侵权责任一般条款的理解与适用 [J]. 法律适用，2012（10）：28-32.
② 王利明. 侵权责任法研究（第二版）（上卷）[M]. 北京：中国人民大学出版社，2016：565.

量的角度观察，"通过举证责任的转换减轻受害人的举证责任，加重加害人的举证责任，将利益的天平适当地向受害人倾斜"①。换言之，为了保护弱势群体的利益，在立法上通过运用过错推定、因果关系推定等法律技术手段，在前述法定情形下缓和了被侵权人对侵权责任构成要件的证明责任。需要强调的是，即使在适用无过错责任原则或者过错推定、因果关系推定的法定情形下，我国侵权法对特殊群体、特殊利益的特别保护总体上并不是失衡的。

（三）减免责事由的特别规定

《民法典》侵权责任编第 1173 条至第 1177 条分别规定了过失相抵、受害人故意、第三人原因、自甘风险和自助行为等 5 种减轻或者免除侵权人责任的减免责事由。此外，总则编第 180 条至第 182 条规定的不可抗力、正当防卫和紧急避险等 3 种原因行为，也是减轻或者免除侵权人责任的减免责事由。前述 8 种减免责事由，是适用过错责任原则的一般侵权关于减免责事由的一般性规定。对于适用无过错责任原则、过错推定、因果关系推定的特殊侵权，以及《民法典》侵权责任编中关于责任主体的特殊规定，前述一般性规定能否适用，则取决于侵权法分则部分条文的具体规定，换言之，在侵权法分则条文中对上述减免责事由有明确例外规定的，则排除一般性规定的适用。

前述减免责事由能否适用于特殊侵权，本书认为，应分情况讨论：一是正当防卫、紧急避险以及自甘风险、自助行为等原因行为，作为正当理由的抗辩，可以适用于特殊侵权。二是不可抗力原则上可以适用于特殊侵权，例如，《民法典》侵权责任编第 1239 条、第 1240 条关于占有或者使用高度危险物、从事高空高压或者高速轨道运输等高度危险作业中将不可抗力明确规定为免责事由的情形，但是，在第 1237 条民用核设施侵权等特殊侵权中，原则上应排除不可抗力作为免责事由的适用。三是受害人过失作为减责事由、受害人故意和第三人原因作为免责事由，能否适用于特殊侵权，取决于条文的具体规定，例如，《民法典》侵权责任编饲养动物损害责任中，第 1245 条规定，损害是因被侵权人故意或者重大过失造成，动物饲养人或者管理人不承担或者减轻责任；第 1246 条规定，损害是因被侵权人故意造成，动物饲养人或者管理人可以减轻责任；第 1247 条对于禁止饲养危险动物侵权，则没有规定任何减免责事由。

---

① 张新宝. 侵权责任法立法的利益衡量 [J]. 中国法学，2009（4）：189.

本章小结

类型化研究方法并非简单列举，而是一种科学合理的分类，以弥补逻辑演绎推理的不足。在类型化中，适当选择分类标准是关键，不同的分类标准会产生不同的分类结果。本书以我国侵权法对多元责任形态的具体规定为依据，从责任形态视角重新审视我国多数人侵权的构成论、形态论以及两者之间的关系。本书认为，利益衡量论不仅是法解释学上的一种科学方法，其在侵权立法上，特别是多数人侵权责任形态的立法上也有广泛的应用，这将有助于理解以连带责任为代表的多元责任形态立法现象，并从法社会学视角重新审视连带责任的正当性基础。

对于一般多数人侵权责任，法定连带责任的适用不能仅从责任构成论的研究进路以论证其合理性，还应考量社会因素、效力因素和价值因素，以论证其正当性。而在特殊多数人侵权责任中，多元责任形态的立法规定，可以从过错推定责任和无过错责任的法定适用，从责任构成要件中因果关系的特殊类型，以及从对于减免责事由的具体规定中，寻找合理的解释方案。

政策考量和价值判断具有多元性、主观性和不确定性的特点，但是，法律制度总体上，是将这种不确定性转化为确定的、可操作的衡量工具，并通过法律规则的运用以避免价值判断"不确定性"带来的不利影响。从连带责任形态的发展过程来看，世界范围内曾经出现明确的"去连带化"倾向，而我国《民法典》侵权责任编和商法、经济法中规定了大量的连带责任形态，这恰恰表明，连带责任形态的正当性基础，甚至可能不在于侵权法内部、民法内部，归根结底是由一国的经济、社会发展阶段以及政策、价值考量等因素所决定的。

在利益衡量论视域下，我国多元责任形态的立法规定，是立法者综合运用法律技术衡量工具和政策价值衡量工具，综合考量对数名侵权责任人一方的行为自由维护和对被侵权人一方的民事权益保护之间的平衡关系，兼及对这种内部衡量的"外部性"即外部衡量和特殊群体的特殊利益衡量，而做出的缜密细致的立法决断。

多数人侵权的责任构成论和责任形态论，是高度关联但又应当明确区分的两个问题，或者说是"多数人侵权责任"这一个问题的两方面、两个维度、两种理论解释方案或者两种理论研究进路。从责任构成论出发，无论是主观过错还是客观关联共同，只能证成连带责任的"应然"性，但是，从责任形态的"实然"规定出发，尤其是从我国侵权法对特殊多数人侵权多元责任形态的条文规定来看，这种"应然"与"实然"之间的确存在明显的差异。利益衡量论在侵权立法上的运用，能够系统性解释我国侵权法上的多元责任形态立法现象，而利益衡量论要以明确具体的衡量因素作为标准，进而综合分析比较作为利益衡量结果的多元责任形态。

第四章

多元责任形态的利益衡量因素提炼

——以第三人原因引起的特殊多数人侵权责任为例

一般多数人侵权的责任构成论研究进路无法有效解释特殊多数人侵权的多元责任形态立法现象,特殊多数人侵权的责任形态论研究进路(包括责任分担论)侧重于从行为类型—责任形态"相对接"的视角,论述竞合侵权行为与不真正连带责任形态之间的关系,并建构起责任分担的一般规则。总体上,目前学界对于多数人侵权多元责任形态的形成机制、衡量因素及衡量过程等问题缺乏关注。而利益衡量论对于我国多数人侵权的责任形态问题,特别是对特殊多数人侵权责任形态的"多元化"现象,具有较强的理论解释力。按照多数人侵权的责任构成与责任形态相区分、相适应的观点,着眼于从体系上解释我国多数人侵权的多元责任形态立法现象,在责任形态法定的理论前提下,本书以《民法典》侵权责任编中第三人原因引起的特殊多数人侵权责任的条文梳理为例,尝试总结归纳出针对多元责任形态的利益衡量因素,换言之,将抽象的"利益"、立法政策和价值判断,转化为具体的五个法律技术衡量因素和五个政策价值衡量因素。

第一节　第三人原因的条文梳理与责任形态

传统上,侵权法主要从"侵权人—被侵权人"视角,建构起"一对一"的"双边"责任规范体系。在这种"双边"关系之外,由于他人的主观过错或者侵权行为而应承担侵权责任的人，是本书所指称的"第三人"①。由于"第三人过错""第三人行为"等表述偏重于强调多数人侵权责任构成中的过错要件、行为要件，易被混淆为构成论的研究视角，且与《民法典》侵权责任编相关条文的具体规定并不一致，本书采用多数学者的意见，使用"第三人原因"这一术语概括条文主要内容及其类型。

由于《民法典》侵权责任编分则中关于特殊多数人侵权分别规定了连带责任、先付责任、不真正连带责任、相应责任、补充责任和自己责任等多元责任形态，涉及条文数量较多②，本书以第三人原因引起的特殊多数人侵权责任条文梳理为例，说明这一多元责任形态的立法现象，包括：（1）第 1175 条因第三人造成损害的侵权责任；（2）第 1192 条第 2 款因第三人行为造成提供劳务一方损害的侵权责任；（3）第 1198 条第 2 款因第三人行为造成他人损害，未尽到安全保障义务人的侵权责任；（4）第 1201 条不完全民事行为能力人受到第三人人身损害，未尽到管理职责的教育机构的侵权责任；（5）第 1204 条因第三人过错使产品存在缺陷的侵权责任；（6）第 1233 条因第三人过错污染环境、破坏生态的侵权责任；（7）第 1250 条因第三人过错造成的动物侵权；（8）第 1252 条第 2

---

① 在我国民法学界，有学者将其称为"第三人过错"。杨立新．侵权责任法（第三版）[M]．北京：法律出版社，2018：223-224；黄薇．中华人民共和国民法典侵权责任编解读 [M]．北京：中国法制出版社，2020：39-42. 有学者将其称为"第三人行为"。程啸．论侵权法上的第三人行为 [J]．法学评论，2015（3）：48. 还有学者将其称为"第三人原因"。王利明．侵权责任法研究（第二版）（上卷）[M]．北京：中国人民大学出版社，2016：437-438；张新宝．侵权责任法（第四版）[M]．北京：中国人民大学出版社，2016：73-74；程啸．侵权责任法教程（第二版）[M]．北京：中国人民大学出版社，2014：120；王竹．侵权责任法疑难问题专题研究（第二版）[M]．北京：中国人民大学出版社，2018：42-43.

② 根据本书的条文梳理情况，《民法典》侵权责任编关于特殊多数人侵权责任形态的规定，连带责任涉及第 1195 条第 2 款、第 1197 条、第 1211 条、第 1214 条、第 1215 条第 1 款、第 1241 条、第 1242 条和第 1252 条第 1 款第 1 句等 8 个条文，先付责任涉及第 1204 条、第 1252 条第 1 款第 2 句和第 1253 第 2 句等 3 个条文，不真正连带责任涉及第 1203 条、第 1223 条、第 1233 条、第 1250 条和新增的第 1192 条第 2 款等 5 个条文，相应责任涉及第 1169 条第 2 款、第 1189 条、第 1191 条第 2 款、第 1209 条、第 1212 条、第 1256 条第 2 句等 6 个条文（第 1172 条、第 1192 条第 1 款第 3 句、第 1193 条第 2 句、第 1224 条第 2 款等 4 个条文，属于典型的责任分担规则。此外，第 178 条第 2 款、第 1231 条虽未使用"相应的责任"，但从条文内容上看也属于典型的责任分担规则），补充责任涉及第 1198 条第 2 款和第 1201 条等 2 个条文。

款因第三人原因，建筑物倒塌、塌陷侵权。此外，（9）第1252条第1款建筑物倒塌、塌陷侵权中的"其他责任人"，（10）第1253条物件脱落、坠落侵权中的"其他责任人"，也属于本书所指称的"第三人"。

　　从责任形态角度观察，可以将上述10个条文分为自己责任、补充责任、不真正连带责任和先付责任等四类，详细情况参见表4-1第三人原因引起的特殊多数人侵权条文梳理。换言之，《民法典》侵权责任编对第三人原因引起的特殊多数人侵权责任的规定（涉及10个条文），根据具体情况的不同，分别配置了四种不同的责任形态。

表4-1　第三人原因引起的特殊多数人侵权条文梳理

多数人侵权责任类型	责任形态	条文序号	条文主旨
第三人原因引起的多数人侵权责任	自己责任	第1175条	因第三人造成他人损害，侵权人免责
		第1252条第2款	因第三人原因建筑物倒塌、塌陷造成他人损害，所有人、管理人、使用人免责
	补充责任	第1198条第2款	因第三人行为造成他人损害，未尽到安全保障义务人的责任
		第1201条	不完全民事行为能力人受到第三人人身损害，未尽到管理职责教育机构的责任
	不真正连带责任	第1192条第2款	因第三人行为造成提供劳务一方损害，接受劳务方的补偿责任
		第1233条	因第三人过错污染环境、破坏生态的侵权责任，侵权人的责任
		第1250条	因第三人过错致使动物造成他人损害，饲养人或者管理人的责任
		第1204条	因运输者、仓储者等第三人过错使产品存在缺陷，造成他人损害的，生产者、销售者赔偿后，有权向第三人追偿
		第1252条第1款（第2句）	建筑物倒塌、塌陷造成他人损害，建设单位、施工单位赔偿后，有权向其他责任人追偿
		第1253条（第2句）	物件脱落、坠落造成他人损害，所有人、管理人或者使用人赔偿后，有权向其他责任人追偿

一、第三人原因与自己责任

《民法典》侵权责任编第 1175 条延续了《侵权责任法》的规定，在侵权法总则将第三人原因规定为一般免责事由。从责任形态观察，该条规范的是第三人原因作为造成损害的全部原因，由第三人承担"自己责任"，类似的规定还有第 1252 条第 2 款。

关于第三人原因的法律效果，即对第三人来说承担全部责任还是部分责任，或者对行为人来说免除全部责任还是免除部分责任的问题，民法学界有观点认为，第三人原因既可能是减责事由，也可能是免责事由[①]；有观点认为，第三人原因作为减责事由时，可能形成多数人侵权[②]；还有观点认为，第三人过错行为与侵权人加害行为的联系状况，需要分情形分别讨论。[③]

本书认为，对于第三人原因还可以作"程度"上的考量：一方面，如果第三人原因是损害发生的全部原因，第三人应当承担全部侵权责任，在这种情况下，"第三人由于过错，通过实际加害人的直接行为或者间接行为，造成被侵权人民事权利损害，应当由第三人承担侵权责任、实际加害人免除责任"[④]。另一方面，如果第三人原因是损害发生的部分原因，从体系解释看，不应解释为与

[①] 例如，王利明教授认为，"既包括可能因第三人原因而导致被告免责，也可能包括第三人原因造成损害而被告不免责"。王利明．侵权责任法研究（第二版）（上卷）[M]．北京：中国人民大学出版社，2016：437-438.

[②] 例如，程啸教授认为，"至于第三人行为与被告的行为共同构成损害的原因，从而使得被告对内或对外只需要承担部分责任的情形，属于多数人侵权责任"。程啸．论侵权法上的第三人行为 [J]．法学评论，2015（3）：55.

[③] 例如，张新宝教授认为，可以分为四种情形：（1）损害完全是由于第三人的过错行为造成的；（2）第三人的行为与侵权人的行为构成共同侵权，导致损害的发生；（3）侵权人和第三人分别实施侵权行为造成同一损害，每个人的侵权行为都足以造成全部损害；（4）侵权人和第三人分别实施侵权行为造成同一损害，或者能够确定责任的大小，或者难以确定责任的大小。张新宝．侵权责任法（第四版）[M]．北京：中国人民大学出版社，2016：74.

[④] 杨立新，赵晓舒．我国《侵权责任法》中的第三人侵权行为 [J]．中国人民大学学报，2013（4）：76.

《民法典》侵权责任编第 1168 条至第 1172 条规定的一般多数人侵权形成"想象竞合"，因为在这种情况下的"第三人"实际上是"侵权行为人"，形成一般多数人侵权，而不应再称为"第三人"。因此，从体系解释上宜将第三人原因解释为一般免责事由，而非减责事由。

关于第三人原因的适用范围，我国民法学界通说认为，可以适用于过错责任、过错推定责任，但能否适用于无过错责任，则有不同的观点：一种观点认为，可以适用于无过错责任，"在无过错责任范围内，情况比较复杂。在某些无过错责任情形之下，即使完全由第三人过错造成的损害，也应首先由被告承担责任，即被告不能以第三人造成损害为由，对原告受害人进行抗辩。在某些无过错责任情形之下，第三人的过错造成损害，被侵权人可以选择行为人或者第三人之一承担责任"①。另一种观点认为，需要根据分则条文的具体规定视情况而定，"一般来说，在过错或过错推定责任中，第三人的原因可能导致被告被免责，但在严格责任中，第三人原因则不能导致被告免责"②。"每一类危险责任中责任人应对之负无过错责任的危险范围是不同的，第三人的行为是否属于责任人应当控制和防范的危险，需要立法者逐一斟酌确定。"③

通过梳理侵权法分则关于第三人原因的具体条文，本书认为，第三人原因原则上可以作为一般免责事由适用于无过错责任的特殊侵权中，但是侵权法分则条文中有具体规定的除外。具言之，除表 4-1 中列举的补充责任、不真正连带责任和先付责任的 8 条具体规定外，第三人原因原则上可以作为免责事由，适用于侵权法的其他特殊侵权类型。

① 黄薇.中华人民共和国民法典侵权责任编解读［M］.北京：中国法制出版社，2020：40-41.
② 王利明.侵权责任法研究（第二版）（上卷）［M］.北京：中国人民大学出版社，2016：4430.
③ 程啸.论侵权法上的第三人行为［J］.法学评论，2015（3）：540.

二、第三人侵权与补充责任

《民法典》侵权责任编明确规定补充责任的 2 个条文均与第三人侵权相关①：一是第 1198 条第 2 款规定，因第三人行为造成他人损害，未尽到安全保障义务的人要承担"相应的补充责任"；二是第 1201 条规定，行为能力欠缺者受到教育机构以外的第三人侵害，未尽到管理职责的教育机构要承担"相应的补充责任"。与《侵权责任法》相比，上述条文补充完善了追偿权行使规则，即违反安全保障义务的安保义务人和未尽管理职责的教育机构在承担补充责任后，可以向第三人追偿。

诚如谢鸿飞教授所言："补充责任兼具侵权责任成立要件和责任形态两种功能……在立法论上，若维持补充责任，应将其限定为第三人故意侵权情形，同时承认补充责任人对故意侵权人的追偿权。"② 需要特别指出，上述条文规范的是"第三人（直接侵权人、作为侵权人）—被侵权人"以及"补充责任人（间接侵权人、不作为侵权人）—被侵权人"之间的关系，这种结构上的特殊性和补充责任人的法定作为义务，使补充责任人不得因第三人是直接侵权人而免除自己的责任。换言之，补充责任形态中的第三人"是直接侵权人，是他的行为造成被侵权人损害，管理人或者组织者未尽安全保障义务的不作为行为为直接侵权行为的实施提供了机会"③。这与第 1175 条中"第三人"的概念有所不同，第 1175 条规范的是"第三人原因—行为人（直接侵权人）—被侵权人"之间的关系，行为人是直接侵权人。

---

① 需要说明的是，在《民法典》侵权责任编第 1176 条第 2 款和第 1254 条第 2 款中，文体活动的组织者和高空抛物坠物侵权中的物业服务企业等建筑物管理人，也可能承担补充责任。例如，有观点认为，在具体侵权人确定时，管理人承担补充责任；在具体侵权人不明时，基于补偿优先于赔偿和最佳风险防范目的之考量，管理人应先于使用人担责。参见姚辉，金骑锋. 民法典高空抛物致人损害责任的解释论展开 [J]. 法律适用，2021 (7)：29. 有观点进一步认为，《民法典》第 1254 条第 2、3 款规定的情形是指"难以确定具体侵权人的"情形。参见王竹. 《民法典》高空抛物坠物责任新增规则评述 [J]. 厦门大学学报（哲学社会科学版），2021 (3)：101.
② 谢鸿飞. 违反安保义务侵权补充责任的理论冲突与立法选择 [J]. 法学，2019 (2)：42.
③ 杨立新，赵晓舒. 我国《侵权责任法》中的第三人侵权行为 [J]. 中国人民大学学报，2013 (4)：71.

关于补充责任形态的适用情形、请求权行使规则，有学者认为，"补充责任主要发生在一个侵权行为造成的损害事实产生了两个相重合的赔偿请求权的情况下，法律规定权利人必须按照先后顺序行使赔偿请求权"①。也有学者认为，"受害人分别享有的数个请求权有顺序的区别，首先行使顺序在先的请求权，不能实现或者不能完全实现时，再行使另外的请求权予以补充"②。还有学者认为，"立法关于第三人介入型的违反安全保障义务的补充责任的规定，其实是一种有顺位限定的部分连带责任"③。总体上，学界关于补充责任形态的典型适用情形和责任承担规则基本达成共识。④

三、第三人过错（行为）与不真正连带责任

《民法典》侵权责任编关于第三人过错或行为导致不真正连带责任的规定有3个条文：一是第1192条第2款因第三人行为造成提供劳务一方损害的侵权责任；二是第1233条因第三人过错污染环境、破坏生态的侵权责任；三是第1250条因第三人过错致使动物造成他人损害的侵权责任。上述条文规定的第三人与第1175条中第三人的概念相同，"但因为政策的考量和无过错责任原则的适用，改为不真正连带责任规则，是法律对这种第三人另外规定了不同的规则"⑤。

作为一种责任形态，"虽然不真正连带责任在理论和判例上由来已久，但到

---

① 张新宝.我国侵权责任法中的补充责任［J］.法学杂志，2010（6）：2.

② 杨立新.论不真正连带责任形态体系及规则［J］.当代法学，2012（3）：62.

③ 刘召成.违反安全保障义务侵权责任的体系构造［J］.国家检察官学院学报，2019（6）：53.

④ 需要注意的是，《电子商务法》第38条第2款将电子商务平台经营者的安全保障义务规定为"依法承担相应的责任"。对此，有观点认为，在直接违反安全保障义务的情形下，依据《民法典》第1198条第1款承担责任；在有第三人介入的情形下，应依据该条第2款承担相应的补充责任。参见陆青.电子商务平台经营者安全保障义务的规范构造［J］.浙江社会科学，2021（11）：70.也有观点认为，如果平台经营者履行职责就不会发生损害，其承担不真正的连带责任；如果平台经营者尽到义务也会发生损害，其承担相应的补充责任。参见马更新.平台经营者"相应的责任"认定标准及具体化：对电子商务法第38条第2款的分析［J］.东方法学，2021（2）：86-97.还有观点认为，按照广义理解应包含按份责任、补充责任和连带责任等不同配置。参见姚海放.网络平台经营者民事责任配置研究：以连带责任法理为基础［J］.中国人民大学学报，2019（6）：88-101.

⑤ 杨立新，赵晓舒.我国《侵权责任法》中的第三人侵权行为［J］.中国人民大学学报，2013（4）：71.

目前为止，除瑞士外，尚未见立法明文规定"①。我国民法学者对不真正连带责任性质的争论和质疑一直持续。②《民法典》侵权责任编在立法上也没有使用"不真正连带责任"这一术语，其典型情形除上述涉及第三人过错或行为的三类情形，还包括第1203条缺陷产品的生产者和销售者之间的责任，第1223条医疗领域缺陷产品的生产者、血液提供机构与医疗机构之间的责任。不真正连带责任作为一种独立的责任形态③，具有法定性特点，包括责任构成的法定性、责任主体范围的法定性和存在法定的最终责任人，"事实上，各国侵权法上适用不真正连带责任的情形广泛存在于严格责任领域，除产品责任之外，还存在于动物致害、高度危险作业和危险物致害等领域"④。

四、第三人过错（原因）与先付责任

《民法典》侵权责任编关于先付责任的规定，以第1204条产品责任中的第三人过错责任最为典型。此外，在第1252条第1款第2句和第1253条第2句还分别使用了"其他责任人"的概念，这两处"其他责任人"的概念与第1204条规定的第三人的含义完全相同。⑤

有学者认为，先付责任"是指在不真正连带责任中，中间责任人首先承担直接责任，请求权人只能向中间责任人请求赔偿，中间责任人在承担了中间责任之后，有权向承担最终责任人追偿的不真正连带责任的特殊形态"⑥，属于不

---

① 李中原. 不真正连带债务理论的反思与更新［J］. 法学研究，2011（5）：38-44.

② 庄敬华. 论《侵权责任法》第68条之部分连带责任性质［J］. 中国政法大学学报，2017（1）：99-108.

③ 杨立新教授将不真正连带责任形态界定为："多数行为人违反法定义务，对同一受害人实施加害行为，或者不同的行为人基于不同的行为而致使同一受害人的民事权益受到损害，各行为人产生的同一内容的侵权责任各负全部赔偿责任，并因行为人之一的责任履行而使全体责任人的责任归于消灭，或者依照特别规定多数责任人均应当承担部分或者全部责任的侵权责任形态。"杨立新. 论不真正连带责任形态体系及规则［J］. 当代法学，2012（3）：62.

④ 王竹. 论法定型不真正连带责任及其在严格责任领域的扩展适用［J］. 人大法律评论，2009（1）：169.

⑤ 杨立新，赵晓舒. 我国《侵权责任法》中的第三人侵权行为［J］. 中国人民大学学报，2013（4）：71.

⑥ 杨立新. 论不真正连带责任形态体系及规则［J］. 当代法学，2012（3）：60.

真正连带责任的一种特殊形式，并提出"先付责任的索赔僵局及破解方法"①。本书认为，先付责任是不同于不真正连带责任的一种独立的责任形态，其责任承担规则与典型的不真正连带责任不同。一方面，以《民法典》侵权责任编第1204条为例。该条规定"产品的生产者、销售者赔偿后，有权向第三人追偿"，其规范的内容是"生产者、销售者—第三人"之间的追偿权行使规则，换言之，生产者、销售者行使追偿权的前提是先行赔偿，赔偿之后才能追偿。造成这种结果的原因是，在缺陷产品侵权责任中，生产者、销售者承担无过错责任，而第三人承担过错责任。对比第1203条典型的不真正连带责任，即缺陷产品的生产者、销售者均适用无过错责任原则，而且承担不真正连带责任，其规范的内容是"生产者、销售者—被侵权人"之间的关系，以及"生产者—销售者"之间的追偿权行使规则。另一方面，以《民法典》侵权责任编第1252条第1款第2句和第1253条第2句规定的"其他责任人"责任承担为例。在建筑物、构筑物倒塌、塌陷侵权责任中，建设单位与施工单位适用过错推定，而其他责任人原则上适用过错责任；同样，在搁置物、悬挂物脱落、坠落侵权责任中，所有人、管理人或者使用人适用过错推定，而其他责任人原则上适用过错责任。简言之，先付责任是对直接责任人适用无过错责任原则或者过错推定，而对第三人和其他责任人适用过错责任原则造成的，是一种独立的责任形态。

第二节 影响责任形态的法律技术因素

从侵权法自身的法律技术角度看，影响特殊多数人侵权责任形态配置的因素，主要包括以下五方面。

一是特殊归责原则影响责任形态配置。以配置为不真正连带责任的《民法典》侵权责任编第1233条和第1250条为例，分别规定了因第三人过错污染环境、破坏生态和因第三人过错致使动物侵权，均适用严格责任原则。不真正连带责任作为一种独立的责任形态，受到严格责任适用这一因素的影响。同样，配置为先付责任的第1252条第1款第2句和第1253条，分别规定了建筑物、构

---

① 杨立新. 论不真正连带责任形态体系及规则［J］. 当代法学，2012（3）：61.

筑物或者其他设施倒塌、塌陷造成他人损害和物件脱落、坠落造成他人损害，均适用过错推定责任，推定建设单位、施工单位和物件所有人、管理人或者使用人对损害发生有过错，在其赔偿后才能向其他责任人追偿。先付责任作为一种独立的责任形态，受到过错推定责任适用这一因素的影响。

二是特殊责任构成要件影响责任形态配置。除适用特殊归责原则对主观过错要件要求不同外，构成要件中的因果关系推定也影响责任形态配置。《民法典》侵权责任编第 1170 条规定，共同危险行为在不能确定具体侵权人时，由行为人承担连带责任；第 1230 条规定，因污染环境、破坏生态发生纠纷，行为人应当就其行为与损害之间不存在因果关系承担举证责任。上述条文从多数人侵权责任构成要件来看，均推定行为人的行为与损害结果之间有因果关系，由行为人就不存在因果关系承担证明责任。从责任形态角度观察，立法上将适用过错责任原则的共同危险行为规定为连带责任，将适用严格责任原则的环境污染、破坏生态侵权规定为不真正连带责任，因此，因果关系要件的特殊性影响责任形态配置。

三是特殊免责事由影响责任形态配置。《民法典》侵权责任编第 1175 条规定的第三人原因作为特殊免责事由，免除行为人的侵权责任，由第三人承担侵权责任，符合自己责任原则。需要特别指出，第 1176 条规定的自甘风险制度，其第 1 款作为免责事由，规定在自甘风险的文体活动中，其他参加者可以免责；其第 2 款引致条款，规定了活动组织者的责任承担规则。对于该条中活动组织者的责任，可以分两种情况分别讨论：一是可能与未尽安全保障义务和未尽教育管理职责导致的补充责任，即第 1198 条、第 1201 条构成条文竞合，从活动组织者的角度观察，此时的"其他参加者"即为实施直接侵权行为的"第三人"。二是"其他参加者"也可能属于第 1199 条、第 1200 条规定的情形，此时的活动组织者即教育机构，依法承担过错推定或者过错责任。因此，第 1176 条既可以作为第 1175 条规定的第三人原因免责事由的例外规定，也可能与第三人侵权导致活动组织者承担补充责任的条文形成竞合。

四是特殊责任主体的具体列举影响责任形态配置。《民法典》侵权责任编第 1198 条第 2 款和第 1201 条确立了第三人侵权时安保义务人和教育机构承担的补充责任。我国侵权法补充责任形态在比较法上十分独特，仅限于上述 2 个条文规定。

五是特殊侵权类型具体列举影响责任形态配置。《民法典》侵权责任编对我国特殊侵权进行了类型化和具体列举，分别规定产品责任、建筑物和物件损害责任等7类特殊侵权。对特殊侵权的类型化列举，涉及在特定侵权类型中，前述特殊归责原则、特殊构成要件、特殊免责事由的具体规定，这种封闭式的具体列举方式本身也成为影响责任形态配置的衡量因素之一。

对前述内容的分析，详见表4-2影响特殊多数人侵权责任形态的法律技术因素。需要说明的是：

一是该表格的观察顺序，先要确定"观察对象"。本书选取第三人以外的责任人为观察对象，观察对象不同，既影响到对归责原则、因果关系的判断结果，也影响到受偿不能风险分配、证明责任分配的判断结果。

二是对于5个法律技术衡量因素，先观察纵向上每一列不同责任形态中的具体差别。例如，在归责原则方面，相对而言，过错责任原则与过错推定和无过错责任原则比较，更倾向于行为人的行为自由维护，后两者更倾向于民事权益保护。

三是在责任构成要件这一衡量因素中，本书选取因果关系要件作为主要观察对象，理由在于：一方面，本书放弃了从数个侵权行为相互之间的结合关系进行类型化研究的方法；另一方面，相对于损害结果的同一性要求，因果关系的类型不同，直接影响到多数人侵权责任的类型。本书按照相当因果关系理论进行判断，其中，补充责任形态中的补充责任人，其责任范围的因果关系不符合因果关系中的条件说，而先付责任形态中的先付责任人，其责任范围的因果关系不符合因果关系中的相当性判断标准。

四是在特殊责任主体的具体列举中，补充责任形态的条文均属于此类，比较而言，在特殊侵权类型的具体列举中，不真正连带责任和先付责任形态的条文均属于此类。

五是纵向观察不同责任形态的差异后，对于利益衡量过程的考察，需要横向观察每一责任形态中的内部衡量过程。

六是本章其他表格，以及本书第五、六、七章和附录中表格的观察顺序，均为先纵向观察，比较不同责任形态在该衡量因素上的差异，再横向观察，分析利益衡量的过程（以内部衡量为主要分析对象）。

表4-2　影响特殊多数人侵权责任形态的法律技术因素

多数人侵权责任类型	责任形态	条文序号	观察对象（第三人以外）	归责原则	构成要件（因果关系）	免责事由（第三人）	特殊责任主体	特殊侵权
第三人原因引起的多数人侵权责任	自己责任	第1175条	侵权人	过错责任	无因果关系	是	否	是
	补充责任	第1252条第2款	所有人、管理人、使用人	过错推定	无因果关系	是	否	是
		第1198条第2款	经营者、管理者或者组织者	过错责任	不符合条件说	否	是	否
		第1201条	幼儿园、学校或者其他教育机构	过错责任	不符合条件说	否	是	否
	不真正连带责任	第1192条第2款	接受劳务一方	无过错责任	不符合相当性	否	是	否
		第1233条	侵权人	无过错责任	不符合相当性	否	否	是
		第1250条	饲养人或者管理人	无过错责任	不符合相当性	否	否	是
		第1204条	生产者、销售者	无过错责任	不符合相当性	否	否	是
	先付责任	第1252条第1款（第2句）	建设单位、施工单位	过错推定	不符合相当性	否	否	是
		第1253条（第2句）	所有人、管理人或者使用人	过错推定	不符合相当性	否	否	是

一、归责原则

一般而言，在民事权益保护和行为自由维护的内部衡量中，过错责任原则更倾向于行为自由维护，而特殊归责原则，包括过错推定原则和无过错责任原则，更倾向于民事权益保护。归责原则虽然在我国侵权法上处于十分重要的基础性地位，但是，归责原则不能单独解释侵权法上的多元责任形态立法现象。

（一）过错责任原则倾向于行为自由维护

起源于近代法国民法的过错责任，摆脱了结果责任的窠臼，强调对行为自由的维护；即使是与后发展出来的过错推定责任和无过错责任相比，也更加倾向于维护行为人的行为自由。我国民法学界通说认为，过错责任原则是侵权法"一个高度抽象的条款，在法律没有特别列举性规定的情况下，依据一般条款可以确定行为人是否应当承担侵权责任（主要是赔偿责任）"①。因此，我国侵权法关于过错责任原则的一般规定，是有关侵权责任的一个统率性规定，不仅是侵权法总则、分则逻辑展开的基础性规定，同时在侵权法学理论的责任构成论中，过错责任原则也决定了主观过错要件在不同类型侵权行为中的具体要求。

《民法典》侵权责任编第 1165 条第 1 款规定，"行为人因过错侵害他人民事权益造成损害的，应当承担侵权责任"。从文义解释看，一是要注意行为人与责任人的区分，"行为人"在实施侵权行为后，除行为主体与责任主体相分离的个别情况外，可能要承担侵权责任而变成"责任人"。二是要注意侵权行为与违法行为的区分，绝大多数侵权行为一般都属于违法行为或者违反法定的作为义务，民法学界通说则认为，如果采用责任构成的四要件说，则本条规定并不包含行为的"违法性"判断。三是要注意民事权益被侵害与损害的区分，我国侵权法在责任构成中要求损害结果的实际发生，而且核心是对被侵权人的损害进行赔偿。

（二）特殊归责原则倾向于民事权益保护

伴随着社会化大生产发展起来的过错推定责任和无过错责任原则，则表现为对过错责任原则"绝对化"在特定情况下的矫正。"无论是过错推定责任还是严格责任，都在一定程度上加重了行为人的责任。在保护行为自由与保护公民

---

① 张新宝. 侵权责任一般条款的理解与适用 [J]. 法律适用，2012（10）：28.

人身财产权益这两个利益之间，特殊的归责原则向受害人的保护方面作出了倾斜。"①

《民法典》侵权责任编从第三章责任主体的特殊规定开始，以特殊归责原则和特殊责任主体为主线，建构了我国侵权法分则体系的逻辑线索。适用过错推定责任和无过错责任原则的侵权行为类型须"依照法律规定"，民法通说认为，适用过错推定责任的有三类情形：一是《民法典》侵权责任编第 1199 条，学校等教育机构对无民事行为能力人承担的侵权责任；二是第 1248 条，动物园对其动物造成他人损害承担的侵权责任；三是《民法典》侵权责任编第 10 章关于建筑物和物件损害责任的大部分规定。适用无过错责任的有五类情形：一是《民法典》侵权责任编第四章规定的缺陷产品责任；二是第五章机动车交通事故责任虽然适用多元归责原则，但机动车一方造成行人或者非机动车损害的适用无过错责任；三是第七章环境污染和生态破坏责任；四是第八章高度危险责任，包括高度危险作业致人损害和高度危险物致人损害；五是第九章饲养动物损害责任，但是不包括适用过错推定的第 1248 条。在特殊侵权类型中，第六章医疗损害责任适用过错责任原则。②

二、构成要件——以相当因果关系为重点

一般而言，在民事权益保护和行为自由维护的内部衡量中，相当因果关系的判断标准更倾向于行为自由维护，而特殊因果关系类型，例如，推定因果关系，或者在不符合条件关系或相当性要求的因果关系中，仍要求相关主体承担补充责任或不真正连带责任甚至先付责任，则更倾向于民事权益保护。责任构成要件中的因果关系类型，不仅直接影响着一般多数人侵权类型的划分，而且间接影响着数名侵权人之间"内部"责任的分担，尽管如此，因果关系类型也不足以单独解释侵权法上的多元责任形态立法现象。

---

① 王利明. 论我国侵权责任法分则的体系及其完善 [J]. 清华法学, 2016 (1)：115.
② 张新宝. 侵权责任一般条款的理解与适用 [J]. 法律适用, 2012 (10)：31-32；张新宝. 侵权责任的解释 [J]. 天津滨海法学, 2011, 2：318-319.

（一）相当因果关系倾向于行为自由维护

民法学理论的通说认为，相当因果关系是由"条件关系"和"相当性"两个阶段构成，条件关系适用必要条件的"若非—则不"判断标准，相当性适用直接原因或者可预见性判断标准。换言之，条件关系的判断标准通常为"若无此侵权，则通常不会导致损害"，相当性的判断标准通常为"若有此侵权，通常会导致损害"，只有在满足第一阶段条件关系基础上，才会进行第二阶段相当性的判断，若其中某一阶段的判断为否，则应截断侵权行为与损害结果之间的因果关系。

王泽鉴教授指出："关于'相当性'的认定，各国判例学说所采的判断基准宽严不同，但具有一项共识，即相当因果关系不仅是一个技术性的因果关系，更是一种法律政策的工具，乃侵权行为损害赔偿责任归属之法的价值判断。"① 需要说明的是，前述相当因果关系理论在单独侵权行为中得以有效适用，但是，多数人侵权行为责任成立的因果关系判断有其特殊性。例如，《民法典》侵权责任编第1171条竞合因果关系的分别侵权行为，由于"每个人的侵权行为都足以造成全部损害"，如果单独分析其中一个侵权行为，则不满足条件关系判断。

相当因果关系理论，对于判断侵权行为人是否承担侵权责任（确定责任成立）以及在责任分担中承担多大份额的侵权责任（确定责任范围）都具有重要作用。同时，该理论的关键之处在于合理截断因果关系，避免行为人动辄得咎，从这个意义上说，相当因果关系倾向于行为自由维护。例如，《民法典》侵权责任编第1175条规定，因第三人造成他人损害，由第三人承担侵权责任，即直接侵权人免责。一般认为，该条是对免责事由的规定，一般作为被告侵权人的法定抗辩事由，但是如果从相当因果关系理论来看，第三人行为既符合条件关系，又符合相当性判断，因此应当归责；侵权人的行为不符合相当因果关系任何一个阶段的判断，因此不应当归责。该条规定从利益衡量论视角观察，也可以理解为对直接侵权人的行为自由维护。

---

① 王泽鉴. 侵权行为（第三版）[M]. 北京：北京大学出版社，2016：246.

（二）推定因果关系倾向于民事权益保护

推定因果关系，"是指法律基于一定的基础事实推定行为与损害之间存在因果关系，而将不存在因果关系的举证责任转移给行为人，如果行为人不能推翻这一推定，就可能承担侵权责任"①。推定因果关系具有法定性，仅适用于法律有明确规定的具体情形：一是《民法典》侵权责任编第 1170 条规定的共同危险行为，由实施危险行为的人就其行为与损害结果之间不存在因果关系承担举证责任；二是《民法典》侵权责任编第七章规定的环境污染和生态破坏责任，由加害人就法律规定的免责事由及其行为与损害结果之间不存在因果关系承担举证责任。需要说明的是，对于《民法典》侵权责任编第六章规定的医疗损害责任是否属于过错推定的情形，理论界和司法实践有不同的观点。

虽然推定因果关系仅是证明责任分配的技术性规则，是在受害人遇到因果关系的证明障碍时采取的程序性措施，但是，推定因果关系将因果关系这一责任构成要件的举证责任，分配给共同危险行为人或者环境污染和生态破坏的直接侵权人，法谚有云"证明责任之所在，败诉之所在也"，因此，推定因果关系加重了侵权行为人的证明责任，倾向于被侵权人民事权益保护。申言之，我国侵权法对责任构成要件的特殊规定，往往表现出对原告民事权益保护的立法倾向。例如，《民法典》侵权责任编第 1195 条第 2 款关于网络侵权责任的规定②，其中网络服务提供者的责任构成要件较为特殊，其责任形态则为较重的连带责任，换言之，网络服务提供者未履行法定义务的责任形态为连带责任。但是，对比第 1198 条第 2 款规定，未尽到安全保障义务人的责任形态却为补充责任，两者责任形态上的差别十分明显，虽然经营者、管理者或者组织者的消极不作为并不符合条件关系判断，但是其承担责任的基础都是未履行法定义务。

在数名侵权行为人（或称责任人、赔偿义务人）"内部关系"的研究中，既往研究仍是按照"构成论"的路径依赖，主要以数个侵权行为相互结合的不同情形，作为多数人侵权类型化的研究进路，而在数个侵权行为相互结合的不同类型背后，实质上是对因果关系要件的理解和判断。这也是为什么多数学者，

---

① 王利明．侵权责任法研究（第二版）（上卷）［M］．北京：中国人民大学出版社，2016：253.

② 该款规定，网络服务提供者接到权利人的通知后，应当及时转送该通知并采取必要措施，如果未及时采取必要措施，要对损害的扩大部分与网络用户承担连带责任。

特别是一些欧洲学者主要运用因果关系理论，解释多数人侵权的类型及其与连带责任之间的关系。因果关系要件，既是多数人侵权责任构成的归责要件，又是对多数人侵权展开类型化研究的重要依据，是帮助我们理解多数人侵权类型化的一个重要的法律技术工具。侵权法中的因果关系理论，有助于我们分析、区别不同类型多数人侵权的责任构成；原因力理论中，"根据过失大小或者原因力比例各自承担侵权责任"的规则，是对多数人侵权责任分担规则的原则性规定。但是，应该看到，因果关系理论和原因力理论，均不能单独解释我国侵权法上多元责任形态的立法现象。

三、免责事由

一般而言，在民事权益保护和行为自由维护的内部衡量中，一般免责事由作为被告的抗辩事由，更倾向于行为自由维护，而特殊免责事由，即侵权法分则规定的具体减免责事由往往表现为对不承担侵权责任的限制，更倾向于民事权益保护。免责事由在侵权法总则部分的一般规定和在特殊侵权中的具体规定，虽然对数名侵权行为人承担侵权责任的有无和大小有影响，但是也不能单独解释侵权法上的多元责任形态立法现象。

（一）一般免责事由倾向于行为自由维护

通说认为，免责事由与责任构成论有密切联系，作为责任承担的消极要件"反向"影响着侵权责任的成立。免责事由通常是指在符合责任构成要件的前提条件下，又具备了法定的免责事由，从而导致侵权责任被免除。如果按照德国民法的"三阶层"构成论，免责事由属于其"有责性"要件的理论范畴。而在我国民法上，需要进一步区分免责事由与责任不成立事由，"需要指出，免责事由与责任不成立的事由是可以分开的。所谓责任的不成立，是指不符合责任的构成要件"①。法定免责事由通常是由侵权法明确规定的，例如，《民法典》侵权责任编第1174条至第1176条分别规定了受害人故意、第三人原因和自甘风险等免责事由，总则编第180条至第182条还规定了不可抗力、正当防卫和紧急避险等免责事由。

---

① 王利明. 侵权责任法研究（第二版）（上卷）[M]. 北京：中国人民大学出版社，2016：418.

在诉讼法上，一般免责事由往往表现为被告人的抗辩事由，与侵权责任构成要件共同决定侵权责任承担与否，因此，从利益衡量论来看，尽管免责事由的证明责任被分配给被告一方，但是免责事由的制度性规定总体上倾向于行为自由维护。

（二）特殊减免责事由倾向于民事权益保护

《民法典》侵权责任编规定的一般免责事由主要适用于过错责任原则，这主要是由于在特殊侵权中对于免责事由往往做出了例外规定。例如，《民法典》侵权责任编第 1237 条规定，民用核设施发生核事故侵权，其免责事由为战争、武装冲突、暴乱或者受害人故意；第 1239 条规定，高度危险物侵权，其免责事由为受害人故意或者不可抗力。换言之，对特殊免责事由的例外规定，排除了一般免责事由的适用。"法律上的免责事由往往是立法者出于特殊的政策考虑而作出的规定，如果不对免责事由作出明确规定，就难以体现此种立法政策的考量。"[①] 前述特殊侵权中的特殊减免责事由，通常做出不利于数名侵权责任人一方的规定，因此总体上表现为倾向于民事权益保护。

四、特殊责任主体与特殊侵权类型

一般而言，在民事权益保护和行为自由维护的内部衡量中，特殊责任主体和特殊侵权类型的具体列举更倾向于对被侵权人的民事权益保护，而没有特别规定的一般侵权类型更倾向于行为自由维护。因此，特殊责任主体和特殊侵权类型的具体列举也成为影响责任形态配置的重要衡量因素。

（一）特殊责任主体的列举倾向于民事权益保护

《民法典》侵权责任编第三章共用了 14 个条文，分别规定了监护人对被监护人侵权的替代责任，用人者对被使用人侵权的替代责任，网络服务提供者对网络用户侵权的作为义务和连带责任，安全保障义务人的作为义务和补充责任，以及学校等教育机构对无民事行为能力人和限制行为能力人遭受人身损害的不同归责原则和第三人侵权的补充责任。有观点认为，"为了更好地救济受害人、防范风险，侵权法在责任主体方面还做出了一些特殊规定。这尤其表现在转承

---

① 王利明. 论我国侵权责任法分则的体系及其完善 [J]. 清华法学，2016（1）：118-119.

责任、责任主体的多元化等趋势，从而导致了行为主体与责任主体相分离的情形"①。正是基于这样的立法目的，在责任主体的特殊规定中，有的表现为将侵权责任"转承"到责任能力更强的监护人、用人者，有的表现为对作为义务违反将导致"严厉"的连带责任后果，有的表现为增加安全保障义务人和教育管理责任人作为承担部分侵权责任的主体。概言之，我国侵权法对于特殊责任主体的具体列举，体现出对被侵权人的民事权益保护倾向。

（二）特殊侵权类型的列举倾向于民事权益保护

除对于特殊责任主体的具体列举外，我国侵权法对于特殊侵权类型化的主线就是归责原则的特殊性，申言之，"特殊侵权在构成要件、免责事由、责任承担等方面的特殊性，也是由归责原则的特殊性所决定的"②。较之于过错责任原则，特殊侵权类型的列举对象主要为适用无过错责任和过错推定的类型，这在相当程度上加重了行为人的责任承担，因此表现为对被侵权人的民事权益维护。有观点认为，我国侵权法"对特殊侵权责任的列举是成功的，所规定的内容也是非常丰富的，但该法也受到了列举不充分或列举过度的质疑和批评"③。尽管对特殊侵权类型的列举并非完全列举，例如，没有列举专家责任，而医疗损害责任适用过错责任原则，但为了防止不当限制人们的行为自由，侵权法通过具体列举的方式对特殊侵权类型予以限制，而不能由行政法规、部门规章或者司法解释加以扩张。

第三节　影响责任形态的政策价值因素

从侵权法的政策考量和价值判断角度看，影响特殊多数人侵权类型化以及责任形态配置的因素主要包括：受偿不能风险分配、顺位利益有无、证明责任分配、追偿权行使和最终责任承担等五个因素。这些政策价值因素，有的直接反映立法者的保护倾向，如以责任形态表现出的受偿不能风险分配、顺位利益有无，有的虽不属于侵权法的实体规范，但是"在我国，证明责任规范超脱于

① 王利明．论我国侵权责任法分则的体系及其完善 [J]．清华法学，2016（1）：118-119.
② 王利明．论我国侵权责任法分则的体系及其完善 [J]．清华法学，2016（1）：115.
③ 王利明．论我国侵权责任法分则的体系及其完善 [J]．清华法学，2016（1）：123.

实体法功能性规范之外，处于实体法和程序法交错的场域，以特殊的存在形态发挥指示证明责任分配方式的功能"①。当然，从程序法的视角观察，本书赞同难以对数人侵权的共同诉讼种类做一概式判断，而应根据原告提出的主张的内容、欲证明的因果关系、诉讼标的等多方面综合考虑②的观点。

一是在自己责任中，以第1175条规定的第三人承担自己责任为例：受偿不能风险被分配给被侵权人；直接侵权人即被告因其具有法定免责事由，在民事诉讼中表现为抗辩事由；因直接侵权人无须承担最终责任，其不涉及顺位利益和追偿权问题；抗辩事由的证明责任被分配给直接侵权人。

二是在补充责任中，以第1198条第2款规定的第三人侵权导致安保义务人承担补充责任为例：由于第三人是直接侵权责任人，同时增加了安保义务人作为补充责任人，受偿不能风险被分配给第三人和安保义务人；安保义务人的补充责任性质，使其享有顺位利益；尽管增加补充责任人，此时的证明责任仍由被侵权人负担；《民法典》侵权责任编此次明确补充责任人享有追偿权，因此最终责任由第三人承担。

三是在不真正连带责任中，以第1233条规定的因第三人过错污染环境、破坏生态为例：第三人过错并不使直接侵权人免责，受偿不能风险被分配给第三人和直接侵权人；直接侵权人作为责任人之一，虽然不享有顺位利益，但是其赔偿后有权向第三人追偿；虽然适用严格责任原则，免除被侵权人对第三人和直接侵权人主观过错要件的证明责任，同时，因果关系推定的适用也免除被侵权人对因果关系要件的证明责任，但是被侵权人仍要对侵权行为、损害结果等要件承担证明责任；最终责任由真正责任人即第三人承担。

四是在先付责任中，以第1204条规定的第三人过错使产品存在缺陷的侵权责任为例：在缺陷产品的侵权责任中，依据第1203条的规定，受偿不能风险已经被分配给产品的生产者、销售者，本条进一步明确第三人作为责任主体和追偿权的行使对象；在缺陷产品诉讼中，考虑到被侵权人的证明能力，不要求其能够证明全部责任人，第三人因此获得"顺位利益"，而且这种顺位利益不仅表现在赔偿的先后顺序上，也体现在诉讼程序上，有学者将其表述为索赔僵局，

---

① 刘鹏飞. 证明责任规范的功能性审视：以归责原则为重心 [J]. 政法论坛, 2019 (3)：102.

② 罗恬漩. 数人侵权的共同诉讼问题研究 [J]. 中外法学, 2017 (5)：1266.

"对先付责任的规则没有规定被侵权人可以直接向最终责任人索赔,因此存在中间责任人无法承担赔偿责任后,被侵权人又不能向最终责任人索赔的僵局"①;产品的生产者、销售者赔偿后有权向第三人追偿,在追偿权诉讼中,生产者、销售者要承担证明责任,因此,在缺陷产品诉讼中不要求被侵权人承担证明全部责任人的证明责任,在追偿权诉讼中转移给证明能力可能更强的生产者、销售者。

对前述分析的简要小结,详见表4-3影响特殊多数人侵权责任形态的政策价值因素。需要说明的是:

一是选定"观察对象",为保持论述的一致性,该表的观察对象与前文保持一致。

二是受偿不能风险和证明责任分配两个衡量因素,主要是从数名侵权人一方与被侵权人一方的"双边关系"视角进行考察,而顺位利益有无、追偿权有无两个衡量因素,主要是从数名侵权人之间的"内部关系"视角进行考察。

三是最终责任承担,例如,在补充责任形态中,以补充责任人为观察对象,是指尽管其因第二顺位承担责任,但顺利行使追偿权后,最终责任仍由第三人承担的情况。基于同样的判断顺序,在先付责任形态中,尽管先付责任人没有顺位利益,而且要先承担损害赔偿责任,但顺利行使追偿权后,最终责任也由第三人承担。虽然结果相同,但承担责任的顺序不同,也可能导致无法顺利行使追偿权的问题发生,因此,对先付责任人而言,与补充责任人相比,其不能行使追偿权的可能性会极大增加。

---

① 杨立新.多数人侵权行为与责任[M].北京:法律出版社,2017:21.

表4-3 影响特殊多数人侵权责任形态的政策价值因素

多数人侵权责任类型	责任形态	条文序号	观察对象（第三人以外）	受偿不能风险	证明责任	顺位利益	追偿权	最终责任承担
第三人原因引起的多数人侵权责任	自己责任	第1175条	侵权人	被侵权人	侵权人证明免责事由	不涉及	不涉及	第三人
	自己责任	第1252条第2款	所有人、管理人、使用人	被侵权人	所有人、管理人、使用人证明免责事由	不涉及	不涉及	第三人
	补充责任	第1198条第2款	经营者、管理者或者组织者	第三人、安保义务人	安保义务人证明尽到安全保障义务	有（且第二顺位）	有	第三人
	补充责任	第1201条	幼儿园、学校或者其他教育机构	第三人、教育机构	教育机构证明尽到管理职责	有（且第二顺位）	有	第三人
	不真正连带责任	第1192条第2款	接受劳务一方	第三人、接受劳务方	接受劳务方证明第三人行为造成	无	有	第三人
	不真正连带责任	第1233条	侵权人	第三人、侵权人	侵权人证明第三人过错	无	有	第三人
	不真正连带责任	第1250条	饲养人或者管理人	第三人、饲养人或管理人	饲养人或者管理人证明第三人过错	无	有	第三人
	先付责任	第1204条	生产者、销售者	生产者、销售者+第三人	生产者、销售者证明第三人过错	无（且先承担）	有	第三人
	先付责任	第1252条第1款（第2句）	建设单位、施工单位	建设单位、施工单位+其他责任人	建设单位、施工单位证明有其他责任人	无（且先承担）	有	其他责任人
	先付责任	第1253条（第2句）	所有人、管理人或者使用人	所有人、管理人或者使用者+其他责任人	所有人、管理人或使用人证明有其他责任人	无（且先承担）	有	其他责任人

在利益衡量论看来，"侵权责任法是平衡的艺术，如何在受害人权益保护与行为人行为自由的维护之间取得平衡，是实现侵权责任法正义性的关键"①。而我国侵权法的多元责任形态立法现象，"这就是立法——绝对不是解一道算术题——各种利益、学术观点乃至政治诉求冲突、协调的产物"②。尽管如此，立法者在决定适用连带责任、不真正连带责任或者补充责任时，仍要依据特定方法和程序，表达并权衡相关影响因素，进而决定责任形态的配置。

需要说明的是，现代法律制度尽量避免做出标准模糊不清的道德判断，而是将道德判断转化为可比较、相对直观的各类民事权益之间的冲突，进而在不同民事权益之间进行比较和取舍。但是，这种"法律化"的转化和判断仍不可避免地包含着政策倾向和价值取向上的判断。从这个意义上说，前文提出的5个政策价值影响因素，也应是将政策倾向和价值取向因素"法律化"之后的影响因素。一方面，受偿不能风险和证明责任的分配，是以被告一方即数名侵权责任人和原告即被侵权人的"双边"角度进行观察，换言之，将数名侵权责任人作为一个整体，属于外部视角或称"外部分配"。另一方面，顺位利益、追偿权有无和最终责任承担，对数名侵权责任人一方来说，则属于内部视角或称"内部分配"。

一、受偿不能风险

王竹教授使用"风险责任"的概念，作为与"最终责任"相对应的概念。"将超过最终责任而实质上是承担了受偿不能风险的责任部分，称为风险责任"，以指称连带责任人承担的超过最终责任部分的赔偿责任、非最终责任人的不真正连带责任人承担的赔偿责任和补充责任人承担责任的性质。③ 本书认为，从多数人侵权责任分担的视角看，"风险责任"有其特定含义和指称的对象，但是风险责任在多元责任形态中可以通过顺位利益和追偿权的具体规则而转化为最终责任。

---

① 张新宝. 民法分则侵权责任编立法研究 [J]. 中国法学，2017（3）：70.
② 张新宝. 侵权责任法学：从立法论向解释论的转变 [J]. 中国人民大学学报，2010（4）：1.
③ 王竹. 侵权责任分担论：侵权损害赔偿责任数人分担的一般理论 [M]. 北京：中国人民大学出版社，2009：99.

本书使用"受偿不能风险"的概念，在民法传统上又被称为"求偿风险"或"求偿不能的风险"，以描述原告因民事权利被侵害而行使损害赔偿请求权，在恢复受侵害权益、回复到圆满状态过程中，可能面临的求偿不能或赔偿不完全的危险。有观点认为，这一风险从广义上讲包括不行使请求权的风险、举证不能的风险、错判的风险和侵权人赔偿不能的风险等。① 受偿不能风险在原告和数名侵权责任人之间的分配，需要立法者在确定特定类型的责任形态时予以政策考量。简言之，受偿不能风险是原告不能得到应有赔偿的风险。一般而言，在民事权益保护和行为自由维护的内部衡量中，将受偿不能风险分配给原告一方时，倾向于对行为自由维护；反之，将受偿不能风险分配给被告一方时，则倾向于民事权益保护。

（一）分配给原告时倾向于行为自由维护

侵权法以自己责任为原则，以替代责任为例外，行为人原则上对自己的侵权行为给他人造成的损害承担侵权责任。"要求任何人对自己的行为负责，这既有利于惩罚有过错的行为人，又能维护人们的行为自由。"② 在多数人侵权责任中，按份责任是自己责任原则的典型体现，虽然有数名侵权责任人，但是每一个侵权人均按照自己的过错大小和原因力比例承担一定份额的侵权责任，在无法确定责任大小时则应平均承担。按份责任作为多数人侵权责任的原则性规定和基本责任形态具有正当性和合理性。

例如，《民法典》侵权责任编第 1172 条规定，数人分别实施侵权行为造成同一损害时，各自承担相应的责任，在难以确定责任大小时则平均承担。可见，按份责任在一般多数人侵权中作为一种独立、基本的责任形态而存在。在民事诉讼中，按份责任还意味着被侵权人作为原告须自己面对数名侵权责任人，一并或逐一向数名被告主张自己的权利并负担对全部责任构成要件的证明责任；数名侵权责任人在面对一个"整体"的侵权责任时，个人只承担其中的"部分"责任。当个别侵权人逃逸或者无力承担民事责任时，原告则可能面临无法得到赔偿或者不能完全赔偿的情况。

---

① 李培进，陶衡 . 论侵害之债的求偿风险 [J]. 政法论丛，1997（6）：23.
② 王利明 . 侵权责任法研究（第二版）（上卷）[M]. 北京：中国人民大学出版社，2016：36.

（二）分配给被告一方时倾向于民事权益保护

不同的责任形态对受偿不能风险的分配是不同的。例如，在连带责任、先付责任和不真正连带责任中，由于数名侵权人承担某种"连带关系"的责任，对被侵权人而言，受偿不能风险则大大降低。而在相应责任和补充责任中，在明确侵权责任人的基础上，还增加了过错责任人或者未履行法定作为义务的责任人等责任主体，也能够降低被侵权人不能及时、足额获得赔偿的风险。申言之，除按份责任外，其他多元责任形态的规定总体上倾向于降低被侵权人的受偿不能风险，尽管不同责任形态降低这种受偿不能风险的"力度"有差别。

二、证明责任

一般而言，在民事权益保护和行为自由维护的内部衡量中，将证明责任完全或主要分配给原告一方，实行"谁主张、谁举证"的证明规则时，更倾向于行为自由维护，而将证明责任部分或主要分配给数名侵权责任人一方时，特别是实行"举证责任倒置"时，更倾向于民事权益保护。对于证明责任分配的研究，虽然主要是在民事诉讼法学领域，但是在一般多数人侵权（如共同危险行为）和特殊侵权中存在大量举证责任倒置的规则，因此，"程序负担是侵权责任分担论除了最终责任和风险责任之外的第三个分配对象"①。从责任形态论来看，证明责任的分配也成为多元责任形态立法的影响因素之一。

（一）分配给原告时倾向于行为自由维护

关于证明责任的理论演进，我国民事诉讼法学界一般认为，其经历了从程序法上的"谁主张、谁举证"到实体法上的"依法分配证明责任"的转变。例如，2021 年 12 月修正的《民事诉讼法》（已被修改）第 67 条第 1 款规定，当事人对自己提出的主张有责任提供证据。而更早时，2020 年 12 月，最高人民法院发布的《关于适用〈中华人民共和国民事诉讼法〉的解释》第九十一条规定，还确定了承担举证证明责任的两个原则。②"证明责任分配作为法律适用与裁判方法问题得以澄清之后，其在不同案件类型中的分配自然应被视为实体法问

---

① 王竹，杨立新.侵权责任分担论 [J].法学家，2009（5）：154.
② 依据该条规定，一是主张法律关系存在的当事人，应当对产生该法律关系的基本事实承担举证证明责任；二是主张法律关系变更、消灭或者权利受到妨害的当事人，应当对该法律关系变更、消灭或者权利受到妨害的基本事实承担举证证明责任。

题"，"因为证明责任分配问题总是与实体法的目的宗旨与价值取向密切相关，在实体法视野下，证明责任无须作为一个专门论题予以研究，而是宜作为实体法解释与适用问题中的一个方面"①。换言之，证明责任的分配要结合实体法条文的具体规定。

具体到多数人侵权责任，如果按照原告证明责任构成要件、被告证明减免责事由的证明责任分配规则，那么在实行因果关系推定的共同危险行为和污染环境、破坏生态侵权中，没有因果关系的构成要件需要由被告一方承担证明责任；同样的原因，在过错推定原则适用的情形中，没有过错的构成要件也由被告一方承担证明责任。因此，在按份责任形态中，由于不存在因果关系推定和过错推定适用的空间，证明责任被分配给原告一方。这种由原告承担证明责任和败诉风险的一般多数人侵权中的连带责任和按份责任，则意味着倾向于被告一方行为自由维护。

（二）分配给被告一方时倾向于民事权益保护

然而在补充责任和不真正连带责任中，被告一方要免除自己的侵权责任则须负担一定的举证责任。例如，《民法典》侵权责任编第 1201 条的补充责任规定中，对于无民事行为能力人或者限制民事行为能力人在教育机构受到第三人的人身损害，一方面规定由第三人承担侵权责任，另一方面规定教育机构要免除自己的补充责任，则需证明已经尽到管理职责。又如第 1192 条第 2 款的不真正连带责任规定中，虽然提供劳务一方既可以请求第三人承担侵权责任，也可以请求接受劳务一方给予补偿，但是接受劳务方在向第三人的追偿权诉讼中，则须承担损害是由第三人行为造成的证明责任。申言之，在行使追偿权的诉讼中，追偿权人也要负担一定的证明责任，而此时的责任形态均为补充责任、不真正连带责任或者先付责任等特殊责任形态。

三、顺位利益和追偿权

需要说明的是，在第三人原因引起的多数人侵权责任中，由于"最终责任"均由第三人或者"其他责任人"承担，因此在分析"顺位利益"和"追偿权"

---

① 胡学军.四十不惑：我国证明责任理论与规范的协同演进史综述 [J].河北法学，2022（4）：92.

有无时，首先要明确观察对象为第三人之外的其他责任人。一般而言，在民事权益保护和行为自由维护的内部衡量中，当相关责任人有顺位利益和追偿权时，更倾向于行为自由维护，而没有顺位利益和追偿权时，更倾向于民事权益保护。虽然顺位利益和追偿权主要是数名侵权责任人之间内部的责任承担和责任分担规则，但顺位利益和追偿权的有无体现出立法者的政策价值考量倾向，因而是影响责任形态配置的重要因素。

（一）有顺位利益时倾向于行为自由维护

例如，在补充责任形态中，以《民法典》侵权责任编第 1198 条第 2 款为例，一方面损害是因第三人的行为造成的，第三人承担责任；另一方面，即使安全保障义务人不能证明自己尽到安全保障义务，其承担"相应的""补充"责任表明，经营者、管理者或者组织者的赔偿责任仅是部分责任、第二顺位责任。对安全保障义务人而言，第二顺位的补充责任意味着其享有赔偿顺位上的利益，即在立法的政策考量上倾向于行为自由维护，虽然在补充责任形态中，安全保障义务人被"增加"到责任人的行列之中。

（二）无顺位利益时倾向于民事权益保护

比较而言，在不真正连带责任和先付责任形态中，由于相关责任人没有损害赔偿上的顺位利益，因而在责任形态配置的立法考量上，倾向于被告民事权益保护。例如，《民法典》侵权责任编第 1233 条的不真正连带责任规定，因第三人的过错污染环境、破坏生态，侵权人和第三人承担不真正连带责任，换言之，直接侵权人和第三人以相同的顺位"并列"面对原告的诉讼请求。而第1204 条先付责任规定，产品缺陷因运输者、仓储者等第三人过错造成，产品的生产者、销售者要先赔偿，然后才能向该第三人追偿，也就是说生产者、销售者不仅没有赔偿上的顺位利益，而且要"在先"承担赔偿责任，以实现对原告的及时充分赔偿。"原因就在于政策考量，因为第三人是隐藏在产品责任法律关系背后的，消费者不易证明。为了保护消费者的权益，且产品责任是无过错责任，就规定生产者、销售者先承担赔偿责任。"[1]

---

[1] 杨立新. 侵权责任追偿权的"背锅"理论及法律关系展开：对《民法典》规定的侵权责任追偿权规则的整理 [J]. 求是学刊，2021（1）：127.

（三）有追偿权时倾向于民事权益保护

杨立新教授系统梳理了我国《民法典》中的追偿权规则，并认为侵权法上的追偿权存在于连带责任、替代责任、典型的不真正连带责任、先付责任、补充责任以及附条件的不真正连带责任等多元责任形态之中。"事实上，侵权责任追偿权的法理基础，通俗地表述就是'背锅'理论，即在多数人侵权责任中，责任人为行为人造成的损害'背锅'；既然是责任人为行为人造成的损害'背锅'，就应当有统一的'甩锅'的规则，这就是追偿权的原理。"[①] 虽然严格来讲，追偿权制度及其规则属于数名侵权责任之间"内部"的责任分担规则，但是，行使追偿权的前提条件，或者是承担的"风险责任"超过了自己的责任份额，或者是承担了"中间责任"后需要向最终责任人追偿。从这个意义上说，有利于被侵权人及时、足额获得赔偿，在责任形态配置的立法衡量中倾向于民事权益保护。

四、最终责任

王竹教授认为，最终责任分担理论与侵权责任构成理论直接对应，因其体现责任自负原则，其分担标准是"以原因力比例为主、可责难性比例为辅"，而受偿不能风险分担的标准是"以可责难性比例为主、原因力比例为辅"。[②] 一般而言，在民事权益保护和行为自由维护的内部衡量中，如果以其他相关责任人为观察对象，明确的最终责任人有利于"中间责任人"行使追偿权以维护自身的合法权益，因此更倾向于民事权益保护。另外，按照自己责任原则，中间责任人承担的赔偿责任，有的确实属于自己的最终责任，而有的则是基于法律规定在先承担了最终责任人的责任，有利于被侵权人及时获得赔偿，倾向于民事权益保护。

最终责任人的数量也是利益衡量过程中的重要影响因素之一。例如，在不真正连带责任中，尽管权利人有权选择诉讼对象，但是根据不真正连带责任的效力规则，权利人只能选择数名不真正连带责任人中的一名作为诉讼对象，这

[①] 杨立新. 侵权责任追偿权的"背锅"理论及法律关系展开：对《民法典》规定的侵权责任追偿权规则的整理 [J]. 求是学刊, 2021 (1): 125.

[②] 王竹. 论数人侵权责任分担中最终责任份额的确定方式 [J]. 法商研究, 2010 (6): 20.

在程序法上便形成了事实上的单独之诉。同样的原因，先付责任也有同样的特点，其他责任人在"顺位"上是隐藏在先付责任人背后的责任人，因此在程序法上没有规定允许权利人直接起诉其他责任人，也形成了事实上的单独之诉。但是，其他责任形态则与此不同，无论是连带责任、相应责任还是补充责任，在程序法上一般会形成必要的共同之诉。

第四节　责任形态配置的利益衡量过程

我国多数人侵权的多元责任形态，包括一般多数人侵权的连带责任和按份责任，还包括特殊多数人侵权中的连带责任、先付责任、不真正连带责任、相应责任、补充责任等类型。在特殊多数人侵权责任形态的立法过程中，立法者运用侵权法的特殊归责原则、特殊责任构成要件、特殊免责事由、特殊责任主体以及特殊侵权类型具体列举等法律技术手段，结合多元责任形态在受偿不能风险分配、顺位利益有无、证明责任分配、追偿权行使和最终责任承担等政策考量和价值判断中的作用，对不同类型的特殊多数人侵权分别配置了多元责任形态，以实现民事权益保护与行为自由维护、个人权益保护与社会公益维护、特殊利益保护与行业利益维护之间的均衡，进而在立法层面建构起我国特有的多数人侵权"责任构成—责任形态—责任分担"相区分、相适应的完整责任体系，以指导司法实践。

第三人原因作为一般免责事由，由第三人承担自己责任。在我国侵权法分则，第三人原因作为特殊免责事由，却分别导致不同责任主体承担不同的责任形态，例如：（1）安全保障义务人、教育机构承担补充责任；（2）污染环境、破坏生态侵权或者动物侵权中，直接侵权人或者动物饲养人、管理人承担不真正连带责任；（3）缺陷产品侵权或者建筑物、物件侵权中，导致产品生产者、销售者或者建设单位、施工单位或者物件所有人、管理人、使用人承担先付责任。因此，我国侵权法关于第三人原因的具体规定，从多元责任形态的角度观察，"应然"意义上的第三人原因导致第三人承担自己责任，而"实然"责任形态的具体规定则表现为补充责任、不真正连带责任和先付责任的具体差异。

从利益衡量的过程分析，我国多数人侵权的责任形态配置，特别是特殊多数人侵权多元责任形态的具体规定，是立法者综合考量法律技术衡量因素和政策价值衡量因素的结果，换言之，按照条文规范的情形不同，逐一考量可能影响其责任形态配置的法律技术因素、政策价值因素，进而形成我国多元责任形态的独特立法现象。总体上，我国特殊多数人侵权的责任形态配置，表现出增加可能的责任主体、"加重"考量其责任形态的立法倾向，这在《消费者权益保护法》《食品安全法》等商经部门法中表现得尤为明显。①

对前述分析的简要小结，详见表4-4利益衡量论对多元责任形态的体系解释。需要说明的是：

一是表中的 M（Multiple-Tortfeasors）代表数名侵权人一方，V（Victims）代表被侵权人一方。标注为 M、V 的，表示利益衡量的倾向性。

二是在归责原则衡量因素中，V1 为过错推定责任，V2 为无过错责任；在因果关系衡量因素中，V1 为不符合条件说，V2 为不符合相当性；在顺位利益衡量因素中，V1 为第二顺位，V2 为无顺位利益，V3 为优先顺位。在每一"列"中，这种区别仅代表不同责任形态在该衡量因素上的具体差别，仅在各自"列"的比较中有意义，用以表明该影响因素在利益衡量上的倾向程度有所不同。

---

① 李永. 网络交易平台提供者侵权责任规则的反思与重构 [J]. 中国政法大学学报，2018（3）：140-141.

表4-4　利益衡量论对多元责任形态的体系解释

多数人侵权责任类型	责任形态	条文序号	观察对象（第三人以外）	归责原则	构成要件（因果关系）	免责事由	特殊责任主体	特殊侵权类型	受偿不能风险	证明责任	顺位利益	追偿权	最终责任	衡量过程
	自己责任	第1175条	侵权人	M	M	M	M	—	M	M	—	—	V	=
第三人原因引起的多数人侵权责任	补充责任	第1252条第2款	所有人、管理人、使用人	V1	M	M	—	V	M	M	—	—	V	=
	补充责任	第1198条第2款	经营者、管理者或者组织者	M	V1	V	V	—	V	M	V1	V	V	+
	补充责任	第1201条	幼儿园、学校或者其他教育机构	M	V1	V	V	—	V	M	V1	V	V	+
	不真正连带责任	第1192条第2款	接受劳务一方	V2	V1	V	V	—	V	V	V2	V	V	++++
	不真正连带责任	第1233条	侵权人	V2	V2	V	—	V	V	V	V2	V	V	++++
	不真正连带责任	第1250条	饲养人或者管理人	V2	V2	V	—	V	V	V	V2	V	V	++++
	先付责任	第1204条	生产者、销售者	V2	V2	V	—	—	V	V	V3	V	V	++++
	先付责任	第1252条第1款（第2句）	建设单位、施工单位	V1	V2	V	—	V	V	V	V3	V	V	++++
	先付责任	第1253条（第2句）	所有人、管理人或者使用人	V1	V2	V	—	V	V	V	V3	V	V	++++

本章小结

第三人原因作为免责事由，在侵权法分则的特殊多数人侵权中，分别规定了补充责任、不真正连带责任和先付责任等多元责任形态。一般多数人侵权的责任构成论研究进路，在解释特殊多数人侵权的多元责任形态立法现象时，表现出理论上的局限和解释力的不足。我国特殊多数人侵权的多元责任形态，形式复杂、内容多元，是经过系统的利益衡量而日臻完善的法定责任形态体系。为此，一方面，本书强化了对多元责任形态"法定性"特征的论证；另一方面，强化了对"责任构成—责任形态—责任分担"关系的论证，强调责任形态论在"连接"责任构成论与责任分担论之间所起到的重要的承上启下作用。

从多数人侵权责任构成与责任形态相区分、相适应以及责任形态法定的理论前提出发，本书认为，利益衡量论对我国特殊多数人侵权的多元责任形态具有更强的理论解释力，同时，为避免政策考量和价值判断的主观性和不确定性，总结并提出 10 个利益衡量因素，即 5 个法律技术因素和 5 个政策价值因素，前者包括特殊归责原则、特殊责任构成要件、特殊免责事由、特殊责任主体和特殊侵权类型具体列举，后者包括受偿不能风险分配、顺位利益有无、证明责任分配、追偿权行使和最终责任承担。

本书在总结提炼可能影响责任形态配置的 5 个法律技术因素和 5 个政策价值因素基础上，逐一分析了每个衡量因素的可能立法倾向性。需要特别强调的是，在具体责任形态的立法倾向性分析中，即 M 与 V 的倾向性分析中，本书认为，这种立法倾向性一定不是将这些衡量因素作为自变量，多元责任形态作为因变量的函数关系。本书倾向于认为，10 个影响责任形态配置的衡量因素，是相互关联、相互影响的诸多因素，共同影响着多元责任形态配置这一"动态系统"。

综合考察对 10 个衡量因素的利益衡量过程（主要是对内部利益衡量的分析），本书认为，从倾向于民事权益保护的角度，我国侵权法上多元责任形态的保护力度依次为：先付责任>不真正连带责任>补充责任>按份责任（自己责任）。

第五章

连带责任与按份责任之利益衡量分析

在侵权法中，责任形态是多数人侵权责任的特有问题，在单独侵权中不存在按份责任和特殊责任形态的问题。本书认为，责任形态的实质是在原告一方（被侵权人）与数名被告一方（数名侵权行为人）之间的"内部利益衡量"过程中，立法者做出的立法决断。一方面，除按份责任外，其他多元责任形态均表现出对原告一方民事权益保护的立法倾向。另一方面，多元责任形态（除按份责任外）均具有法定性的特征，责任分担规则的实质，是在责任形态既有规定的前提下，对数名侵权责任人进行"内部责任分担"，责任分担规则的依据，用一句话概括，是"过错程度和原因力大小"，其目标是实现每一个侵权人的"自己责任"，进而体现民法的公平原则。

王利明教授认为，"严格地讲，连带责任必须依据法律明文规定而定，因为连带责任强化了对受害人的保护，对责任人施加了过重的负担，将受害人求偿不能的风险转移到了责任人身上，其需要法律特别规定。而按份责任则体现了侵权法基于不同的过错程度和原因力来分配责任的思想，其应当属于一般的侵权责任形态"①。本书赞同这一观点，并认为，责任形态着眼于"内部利益衡量"，在被侵权人与数名侵权人之间的利益衡量中，除按份责任外，均表现出明显倾向于被告的政策考量和价值取向。

而责任分担规则，即使在连带责任中可能发生"深口袋"现象，即对部分

---

① 王利明. 侵权责任法研究（第二版）（上卷）[M]. 北京：中国人民大学出版社，2016：44.

有赔偿能力、经济能力较强的侵权责任人有所不公①，但这只是"内部"责任分担中可能遇到的"副产品"。严格地讲，任何责任形态通过责任分担规则，最终都要转化为数名侵权人中每个行为人的个人责任，换言之，连带责任、先付责任、不真正连带责任、相应责任、补充责任等责任形态，通过内部责任分担，最终都会转化为"按份"的个人责任。责任形态论也正是在这个意义上，作为多数人侵权责任中特有的理论，致力于探索多元责任形态的合理性。

第一节　连带责任的法条梳理与考察

作为最"严厉"的责任形态，《民法典》侵权责任编在一般多数人侵权和特殊多数人侵权中，规定了大量的连带责任条文。

一、连带责任与按份责任法条梳理

以责任形态为分类标准，依据《民法典》侵权责任编对多元责任形态的规定，本书分别梳理连带责任、先付责任、不真正连带责任、相应责任和补充责任等5种特殊责任形态的相关条文。《民法典》侵权责任编关于连带责任的规定共涉及12个条文，其中，一般多数人侵权中的连带责任4个，特殊多数人侵权中的连带责任8个。

（一）一般多数人侵权中的连带责任

在一般多数人侵权责任中，规定为连带责任形态的有以下4个条文：一是第1168条规定，共同实施侵权行为的行为人承担连带责任；二是第1169条第1款规定，教唆、帮助他人（完全行为能力人）侵权，教唆、帮助人与该行为人承担连带责任；三是第1170条规定，实施共同危险行为的数名行为人承担连带责任；四是第1171条规定，竞合因果关系的分别侵权中数名行为人承担连带责任。换言之，"多数人侵权分为共同侵权和分别侵权，连带责任不仅适用于共同

---

① 当然，也有反对的观点运用法律经济分析的方法，认为连带责任中的"深口袋"现象是公平公正的。See DILLBARY J S. Apportioning Liability behind a Veil of Uncertainty [J]. Hastings Law Journal, 2010-2011, 62: 1729.

侵权，分别侵权中的'可能原因力'案型也应当适用"①。另外，总则编第178条规定了连带责任的请求权行使方式、责任份额确定方法和追偿权行使条件。②

（二）特殊多数人侵权中的连带责任

在特殊多数人侵权责任中，规定为连带责任形态的有以下8个条文，分为4类。第一类是特殊责任主体中的网络侵权，包括2个条文：（1）第1195条第2款③；（2）第1197条④。第二类是机动车交通事故责任，包括3个条文：（1）第1211条规定，挂靠运营机动车侵权，挂靠人和被挂靠人承担连带责任；（2）第1214条规定，转让报废机动车侵权，转让人和受让人承担连带责任；（3）第1215条第1款规定，盗抢机动车侵权，盗抢人与机动车使用人承担连带责任。第三类是高度危险责任，包括2个条文：（1）第1241条⑤；（2）第1242条⑥。第四类是建筑物和物件损害责任，包括1个条文：第1252条第1款（第1句）规定，建筑物倒塌侵权，建设单位与施工单位承担连带责任。

---

① 冯德淦. 多数人侵权中保险人责任研究：兼评《保险法司法解释（四）》第16条 [J]. 保险研究，2019（1）：112.

② 《民法典》总则编第178条第1款规定，"二人以上依法承担连带责任的，权利人有权请求部分或者全部连带责任人承担责任"。第2款规定，"连带责任人的责任份额根据各自责任大小确定；难以确定责任大小的，平均承担责任。实际承担责任超过自己责任份额的连带责任人，有权向其他连带责任人追偿"。

③ 该款规定，网络服务提供者接到通知后，应当及时将该通知转送相关网络用户，并根据构成侵权的初步证据和服务类型采取必要措施；未及时采取必要措施的，对损害的扩大部分与该网络用户承担连带责任。

④ 该条规定，网络服务提供者知道或者应当知道网络用户利用其网络服务侵害他人民事权益，未采取必要措施的，与该网络用户承担连带责任。其中，网络服务提供者承担未尽法定义务的过错责任。

⑤ 该条规定，遗失、抛弃高度危险物造成他人损害的，由所有人承担侵权责任。所有人将高度危险物交由他人管理的，由管理人承担侵权责任；所有人有过错的，与管理人承担连带责任。

⑥ 该条规定，非法占有高度危险物造成他人损害的，由非法占有人承担侵权责任。所有人、管理人不能证明对防止非法占有尽到高度注意义务的，与非法占有人承担连带责任。

（三）按份责任

关于按份责任，《民法典》侵权责任编未作具体规定，而是在总则编第 177 条加以规定。但该条来源于《侵权责任法》第 12 条，"在法律效果上规定了两个层次"①，即如果能够确定责任大小的，则各自承担相应的责任；如果难以确定责任大小的，则平均承担责任。需要说明的是，从责任形态来看，按份责任是一种独立的责任形态；而从责任分担来看，按份责任是数名侵权责任人承担自己责任、个人责任的基本方式，也是数名侵权责任人按照责任分担规则承担"最终责任"的结果。侵权法上多处使用"相应的责任"，本书认为，一些条文使用"相应责任"，这是一种不同于按份责任的独立责任形态，其与按份责任既有联系又有区别，不能将其简单归入按份责任。详见本书第七章对相应责任的法条梳理。

表 5-1　连带责任与按份责任法条梳理

责任形态	类别	条文序号	条文主旨
按份责任	总则编	第 177 条	按份责任及责任分担规则
连带责任		第 178 条	连带责任及请求权行使方式、责任份额确定方法和追偿权行使条件
连带责任	一般多数人侵权	第 1168 条	共同实施侵权行为，行为人承担连带责任
		第 1169 条第 1 款	教唆、帮助他人实施侵权行为，教唆帮助人与行为人承担连带责任
		第 1170 条	实施危险行为不能确定具体侵权人，行为人承担连带责任
		第 1171 条	竞合因果关系的分别侵权行为，行为人承担连带责任

---

① 陈甦. 民法总则评注（下册）[M]. 北京：法律出版社，2017：1263-1264.

责任形态	类别	条文序号	条文主旨
连带责任	特殊多数人侵权	第 1195 条第 2 款	网络服务提供者接到通知后未及时采取必要措施，对损害的扩大部分与网络用户承担连带责任
		第 1197 条	网络服务提供者知道或者应当知道网络用户侵权而未采取必要措施，与网络用户承担连带责任
		第 1211 条	挂靠运营机动车侵权，挂靠人和被挂靠人承担连带责任
		第 1214 条	买卖、转让拼装、报废机动车侵权，转让人和受让人承担连带责任
		第 1215 条第 1 款	盗抢机动车侵权，盗抢人与机动车使用人承担连带责任
		第 1241 条	遗失、抛弃高度危险物侵权，所有人有过错的与管理人承担连带责任
		第 1242 条	非法占有高度危险物侵权，所有人、管理人不能证明尽到高度注意义务，与非法占有人承担连带责任
		第 1252 条第 1 款（第 1 句）	建筑物倒塌、塌陷侵权，建设单位与施工单位承担连带责任

二、连带责任的一般规定

在我国民事法律体系中，总则编第 178 条被认为是连带责任的一般条款。该条分 3 款：第 1 款从权利人请求权的角度对连带责任予以规范，第 2 款规定连带责任人内部责任分担的一般规则，第 3 款明确连带责任的发生原因，即"法律规定"和"当事人约定"。本书讨论的多数人侵权中的连带责任，从发生原因来看，属于"法定连带责任"，作为与意定连带责任相对应的概念；从类型划分来看，属于侵权型连带责任，作为与违约型连带责任相对应的概念。

（一）连带责任的概念和特征

关于连带责任的概念有"责任说"与"债务说"的分歧。一是"责任说"，例如，立法机关认为，"连带责任是一项重要的责任承担方式"。"连带责任的意义在于增加责任主体的数量。"① 又有观点认为，连带责任是因违反连带债务或者依照法律的直接规定，两个以上赔偿义务人向权利人连带承担全部责任。② 二是"债务说"，例如，李永军教授认为："我国学理的主流基本上继受了德国学理和日本学理。主流观点认为，在连带之债中……债务因一次全部履行而消灭。"③

本书采用责任说的观点，并认为连带责任的立法目的在于通过增加责任主体数量或者加重其责任承担方式，加强对受损害人保护，确保受损害人获得赔偿，在私法领域，作为一种极为"严厉"的法律责任形态，法律创设连带责任的目的在于最大限度地保障债权人的债权得以实现，并确保债权人能够积极地向偿付能力最优的债务人主张并实现其全部债权。与意定连带责任尊重当事人之间意思自治不同，法定连带责任对多名被告科加连带责任，将原告受偿不能的风险转由被告承担，虽然有利于原告实现合法权益，但是，连带责任对数名被告而言是一种更严厉的、加重的民事责任。例如，立法机关认为，连带责任的效力分为对外效力和对内效力，对外效力以原告与数名被告的"双方关系"为视角，数名被告承担的是一个整体的责任，每个被告都要对原告承担全部责任；在内部效力上，以数名被告的"内部关系"为视角，"连带责任人之间不能约定改变责任的性质，对于内部责任份额的约定对外不发生效力"④。

（二）连带责任的分类及标准

本书曾对现行有效的民商事法律进行过全面梳理⑤，共涉及 30 部民商法和经济法法律，有 86 个条文分别规定了法定连带责任，这些法律规定的情形各异、类型不同。这也印证了相关学者的观点，"连带责任虽不是中国独有，但中国可能是有史以来……实施的范围最广、时间最长、最严厉及对这一工具的依

---

① 石宏.《中华人民共和国民法总则》条文说明、立法理由及相关规定 [M]. 北京：北京大学出版社，2017：417.
② 杨立新，李怡雯. 中国民法典新规则要点 [M]. 北京：法律出版社，2020：165.
③ 李永军. 论连带责任的性质 [J]. 中国政法大学学报，2011（2）：86.
④ 石宏.《中华人民共和国民法总则》条文说明、立法理由及相关规定 [M]. 北京：北京大学出版社，2017：415.
⑤ 包括民法类、商法类和经济法类现行有效的法律，但不包括最高法的司法解释。

赖性最强的国家"①。

对于连带责任，民法学界对其划分标准不一，导致其分类不尽相同。例如，有观点认为，可以将连带责任分为（真正）连带责任与不真正的连带责任，二者划分的标准是承担责任方式。② 也有观点认为，连带责任包括违约责任的连带责任、侵权责任的连带责任以及其他形式的连带责任。③ 不少学者还提出一般连带责任和补充性连带责任的划分，其中，补充性连带责任是指债务的产生是由于一个或部分债务人的行为所造成的，其他债务人没有参与其中。在这种连带责任当中，从债务人享有先诉抗辩权。④ 因此，即使连带责任的重要特征是债务人之间的平等性，但在补充性连带责任中，债权人的利益会得以顺利获取，只是对于不同的债务人，其所承担的责任顺序先后有差别。

有学者认为⑤，连带责任形态可以分为主观关联型、主体关联型、责任不可分型、基于政策价值因素考量型等四种，其中，责任不可分的连带责任也可以被称作客观关联的连带责任。本书认为，该类型划分方法虽然兼顾了学说上的基础类型，也反映了对类型的"对极"思考，但是，从法条梳理的结果来看，该类型划分缺少必要的类型，不能有效回应现行有效法律对连带责任各种复杂情形的实然规定，不够周延。此外，该类型划分没有明确区分意定连带责任与法定连带责任，而是将两者混同进行类型化。

也有学者认为，行为的违法严重程度越高就越有适用连带责任之必要⑥，换言之，可以按照"违法程度的严重性"对连带责任进行分类，并对比列举了6项特殊侵权中的连带责任予以说明。⑦ 本书认为，该类型划分方法虽然较好地体

---

① 张维迎，邓峰. 信息、激励与连带责任：对中国古代连坐、保甲制度的法和经济学解释[J]. 中国社会科学，2003（3）：100.

② 李永军. 论连带责任的性质[J]. 中国政法大学学报，2011（2）：86.

③ 杨立新，李怡雯. 中国民法典新规则要点[M]. 北京：法律出版社，2020：165-166.

④ 李永军. 论连带责任的性质[J]. 中国政法大学学报，2011（2）：87.

⑤ 具言之，主观关联的连带责任包括法律行为产生的连带责任、共同侵权行为的连带责任；主体关联的连带责任包括董事与公司的连带责任、挂靠关系的连带责任；责任不可分的连带责任既包括原因力不可分的连带责任，也包括过错不可分的连带责任；基于政策价值等因素考量的连带责任包括共同危险行为的连带责任、产品代言人的连带责任。参见阳雪雅. 连带责任研究[D]. 重庆：西南政法大学，2010.

⑥ 张平华. 连带责任的弹性不足及其克服[J]. 中国法学，2015（5）：131.

⑦ 张平华. 连带责任的弹性不足及其克服[J]. 中国法学，2015（5）：132.

现出现行法律的实然规定，并对比分析连带责任与非连带责任的具体适用情形，进而论述了不同"严重性"违法行为应适用不同责任形态；但是，该类型划分的标准存在不确定性或者说不存在确定性，换言之，通过对比分析，直观形象地描述了立法者在立法过程中进行"政策考量"或"利益衡量"的部分要素，但是不能明确连带责任形态划分的标准。

即使是在侵权法领域，学界对于连带责任的分类也有不同方法。例如，有学者认为，共同侵权连带责任属于逻辑意义层面的连带责任，而分别侵权连带责任则属于技术意义上的连带责任。① 近似的分类方法，还有将法定连带责任分为自然连带型和建构性连带型，"作为例外，为实现特殊的公共政策，法律也可以超越自然事实、拟制其整体性，建构一种连带责任。这就是作为建构性事实的侵权连带责任，简称建构性连带责任"②。

又如杨立新教授认为："连带责任的新发展，是在连带责任中出现了单向连带责任。"③ 将我国侵权法中的连带责任分为 3 种类型：一是典型连带责任，如《民法典》侵权责任编第 1168 条的狭义共同侵权和第 1169 条的教唆、帮助完全行为能力人侵权；二是单向连带责任，如《民法典》侵权责任编第 1169 条第 2 款教唆、帮助行为能力欠缺者侵权，第 1209 条因租赁、借用等情形机动车所有人与使用人不是同一人的侵权；三是部分连带责任④，如《民法典》侵权责任编第 1195 条第 2 款网络服务提供者对损害的扩大部分承担的连带责任，以及《环境侵权责任司法解释》第 3 条规定的半叠加的分别侵权行为与部分连带责任。

张新宝教授认为，"实质上，连带责任在我们国家的法律之中，应当是有五种"⑤，包括一般多数人侵权责任中的四个连带责任规定和"法律对连带责任另

---

① 杨会. 数人侵权责任研究 [M]. 北京：北京大学出版社，2014：196-205.
② 张平华. 连带责任的弹性不足及其克服 [J]. 中国法学，2015（5）：130.
③ 单向连带责任也称混合责任，是指在连带责任中，有的责任人承担连带责任，有的责任人承担按份责任，是连带责任与按份责任混合在一起的连带责任形态。杨立新. 多数人侵权行为及责任理论的新发展 [J]. 法学，2012（7）：46.
④ 有支持观点认为，在数人分别侵权中，让各加害人连接在一起的系"因果关系"要素，故在确定部分连带责任时，亦应将各加害人造成损害的原因力大小作为确定基础。参见陈海彪. 数人分别侵权责任研究 [D]. 长春：吉林大学，2018.
⑤ 张新宝. 侵权责任的解释 [J]. 天津滨海法学，2011，2：322.

有规定的，适用其规定"。

（三）连带责任的法律效果

1. 外部法律效果

连带责任的外部法律效果，是指在赔偿权利人与连带责任人之间对相关"利益"进行衡量和分配，主要表现为权利人通过行使请求权，以实现其损害赔偿主张的法律效果。在连带责任中，权利人有权要求数名责任人中的任何一个责任人承担全部或者部分责任，该责任人也有义务承担全部或者部分赔偿责任。与按份责任相比，连带责任对于被告人在程序法上也显得非常"不利"。一方面，赔偿权利人通过"选择性"行使请求权，可以将其他无赔偿能力的责任人导致的"受偿不能风险"转移给其他连带责任人；另一方面，如果权利人仅对部分责任人主张赔偿请求，或者仅主张部分的赔偿请求，原告并不因此丧失再次提起诉讼的资格，直到其损失能够得到全部赔偿。因此，连带责任不仅在实体法上，而且在程序法上均有利于保护受害人，使赔偿请求权得以充分实现。

而在一般多数人侵权责任中，与权利人行使请求权方式有关的连带责任"外部效果"方面的问题，还包括：一是权利人得以请求损害赔偿的数额和范围，是有相当因果关系的全部损害，而对于责任范围因果关系的判断，则要具体分析。一方面，"基于意思而构成的共同侵权和基于可能因果关系而构成的共同侵权，在作为判断基础的信息确定上也会有所不同"①。另一方面，即使在共同过错说的共同侵权中，共同故意与共同过失在性质上、程度上的不同，也实际影响着对责任范围因果关系的判断。二是如果存在债的消灭事由，对连带责任人承担责任的方式有哪些影响等问题尚不明确，例如，权利人与某一侵权行为人发生诸如债的消灭事由（如抵销、免除、和解），对权利人与其他侵权行为人之间的关系产生什么影响，即绝对效力与相对效力的问题。

2. 内部法律效果

连带责任的内部法律效果，是指在连带责任人"内部"对相关利益进行衡量和分配，主要表现为责任份额比例的确定以及行使追偿权、追偿不能等方面的法律效果。关于最终责任份额大小及比例一般依据如下原则确定：一是根据各自过错程度，"惟共同侵权行为人之过失程度可得确定者，其赔偿义务之分

---

① 叶金强. 共同侵权的类型要素及法律效果 [J]. 中国法学, 2010（1）: 73.

担，应依过失程度决定之"①。二是比较原因力大小，特别是在适用无过错责任归责原则的特殊多数人侵权情况下，需要对各责任主体在不履行民事义务时所起的作用进行比较。三是平均分担责任份额，需要注意的是，"平均承担责任"的适用前提是难以确定责任大小的，即通过对过错、原因力等比较分析后，仍难以确定责任份额的情形。

连带责任中的追偿权制度，即追偿权的行使条件和具体规则，在连带责任的内部法律效果中处于重要地位。有观点认为，行使追偿权的前提是连带责任人实际承担的风险责任超出自己的责任份额（不含二次分配的最终责任），没有超出自己责任的份额，不得行使追偿权。②

（四）连带责任的正当性基础

有观点认为，连带责任的基础在于多个责任人之间具有连带关系。③ 但是，也有观点认为，连带责任与为自己行为负责之间可能存在矛盾，即"深口袋"问题，尤其在有经济赔偿能力的连带责任人过错程度不重的情况下，破坏了损害者之间的利益平衡。④

本书认为，连带责任的正当性基础不仅可以从其外部和内部法律效果方面论证，更重要的是连带责任制度取决于政策考量和价值判断。从利益衡量的观点来看，连带责任形态中，立法者衡量的主要内容是在被侵权人与数名侵权责任人之间进行权衡，连带责任不仅能够使受害者得到充分及时的救济，还能够减轻受害者的举证责任，即使部分连带责任人承担了超过自己份额的责任而且无法追偿，"这种责任方式也并非不公平……在我国保险制度还不健全的情况下，连带责任所具有的担保价值，有利于充分保护被损害者的合法权益"⑤。与

① 王泽鉴．连带侵权责任与内部求偿关系［M］//王泽鉴．民法学说与判例研究（重排合订本）．北京：北京大学出版社，2015：801-802.
② 石宏．《中华人民共和国民法总则》条文说明、立法理由及相关规定［M］．北京：北京大学出版社，2017：415.
③ 连带关系是指依据法律规定或当事人约定，在多数当事人之间所形成的一种债权、债务的牵连关系，它是连带责任产生的基础。参见王利明．侵权责任法研究（第二版）（上卷）［M］．北京：中国人民大学出版社，2016：45.
④ 石宏．《中华人民共和国民法总则》条文说明、立法理由及相关规定［M］．北京：北京大学出版社，2017：415-417.
⑤ 石宏．《中华人民共和国民法总则》条文说明、立法理由及相关规定［M］．北京：北京大学出版社，2017：415-416.

我国在商经法上规定大量的连带责任所不同的是，在比较法上表现出限制连带责任适用的发展趋势。这从另一个侧面也说明，连带责任的正当性基础不仅取决于其制度规则本身的合理性，而且主要取决于立法者的利益衡量。

三、比较法上的连带责任制度

在大陆法系的民法理论中，将多数人之债分为可分之债和不可分之债，前者包括按份之债和连带之债，而后者不可分之债则准用连带之债的规则。① 有观点认为，"根据历史学和比较学文献中普遍接受的观点，连带责任的确立应该是有限制的，而不是普遍的"②。也有观点认为，连带责任在欧洲不仅适用于共同侵权，还适用于以下情形：一是实际地、直接地促成某一伤害的行为（例如，两车相撞，造成其中一车的乘客受伤）；二是参与某种协同行动，包括通过采购、煽动或鼓励的方式参与；三是在被告应对他人行为负责的情况下（替代责任）。③

（一）英美法系限制连带责任的发展趋势

在美国侵权法自20世纪80年代经历"去连带化"改革后，有观点认为④，各州的改革总体上可以分为四种类型：（1）废弃连带责任，保留有限的例外；（2）废弃连带责任，对不能受偿部分在责任人之间再分配；（3）对过错低于一定限度的被告不适用连带责任；（4）对特定类型的损害不适用连带责任。而《美国侵权法重述第三次》对导致不可分损害的数个独立侵权人的责任形态，由

---

① 可分之债是指数人负同一债务或有同一债权，而其给付为可分之债。反之，如果给付不可分则为不可分之债。王泽鉴．民法概要［M］．北京：中国政法大学出版社，2003：282-283.

② SZALMA J. Solidary and Divided Liability of Joint Tortfeasors – with Special Regards to the Provisions of the New Hungarian Civil Code［J］. Journal on European History of Law, 2017, 8：66.

③ ROGERS W V H. Comparative Report on Multiple Tortfeasors［M］// ROGERS W V H. Unification of Tort Law：Multiple Tortfeasors. The Hague：Kluwer Law International, 2004：276.

④ ADDAIR M P. A Small Step Forward：an Analysis of West Virginia's Attempt at Joint and Several Liability Reform［J］. W. Va. L. Rev, 2007, 109：835-836.

于各州的司法实践存在较大差异，未表明立场，仅列举了五种可能的选择。①

美国侵权法将多数人侵权责任分为共同责任（joint liability）、按份责任（several liability）和连带责任（joint and several liability），其重要特点在于区分共同责任与连带责任。② 而在《侵权法重述第三次：实体与精神损害责任》的语境下，其"连带与单独责任"可以理解为连带责任，其"单独责任"则大体上要理解为按份责任或自己责任。"以何种形式施加连带与单独责任或单独责任的主要后果是对一名或多名被归责的侵权人的破产风险进行分配。连带与单独责任将一名或多名对原告承担赔偿责任的侵权人之破产风险，施加于剩余的未破产被告。"③

按份责任本质上是个人责任，其效力和份额仅及于责任人自己。而连带责任除个人责任，还可基于"共同责任"产生的威慑。也有观点认为，连带责任与按份责任相比在以下方面并不具有优势：一是"深口袋"问题难以避免。"连带责任的原告可要求任一被告无差别地赔偿，而不必顾及被告内部责任之分摊。"④ 然而，任何一个原告作为"经济理性人"，在连带责任中都会选择赔偿能力更强的公共机构、大型企业担当损害赔偿的"深口袋"，而很难/不会向其他连带责任人行使追偿权。二是推高整体诉讼成本。对原告而言，按份责任之诉的成本较高，连带责任之诉的成本最低，但"从被告角度看，按份责任的诉讼成本最低，而连带责任诉讼成本较高"⑤。其理由在于，"如果从整体上看，

---

① 其列举的五种可能的选择包括：（1）纯粹连带责任；（2）纯粹单独责任；（3）连带责任，同时将某一侵权人无清偿能力的风险分配给包括原告在内的所有应对原告所遭受损害负责的当事人；（4）仅责任份额超过一定界限的独立侵权人方才承担连带责任；（5）独立侵权人仅对特定类型损害（通常是"经济"损害）承担连带责任。See Restatement（Third）of Torts：Apportionment of Liability §17（2000）. 条文内容系作者翻译。

② GREEN M D. Multiple Tortfeasors under US Law［M］// ROGERS W V H. Unification of Tort Law：Multiple Tortfeasors. The Hague：Kluwer Law International，2004：261.

③ 芭波里克. 侵权法重述纲要（第三版）［M］. 许传玺，石宏，董春华，等译. 北京：法律出版社，2016：426.

④ WRIGHT R W. The Logic and Fairness of Joint and Several Liability［J］. Memphis State University Law Review，1992，23：50.

⑤ 张平华. 矫枉过正：美国侵权连带责任的制度变迁及其启示［J］. 法学家，2015（5）：169.

连带责任使被告须额外承担行使追偿权或主张抗辩等的成本"①。

"经过数十年的激烈辩论后,侵权法改革最终呈现出一种以连带责任适用受到限制的状态。"② 张平华教授在考察美国连带责任制度变迁后认为,"在适用范围上,其从'极窄的适用范围'到'扩张适用'再到'严格限缩乃至废止'……目前则普遍采用'具体权衡'的方式"③。本书认为,在美国侵权法的实践中,如果法院倾向于从原告与数名被告之间的关系入手,即将多数人侵权责任作为一个整体看待,在制度设计上则往往倾向于扩张适用连带责任的范围;而如果着眼于数名被告之间的内部关系,即重点考虑数名侵权人的内部责任分担,重点关注每一个侵权责任人的最终责任大小,在制度设计上则往往倾向于采用按份责任。"从因果关系、比较过失、免责和解协议的效力等角度看,在美国当代社会里,人们的确存在以个别化方式对待多数人侵权的倾向。"④

在现代英国法中,有学者认为,连带责任在以下两种情形下得以适用:一是协同行动致害,二是偶然结合致害。⑤

（二）大陆法系连带责任的立法和学说

在《德国民法典》第二编第七章中规定了多数债务人和债权人,属于债法总论的内容。连带之债主要是在第421条~第430条集中规定,其中第421条被认为是一般规定。⑥ 该条规定⑦,与我国《民法典》总则编第178条的内容基本

---

① 波斯纳．侵权法的经济结构［M］．王强,杨媛,译．北京:北京大学出版社,2005:220.

② 关长宇,尚希文．美国侵权法中连带责任制度的改革方案及其启示［J］．江西财经大学学报,2015（2）:121.

③ 张平华．矫枉过正:美国侵权连带责任的制度变迁及其启示［J］．法学家,2015（5）:162.

④ 张平华．矫枉过正:美国侵权连带责任的制度变迁及其启示［J］．法学家,2015（5）:166.

⑤ ATIYAH P, CANE P. Atiyah's Accidents, Compensation and the Law［M］. 4th ed. London: Weidenfeld and Nicholson, 1980: 140-141.

⑥ MAGNUS U. Multiple Tortfeasors under German Law［M］//ROGERS W V H. Unification of Tort Law: Multiple Tortfeasors. The Hague: Kluwer Law International, 2004: 87.

⑦ "数人负同一债务,且各付全部给付之义务,但债权人仅得请求一次之给付者,债权人得对债务人之任何一人,请求全部或者部分之给付。给付全部履行前,全体债务人仍负有义务。"台湾大学法律学院,台大法学基金会．德国民法典［M］．北京:北京大学出版社,2017:371.

相同。

从连带责任的适用范围上看，梅迪库斯认为，德国现在主流学说认为，《德国民法典》第 421 条列举的是成立连带责任的最低要件，为成立连带之债，还需要另外一个要件，即数种义务必须是"同级别的"或者是"同顺序的"。① 换言之，《德国民法典》第 421 条的一般规定，主要是对连带责任的效力规则、成立条件进行规定，而对连带责任的适用范围，仍要结合德国民法关于侵权的具体规定。有鉴于此，王泽鉴教授进一步认为，《德国民法典》通过对一般不法行为采用了"三个小的概括条款体系"②，即《德国民法典》第 823 条第 1 项规定了侵权行为和损害赔偿义务，该条第 2 项规定了违反法定义务的损害赔偿义务，以及该法第 826 条规定的违反善良风俗的损害赔偿义务，明确了一般不法行为的基本规则。具体到多数人侵权责任和连带责任的适用范围，《德国民法典》还规定了共同侵权行为（第 830 条）、雇用人责任（第 831 条）和监护人责任（第 832 条）等关于特殊不法行为的规定。

欧洲示范法方面，例如，《欧洲示范民法典草案》的第三卷是关于债务及相应的债权的规定，其中第四章具体规定了多数债务人的责任形态，具体分为连带债务（solidary）、按份债务（divided）与共同债务（joint）。有观点认为，该草案明确了连带之债、按份之债和共同之债确定的依据，即当事人的约定或者法律的明确规定，其具体适用规则为：当多数人债权之间无约定、无规定时，推定为按份债权；当多数债务人之间无约定、无规定时，推定为连带债务。③

对于前述两个推定，本书认为，在无证据表明数个债权人之间有明确约定为连带债权的情况下，可以推定为按份债权，但是，同样在没有证据表明数个债务人之间对于连带债务有明确约定的前提下，按照法解释学的规则，也应推

---

① 梅迪库斯. 德国债法总论 [M]. 杜景林，卢谌，译. 北京：法律出版社，2004：609.

② 即《德国民法典》第 823 条第 1 项规定："因故意或者过失不法侵害他人生命、身体、健康、自由、所有权或者其他权利者，对他人因此而产生的损害负赔偿义务。"第 2 项规定："违反以保护他人为目的的法律者，负相同的义务。如果根据法律的内容并无过失也可能违反此种法律的，仅在有过失的情况下，始负赔偿义务。"第 826 条规定："以违反善良风俗的方式故意对他人施加损害的人，对他人负有损害赔偿义务。"王泽鉴. 侵权行为（第三版）[M]. 北京：北京大学出版社，2016：46-48.

③ BAR C V, CLIVE E, SCHULTE-NÖLKE H. Principles, Definitions and Model Rules of European Private Law: Draft Common Frame of Reference (DCFR) [M]. Berlin: Walter de Gruyter, 2009：253.

定为按份责任。此外，本书认为，法定连带责任最为重要的特征是其"法定性"，在没有法律明确规定数名侵权责任人应承担连带责任的情况下，在司法实践和法学理论中均不应任意加重数名侵权责任人的责任，而且在我国《民法典》的编纂过程中，业已纠正了这一问题。

综合前述分析，英美法系中关于连带责任明确规定主要集中在侵权领域，而大陆法系传统上认为连带债务属于债法总论的内容，通过"一般规定"的个别条文规定连带责任，大多无足够空间去规划连带责任的类型、精细设计连带责任的效果，连带责任的具体规定散见于夫妻关系、家庭关系、遗产继承、保证、侵权等方面的个别条文中。德国学者埃曼批评道："德国普通法上最没有成果、某种程度上甚至有损这一伟大时代整个法学方法的声誉，是关于多数债务人之债是一个债还是多个债的讨论。"[①] 本书对这一批评意见持肯定态度，原因在于，法定连带责任对数名侵权责任人而言，无论从该责任形态的外部效力还是内部效力，都极大地增加了任何一名侵权责任人承担超过自己责任份额的最终责任的可能性，即英美法上广泛被讨论的"深口袋"问题。对连带责任形态的讨论，如果没有深入数名侵权行为人之间的"内部关系"，而只是从原被告双方的"外部关系"着手，确实难以厘清多数人侵权责任到底是一个责任还是多个责任这一问题。

关于多数人侵权，尤其是共同侵权，日本《民法》主要在第719条加以规定。[②] 总体上，这一规定与《德国民法典》第830条的规定基本相同。日本民法学界对于共同侵权的争论，也主要集中于对"共同性"的解释：主观共同说主张以主观认识为必要，而通说的见解为"客观性共同说"，主张有客观关联共同即可。例如，有观点认为，认定"强关联共同性"时应适用日本《民法》第719条第1款前段，是指对于同自身行为完全不具有因果关系或者仅仅具有部分因果关系的、由他人行为导致的结果，不予承认责任减免的抗辩，应使其承担责任；第719条第1款后段"弱关联共同性"的认定条件包括：各被告均实施

---

① 我妻荣. 新订债法总论［M］. 王燚，译. 北京：中国法制出版社，2008：31-32.
② 该条第1款前段规定，数人因共同的侵权行为给他人造成损害时，各自连带地负损害赔偿责任。第1款后段规定，共同行为人中谁施加了损害不明时，也各自负连带责任。同条第2款规定，教唆者、帮助者视为共同行为人。参见于敏. 日本侵权行为法（第三版）［M］. 北京：法律出版社，2015：419-420.

了某种特定的实行行为，各个实行行为单独就可以导致损害的危险性，以及各被告的行为现实上具有构成损害原因的可能性。① 关于责任形态，在客观说中，有观点认为，各共同侵权人不是对共同行为产生的所有损害，而是应该按照各个行为的违法性的范围负连带责任。②

第二节　连带责任的衡量因素分析

虽然连带责任形态的正当性基础主要取决于立法者的政策考量和价值判断，但连带责任制度自身的合理性和规则体系的内在协调也十分重要。

一、一般多数人侵权与连带责任的正当性

"共同侵权是一个复杂的问题……真正的问题可能出在对连带责任正当化基础的把握上，从主观关联到客观关联的演变扩大了承担连带责任的当事人范围，但对此种扩张的真实基础却缺乏深刻的省思。"③ 为此，我国学者对于一般多数人侵权与连带责任的正当性问题作了深入研究。对于狭义共同侵权、教唆帮助他人侵权与连带责任的正当性，学界基本形成通说，例如，叶金强教授认为，应将"共同实施"限定于因共同故意或共同过失而实施的侵权行为，定位于基于意思而形成"一体性"。④ 换言之，"一体性"是连带责任形态正当性的基础，而"一体性"在共同侵权中表现为共同过错，在共同危险行为和分别侵权中则表现为可能的因果关系。

又如对于共同危险行为与连带责任的正当性，叶金强教授认为，各行为人的责任基础在于可能的因果关系，即每个人均有可能是致害人，但是"责任人不明"⑤。而王竹教授认为，客观关联共同定位下共同危险行为应采用"群体危险行为"的判断标准。具言之，"危险性"表现在行为具有致害的可能性、行为

---

① 前田达明，原田刚. 共同侵权行为法论［M］. 罗丽，赵兰学，译. 北京：商务印书馆，2020：192-193.
② 于敏. 日本侵权行为法（第三版）［M］. 北京：法律出版社，2015：429-431.
③ 叶金强. 共同侵权的类型要素及法律效果［J］. 中国法学，2010（1）：67.
④ 叶金强. 共同侵权的类型要素及法律效果［J］. 中国法学，2010（1）：76.
⑤ 叶金强. 共同侵权的类型要素及法律效果［J］. 中国法学，2010（1）：76.

的同类致害性以及危险的不合理性，"群体性"指各个危险行为之间是否具有客观关联共同性而构成危险活动，表现为危险行为之间具有时空一致性和危险行为人具有参与人的性质。① 对于连带责任的正当性，一是保护受害人不应成为选择连带责任的唯一理由；二是共同危险行为是数人侵权行为形态问题，不存在不真正连带或者补充责任的适用问题；三是共同危险行为最突出的特征是致害人不明，不可能适用按份责任，"共同危险行为成立，则承担连带责任，共同危险行为不成立，则不承担责任"②。

再如对于竞合因果关系的分别侵权行为与连带责任的正当性，杨立新教授认为，虽然每一个行为人对于损害的发生都具有全部的原因力，而实际情况是，被侵权人的损害只有一个，既然每一个侵权行为人都应对损害结果负全部责任，让数名侵权行为人共同承担一个全部赔偿责任，不仅没有加重每一个侵权行为人的责任，而且能够保证被侵权人的损害赔偿请求权得到全部满足，"只有按照连带责任确定数个侵权人的责任最为适当。每个行为人的行为的原因力均为百分之百，但责任份额不能都是百分之百"③。而叶金强教授认为，"分别实施"的表述方式意在表明，至少从立法层面看，要明确区分共同实施和分别实施，进而将该条规范的情形限定为排除共同侵权（特别是无共同过错）的多数人侵权类型；而"足以造成全部损害"，也清晰地表明了数个侵权行为与一个损害结果之间的因果关系类型为可能因果关系，确立了其"份额不明"因果关系的案型特征，"这种可能性正当化了连带责任的附加"④。基于同样的理由，结合因果关系的分别侵权，"严格意义上并非共同侵权的规则，而是调整数独立行为竞合性侵权的规则"⑤。得出这一结论的主要依据是，从因果关系这一责任构成要件观察，该条的"能够确定责任大小"意味着因果关系明确，从责任分担视角观察，主要是指原因力大小确定。因此，该条缺少"可能因果关系"的理论支撑，不能适用连带责任，而只能产生按份责任。

---

① 王竹. 再论共同危险行为：以客观关联共同侵权行为理论为视角［J］. 福建师范大学学报（哲学社会科学版），2010（4）：141-142.

② 王竹. 再论共同危险行为：以客观关联共同侵权行为理论为视角［J］. 福建师范大学学报（哲学社会科学版），2010（4）：143-144.

③ 杨立新，陶盈. 论分别侵权行为［J］. 晋阳学刊，2014（1）：120.

④ 叶金强. 共同侵权的类型要素及法律效果［J］. 中国法学，2010（1）：76.

⑤ 叶金强. 共同侵权的类型要素及法律效果［J］. 中国法学，2010（1）：76.

二、特殊多数人侵权与连带责任的新问题

（一）单向连带责任与部分连带责任

如表 5-1 关于连带责任的条文梳理，我国特殊多数人侵权中规定连带责任的有 8 个条文。有观点认为，在我国的连带责任中出现了"单向连带责任"① 的新问题，例如，《民法典》侵权责任编第 1169 条第 2 款、第 1209 条等规定，教唆帮助人或者机动车使用人承担的是"连带责任"，而被教唆帮助的行为能力欠缺者或者机动车的所有人、管理人承担的是单独责任或者按份责任。本书认为，对于前述条文中不同责任人的责任形态应该具体分析。法条原文的表述是，教唆、帮助人承担"侵权责任"+未尽监护职责的监护人承担"相应的责任"，以及机动车使用人承担"侵权责任"+所有人、管理人承担与过错"相应的责任"。换言之，不同责任主体的责任形态为，教唆、帮助人和机动车使用人确定承担侵权责任，而行为能力欠缺者的监护人，机动车的所有人、管理人在未履行法定职责或有过错的条件下仅承担相应责任，总的来看，不同责任主体的责任形态并不相同，属于不同责任形态的"混合"，其突出的特点在于"相应的责任"。

还有观点认为，我国连带责任还出现了"部分连带责任"② 的新问题，例如，《民法典》侵权责任编第 1195 条第 2 款的规定③，以及最高法《环境侵权责任司法解释》第 3 条第 3 款的规定④。对于"半叠加的分别侵权行为"，即一个侵权行为具有百分之百的原因力，而其他侵权行为只有部分原因力，"其后果仍然应当承担连带责任，不过连带责任的内部份额应当随之改变"⑤。本书认

---

① "单向连带责任也称混合责任，是指在连带责任中，有的责任人承担连带责任，有的责任人承担按份责任，是连带责任与按份责任混合在一起的连带责任形态。"杨立新．多数人侵权行为及责任理论的新发展［J］．法学，2012（7）：46.

② 杨立新．论侵权责任并合［J］．法商研究，2017（2）：104.

③ 该款规定，网络服务提供者接到通知后未及时采取必要措施，对损害的扩大部分与网络用户承担连带责任。

④ 该款规定，两个以上侵权人分别实施污染环境、破坏生态行为造成同一损害，部分侵权人的行为足以造成全部损害，部分侵权人的行为只造成部分损害，被侵权人可以根据侵权责任法第 11 条（民法典第 1171 条）规定，请求足以造成全部损害的侵权人与其他侵权人就共同造成的损害部分承担连带责任，并对全部损害承担责任。

⑤ 杨立新，陶盈．论分别侵权行为［J］．晋阳学刊，2014（1）：120.

为，不宜将前述 2 个条文规范的内容统一用"部分连带责任"予以概括，两者在内容上存在重要区别，具言之，两者承担的责任范围并不相同。网络服务提供者承担连带责任的范围是，对于未履行积极作为义务导致的损害"扩大"部分承担责任；而只造成部分环境污染损害的行为人承担连带责任的范围，仅限于其"积极"实施污染行为导致的损害。

另外，有观点认为，在侵权法上还应该增加适用连带责任的侵权行为类型。例如，张新宝教授认为，"违法赛车"性质上属于共同危险行为，无论直接侵权人是否能够确定，所有参与人都应承担连带责任。[①] 其理由在于，参与人的行为在客观上起到强化或者鼓励、引起直接侵权人的危险驾驶行为，在性质上可以类推解释为教唆或者帮助行为，具言之，当能够确定直接侵权人时，参与人也应负连带责任；当不能确定直接侵权人时，适用共同危险行为的规定，也应适用连带责任。

（二）公司法中的侵权型连带责任

我国 2018 年修正的《公司法》及其司法解释也规定了特殊的"侵权型"连带责任新类型：一是"揭开公司面纱"型，即《公司法》第 20 条第 3 款、第 63 条，侵权行为人为公司股东，被侵权人为公司债权人，侵权行为表现为滥用公司法人独立地位和股东有限责任，或者公司财产与股东财产混同。二是协助抽逃出资型，即 2020 年最高人民法院修正的《公司法解释三》第 14 条。侵权行为人为抽逃出资的股东，被侵权人为公司或公司债权人，侵权行为表现为抽逃出资的行为。三是怠于履行清算义务型，即 2020 年最高人民法院修正的《公司法解释二》第 18 条。侵权行为人为有限公司的股东、股份公司的董事和控股股东，被侵权人为公司债权人，侵权法行为表现为怠于履行清算义务导致公司主要财产、账册、重要文件等灭失而无法进行清算。与"揭开公司面纱"型和协助抽逃出资型不同的是，怠于履行清算义务型的侵权行为属于消极不作为的侵权行为。

对于"侵权型"连带责任，有观点认为，在侵权领域中让主导决策者在一定条件下与公司承担连带责任具有正当性和价值判断的合理性。[②] 其主要理由在

---

① 张新宝. 民法分则侵权责任编立法研究 [J]. 中国法学，2017（3）：66.

② 王湘淳，扈艳. 论公司侵权中主导决策股东的连带责任 [J]. 湖北社会科学，2019（5）：133-134.

于：一方面，侵权领域中适当突破"大股东"、控股股东和实际控制人的有限责任，有利于更好地平衡股东与债权人利益，有助于维护公司利益，也有助于整体上提高社会效益，符合经济效益原则；另一方面，侵权领域中适当突破股东有限责任凝聚价值判断共识，有利于实现公司社会责任，并且符合社会道德伦理。但是，本书认为，在公司法领域，立法者、司法者对连带责任的制度设计要进行充分论证并谨慎为之。有限责任是现代公司法律制度的基石，而且在强调自己责任、个人责任的私法领域，连带责任极有可能导致民事主体承担超出责任范围，甚至与其自身无关的法律责任，因此连带责任制度（及其导致的"深口袋"问题）本身就是私法领域责任承担制度的例外规定。鉴于连带责任的严苛性，特别是在侵权型连带责任中，如果大量规定了连带责任，则有动摇《公司法》有限责任基础之虞。因此，在股东与公司之间、公司与债权人之间、股东与债权人之间以及股东之间进行妥当的利益衡量，连带责任制度的设置宜从系统考量、体系安排的视角谨慎为之。

三、作为利益衡量结果的连带责任形态

传统上，民法学界对连带责任的研究，主要以责任构成论的研究进路为主，而且大多限于对一般多数人侵权责任的研究。比较而言，对特殊多数人侵权中以连带责任为代表的多元责任形态研究不多，对多元责任形态中政策考量和价值判断的过程、影响因素等方面的研究则更少。

（一）按行为类型对连带责任分类的不合理性

有观点认为，大陆法系国家普遍实行分类规制，即根据行为的不同类型分别配置连带责任、不真正连带责任与按份责任。[①] 本书认为，一方面，由于多数人侵权的行为类型十分复杂，在比较法上还兼及对其主观过错要件、因果关系要件的讨论，在立法上几乎无法通过逐一列举的方法对其加以规定，事实也正是如此。另一方面，鉴于连带责任极大地加重了数名侵权行为人的责任，对连带责任正当性基础的讨论，其目的在于从法解释学上找到适用连带责任的理论依据，因此连带责任在大陆法系国家侵权法上的规定，均以法定性为前提条件。

此外要注意到，侵权行为与责任形态是两个虽不相同却又相互联系的概念。

---

① 邬砚. 侵权补充责任研究 [D]. 重庆：西南政法大学，2015.

侵权行为是责任承担的前提和依据，实施了侵权行为的行为人都要为自己的行为承担相应的责任，侵权法列举侵权行为类型的目的就是确定侵权责任。但是，在某些情况下，行为人虽然实施了侵权行为，也不一定当然产生侵权责任；或者行为人虽然没有实施侵权行为，但按照侵权法的规定仍要承担侵权责任，例如，在机动车交通事故责任中，除机动车使用人承担侵权责任，还分别规定了挂靠人和被挂靠人承担连带责任，买卖、转让拼装、报废机动车侵权中转让人和受让人承担连带责任，以及在盗抢机动车侵权中盗抢人与机动车使用人承担连带责任。"正是从这个意义上说，侵权责任和侵权行为是既有联系又有区别的概念，不能简单地将两者等同。"①

（二）共同过错与因果关系对连带责任的影响

尹田教授认为，"侵权法的目标完全不在于评价某种行为是否值得保护，而在于将不法行为导致的损害在加害人和受害人之间进行恰当的分配"②。杨会博士认为，多数人侵权责任形态的复杂化，主要表现为因果关系的复杂化和责任承担的复杂化。③本书认为，一方面，侵权行为与损害结果之间的因果关系，在单独侵权中往往较为明确，而在多数人侵权责任中则表现为因果关系的不确定性和受害人举证证明的困难性，换言之，造成这一问题的原因主要不在于原告与数名被告之间因果关系的证明难度，而是数名侵权行为人"内部关系"的多样性导致因果关系的不确定性和证明难度提升。另一方面，侵权责任的承担在单独侵权中，除替代责任等情况外，往往比较明确，而在多数人侵权责任中则表现为多元责任形态的不同规定，以及数名侵权行为人对自己责任份额的分担规则。仅就责任分担规则而言，原则上要按照"过错程度和原因力大小"公平分担或者平均分担，而过错程度和原因力大小已经在责任构成论中予以讨论，其讨论的重点仍是在数名侵权人之间的"内部关系"层面进行。

（三）连带责任形态是利益衡量的结果

对于一般多数人侵权与连带责任，张新宝教授认为："关于侵权人何时承担按份责任，何时承担连带责任，并不存在一个先验性的结论。……从比较法的

---

① 王利明. 侵权责任法研究（第二版）（上卷）[M]. 北京：中国人民大学出版社，2016：20.

② 杨会. 数人侵权责任研究 [M]. 北京：北京大学出版社，2014：2.

③ 杨会. 数人侵权责任研究 [M]. 北京：北京大学出版社，2014：27.

角度考察，在同一损害下，即使因果关系是不可分的，也并非一定导致连带责任。"① 换言之，在决定多数人侵权是应承担连带责任还是按份责任时，一方面，尽管传统的责任构成论有助于理解数名侵权行为人的责任构成，但多数人侵权责任的特殊之处恰恰不在于原告与数名被告之间的责任构成与责任范围的讨论，而在于数名侵权行为人之间的共同过错、侵权行为不同程度的结合方式以及由此表现出因果关系的不同类型。另一方面，即使在责任构成论的前提之下，数名侵权行为人应共同承担侵权责任以及能够确定损害赔偿的范围，但是我国侵权法规定了多元的责任形态，例如，连带责任、不真正连带责任、补充责任等，显然不是责任构成论所能单独解释的。数名侵权行为人之间的"内部关系"以及公平的责任分担问题，既与责任构成论重点讨论的共同过错和因果关系有关联，又与立法上特定责任形态的配置问题有关联。总之，责任形态配置问题主要不是归责原则、构成要件等法律技术问题，而主要表现为立法者政策考量和价值判断的过程及其结果。

按照本书提出的 10 个利益衡量因素，笔者对影响连带责任形态的法律技术因素和政策价值因素进行分析，详见表 5-2 连带责任的法律技术衡量因素分析和表 5-3 连带责任的政策价值衡量因素分析。

表 5-2 的观察顺序，一是选定观察对象，例如，在机动车交通事故侵权责任的相关条文中，本书的观察对象为没有主动实施侵权行为的"被动"责任承担者，即被挂靠人、转让人和盗抢人，而非挂靠人、受让人和机动车使用人。二是"纵向"观察每一衡量因素在不同条文中的具体情况，例如，在因果关系责任构成要件这一衡量因素上，第 1171 条竞合因果关系的分别侵权，其中任一行为人的行为即使没有发生，损害结果仍会发生，因此不符合相当因果关系的条件说判断。三是"横向"观察五个衡量因素在配置为连带责任形态过程中的衡量过程，均表现为明显"不利于"侵权行为人的立法倾向。

表 5-3 需要说明的是，一是在受偿不能风险衡量因素上，数名责任人之间的关系，本书用"和"作为连接词；在证明责任分配衡量因素上，表现为在程序上或者实体上减轻权利人证明责任的倾向。这两种政策价值衡量因素的分配，

---

① 张新宝，汪榆淼 . 污染环境与破坏生态侵权责任的再法典化思考 [J]. 比较法研究，2016（5）：145-146.

主要以数名侵权行为人一方与被侵权人一方之间的"双边关系"为着眼点。二是在顺位利益、追偿权等衡量因素上，主要以数名侵权行为人之间的"内部关系"为着眼点。三是在利益衡量的过程方面，"+"表示利益衡量倾向性程度，是以按份责任为基准，通过比较不同责任形态之间的主要差别而确定的倾向性等级。

表5-2 连带责任的法律技术衡量因素分析

责任形态	类别	条文序号	观察对象	归责原则	构成要件（因果关系）	特殊免责事由	特殊责任主体	特殊侵权具体类型
					法律技术衡量因素			
连带责任	一般多数人侵权	第1168条	一名行为人	过错责任原则（特殊侵权竞合为一般多数人侵权也可适用）	共同过错	否	否	否
		第1169条第1款	行为人		教唆帮助行为	否	否	否
		第1170条	一名危险行为人		实施危险行为（择一因果关系）	是（无因果关系不免责）	否	否
		第1171条	一名行为人		不符合条件说	否	否	否
	特殊多数人侵权	第1195条第2款 第1197条	网络服务提供者	过错责任原则	未采取必要措施 知道或应当知道未采取必要措施	否	是	否
		第1211条	被挂靠人	多元归责原则	不符合相当性	否	是	是
		第1214条	转让人			否	否	是
		第1215条第1款	盗抢人	无过错责任		否	否	是
		第1241条	管理人		不符合相当性	否	否	是
		第1242条	非法占有人			否	否	是
		第1252条第1款（第1句）	建设单位与施工单位	过错推定	不符合相当性	否	否	是

表 5-3　连带责任的政策价值衡量因素分析

责任形态	法条梳理			政策价值衡量因素					利益衡量
	类别	条文序号	观察对象	受偿不能风险	证明责任	顺位利益	追偿权	最终责任	衡量过程
按份责任	总则编	第 177 条	按份责任人	权利人	权利人证明责任构成要件按份责任事由免责事由	无	无	自己责任	=
连带责任		第 178 条	连带责任人	连带责任人	权利人证明责任构成要件连带责任事由免责事由各自责任大小	无	有	自己责任(和不能追偿的份额)	+++++
连带责任	一般多数人侵权	第 1168 条	一名行为人	数名行为人	减轻权利人责任	无	有	自己责任(和不能追偿的份额)	+++++
		第 1169 条第 1 款	行为人	教唆、帮助人和行为人		无	有		+++++
		第 1170 条	一名危险行为人	数名危险行为人		无	有		+++++
		第 1171 条	一名行为人	数名行为人	权利人证明责任构成要件	无	有		+++++
	特殊多数人侵权	第 1195 条第 2 款	网络服务提供者	网络服务提供者和网络用户		无	有	自己责任(和不能追偿的份额)	+++++
		第 1197 条				无	有		+++++
		第 1211 条	被挂靠人	挂靠人和被挂靠人	减轻权利人责任	无	有		+++++
		第 1214 条	转让人	转让人和被受让人		无	有		+++++
		第 1215 条第 1 款	盗抢人	盗抢人与机动车使用人		无	有		+++++
		第 1241 条	管理人	所有人和管理人	所有人证明没有过错	无	有		+++++
		第 1242 条	非法占有人	所有人、管理人和非法占有人	所有人、管理人证明尽到高度注意义务	无	有		+++++
		第 1252 条第 1 款(第 1 句)	建设单位与施工单位	建设单位与施工单位	减轻权利人证明责	无	有		+++++

第三节　对共同过错要件和因果关系要件之再分析

鉴于共同过错要件和因果关系（的特殊类型）要件对一般多数人侵权的体系建构起到的重要作用，本节对这两个要件再次进行较为细致的分析，以强化论证本书采用类型化研究方法并选取利益衡量理论作为分析工具的必要性与合理性。

目前，民法学界的主流观点普遍认为，共同过错要件和因果关系要件所形成的"一体性"，决定了对多数人侵权责任配置连带责任的正当性。因此，有必要对这两个要件展开细致的分析。不可否认，共同过错的"有无"问题，是我国一般多数人侵权中主观关联共同侵权与客观关联共同侵权的"分水岭"，而共同过错和因果关系的"类型"问题，则构成了我国学界和司法实务界对共同侵权类型争论的"核心议题"。随之而来的问题是，为什么作为通说的共同过错要件和因果关系要件，在对特殊多数人侵权与连带责任的正当性问题和类型化问题上缺乏解释力？考虑到我国侵权法分则部分，主要以特殊归责原则、特殊责任主体和特殊责任构成要件为线索而类型化展开，因而在多数人侵权责任构成与多元责任形态之间的适应关系和连带责任正当性基础等问题上，确有深入讨论共同过错和因果关系要件的必要。

一、共同过错对多数人侵权责任的影响

（一）共同过错说优于意思联络说

尽管民法学界通说对于共同侵权采用"共同过错说"，程啸教授认为，应以"意思联络"即共同故意作为构建我国多数人侵权责任体系的枢纽。[①] 换言之，以意思联络作为标准，可以有效区分我国一般多数人侵权中的狭义共同侵权、共同危险行为和分别侵权中的因果关系竞合型、因果关系结合型等不同类型。一方面，共同危险行为的重要特征在于具体侵权人不明，而且数名危险行为人

---

① 程啸. 我国《侵权责任法》中多数人侵权责任的规范目的与体系之建构 [J]. 私法研究，2010（2）：137，141.

之间要排除意思联络，申言之，数名危险行为人的主观过错要件类型既可能是共同过失，也可能是分别过失，只有在排除共同加害行为的条件下而又无法确定具体侵权人时，才能考虑适用共同危险行为；另一方面，无意思联络数人侵权的重要特征是损害结果同一，而且数名侵权人主观过错要件的典型类型是共同过失或者分别过失，换言之，在损害结果符合同一性要求情况下，分别侵权行为适用的前提条件是要排除数名侵权行为人之间的意思联络。因此，《民法典》侵权责任编第 1168 条共同加害行为优先于第 1170 条共同危险行为适用，共同加害行为也优先于第1171 条竞合因果关系分别侵权和第1172 条结合因果关系分别侵权行为适用。

至于共同危险行为与分别侵权行为，虽然两者在主观过错要件上均为共同过失或者分别过失，损害结果要件对同一性的要求相同，但是两者之间的区别表现在：一是两者因果关系类型不同，前者为"择一因果关系"，后者为"竞合或者结合因果关系"；二是两者侵权行为要件不同，前者为"二人以上实施危及他人人身、财产安全的行为"，后者为"二人以上分别实施侵权行为造成同一损害"；三是两者责任形态不同，前者为连带责任，后者为连带责任或者按份责任。

本书不赞同"意思联络说"而采用通说的"共同过错说"，主要理由如下：我国侵权法对于一般多数人侵权是从"客观"的侵权行为实施方式视角展开类型化，《民法典》侵权责任编第 1168 条规定"二人以上共同实施"，这与第1170 条"二人以上实施"和第 1171 条、第 1172 条"二人以上分别实施"都有区别。在这种客观化的法律条文表述中，侵权责任构成要件隐藏于条文背后，是分析责任构成主要的理论工具，但是将主观过错要件解释为共同故意或称"意思联络"则明显不符合条文原意。例如，我国《中华人民共和国刑法》第 25 条关于共同犯罪的概念，明确指出"共同犯罪是指二人以上共同故意犯罪。二人以上共同过失犯罪，不以共同犯罪论处；应当负刑事责任的，按照他们所犯的罪分别处罚"。这与我国《民法典》侵权责任编第 1168 条的规定形成鲜明对比，即我国侵权法对于共同加害行为并没有将其主观过错要件限定为"共同故意"。因此，"共同实施"从文义解释来看，是对数个或者一个侵权行为的客观描述，应将数名侵权行为人的主观过错要件合理解释为"共同过错"，即"故意+故意"或者"过失+过失"或者"故意+过失"。

比较而言,共同危险行为人的主观过错要件则可能为"共同过失"或者"分别过失"甚至"分别故意"(仅排除"共同故意"),其类型化特征是不能确定具体侵权人,而不论损害结果是否同一。分别侵权行为人的主观过错要件则可能是"分别过失"甚至"分别故意"(排除"共同故意"和"共同过失",即排除"共同过错"),其类型化特征是损害结果同一,而且具体侵权人确定。

(二)共同过错说对特殊多数人侵权缺乏解释力

尽管本书认为,在一般多数人侵权中,共同过错说优于意思联络说,但是观察我国侵权法对特殊多数人侵权与连带责任的法律规定,共同过错说则在解释力上出现了一定的问题。

例如,《民法典》侵权责任编第1195条第2款的规定①中,网络服务提供者承担连带责任的基础是"未履行法定义务",即未采取删除、屏蔽、断开链接等必要措施。依据最高法2020年修正的《关于审理利用信息网络侵害人身权益民事纠纷案件适用法律若干问题的规定》(简称《信息网络侵权司法解释》)第4条,判断未履行法定义务的标准"应当根据网络服务的类型和性质、有效通知的形式和准确程度、网络信息侵害权益的类型和程度等因素综合判断"。

这一规定实际上是对网络服务提供者科加了积极作为的义务,并以对损害扩大部分承担连带责任的方式明确了法律后果,但其判断标准并不是网络服务提供者与网络用户的"共同过失",而只是两者的"分别过失"。此外,本书认为,该条与我国侵权法上对安全保障义务人承担的"未尽到安全保障义务"和学校等教育机构承担的"未尽到管理职责"等积极作为义务相似,但是承担的责任形态却不相同,后两者在明确第三人为侵权责任人的基础上,作为义务人承担的是"相应的责任"。

又例如,《民法典》侵权责任编第1211条规定,挂靠运营机动车侵权,由挂靠人和被挂靠人承担连带责任。以被挂靠人为观察对象,一般在挂靠人与被挂靠人之间存在书面或非要式合同,其连带责任的承担基础是无过错责任或称严格责任,也不能要求其具有"共同过错"的主观要件。此外,第1214条规定买卖拼装、报废机动车侵权,转让人和受让人承担连带责任。在此基础上,最

① 该款规定,网络服务提供者接到通知后未及时采取必要措施,对损害的扩大部分与网络用户承担连带责任。

高人民法院 2020 年修正的《关于审理道路交通事故损害赔偿案件适用法律若干问题的解释》（简称《道路交通事故损害赔偿解释》）第 4 条将承担连带责任的主体范围扩大至"多次转让中所有的转让人和受让人"。而且该司法解释第 3 条还新增了一种连带责任形态，即套牌机动车发生交通事故造成损害，如果被套牌机动车所有人或者管理人同意套牌的，则应当与套牌机动车的所有人或者管理人承担连带责任。

在前述机动车交通事故责任中，连带责任的正当性基础都难谓"共同过错"，这同时说明对于连带责任形态的规定主要取决于立法者和司法者的政策考量和价值判断。

二、因果关系对多数人侵权责任的影响

侵权法上的因果关系理论主要服务于"归责"，通过对无限的事实因果关系链条进行截取，以合理限制侵权行为人的责任成立和责任范围，在个案中判断行为人是否应承担侵权责任以及承担多大的侵权责任，即责任成立的因果关系和责任范围的因果关系。

有观点认为，"因果关系作为侵权法实现利益平衡的一个调整机制，在调整民事权益和行为自由、个人利益和社会公共利益关系方面发挥着重要作用"[①]。然而，在多数人侵权案件中，因果关系的"个性"即数个侵权行为相互之间的"内部"关系，则有别于单独侵权中的因果关系一般理论。在多数人侵权中，由于数个侵权行为与损害结果的因果关系表现为"多因一果"或"多因多果"，"受害人想要证明每一个加害人的侵权行为与其损害之间的因果关系，往往……面临很大的困难"[②]，因此多数人侵权制度的目的就是减轻这种因果关系的证明困难。典型的例证是在共同危险行为侵权和污染环境、破坏生态侵权中采用因果关系推定的法律技术。

（一）因果关系理论的简要考察

以德国民法为代表的大陆法系因果关系理论，先后经历了条件说（必要条

---

① 李璐. 论利益衡量理论在民事立法中的运用：以侵权立法为例 [M]. 北京：中国政法大学出版社，2015：131-132.
② 程啸. 我国《侵权责任法》中多数人侵权责任的规范目的与体系之建构 [J]. 私法研究，2010（2）：129.

件判断）、原因说（重要条件判断）、相当因果关系说（条件说+相当性判断）和法规目的说等发展阶段。以美国侵权法为代表的英美法系侵权法因果关系理论，将因果关系分为事实原因和责任范围，其判断过程类似于大陆法系相当因果关系理论。

1. 大陆法系因果关系理论

德国民法上，因果关系理论中较早出现的"条件说"与英美法系"事实原因"近似，采用"but for"判断规则；后来出现的"原因说"修正了条件说范围过宽等方面的问题，是对条件说的发展和完善，其强调只有重要条件才能作为损害后果的原因，而非任何一个能够满足必要条件判断的原因，都可以作为损害结果的肇因。

（1）相当因果关系说

19 世纪末，德国学者冯·克里斯提出"相当因果关系说"，又称"充分原因说"。该说认为，侵权人仅对其不法行为作为"充分原因"的损害结果负赔偿责任，对超出该范围的损害结果不负责任。冯·克里斯还提出了"客观可能性"的判断标准，并认为只有对损害结果的发生造成"可能性"的侵权行为，才能被称为原因。① "相当因果关系说"自 1878 年被德国法院所采纳，经过近一个半世纪的发展，在大陆法系国家的因果关系判断理论上被广泛使用。

相当因果关系的判断主要有两个步骤：一是事实上的因果关系判断，即要排除外来因素的介入，判断损害结果是否自然形成或者依特别情况发生。二是相当性判断，由于相当性实际上属于法律上的价值判断，因此也被称为法律上的因果关系判断。在事实因果关系的基础上还要进一步判断相当性问题，是因为"相当因果关系……更是一种法律政策的工具，乃侵权行为损害赔偿责任归属之法的价值判断"②。

"相当性"判断是该理论的核心和难点，但是对于相当性的判断依据和判断标准，理论上存在不同的见解。例如，有观点认为，"各国关于相当性的判断有

---

① MOHR J C B. International Encyclopedia of Comparative Law, Vol. 4 [M]. Tübingen：Paul Siebeck, 1975：31.

② 王泽鉴. 侵权行为法（第 1 册）[M]. 北京：中国政法大学出版社, 2001：204.

一个共同的特点，即将相当性的问题交给法官自由裁量"①。王伯琦先生将相当因果关系说简要表述为以下两个判断，可谓十分精当，"无此行为，虽不必生此损害，有此行为，通常即足生此种损害者，是为有因果关系"②。

当代德国法的理论和实践中，还强调用"政策考量"来辅助相当性的判断，例如，概率高低（风险程度）、时间的遥远程度、损害后果的可预见性、受害人自身的因素、第三人行为或独立事件介入的因素。此外，还包括法律的保护目的、损害的严重程度、受保护利益的性质和价值、责任基础（归责原则）以及风险分摊中的社会价值导向等。"因果关系……是为了认定和限定责任而存在的一项法律技术手段或者说法律政策。"③ 不过，虽然相当因果说至今仍作为通说在实务上被广泛应用，但由于"相当性"本身是一个价值判断过程，所以其判断标准的模糊性也被学界所批评。

（2）法规目的说

20世纪40年代，德国学者拉贝尔提出"法规目的说"，并由冯·卡梅勒发展完善。有学者认为，"行为人对于行为引发之损害是否应负责任，非探究行为与损害间有无相当因果关系，应探究相关之法规之意义与目的"④。王利明教授认为，法规目的说实际上是为了补充相当因果关系说的不足而提出的，明显更有合理性。⑤ 法规目的说在判断中主要有两个步骤：一是确定法律法规保护目的的依据，如运用目的解释等法解释学方法，尤其要考虑立法者、司法者的解释；二是确定法律法规保护的范围，如法律保护的法益、人的范围、损害结果的情形等。⑥

---

① 王利明. 侵权责任法研究（第二版）（上卷）［M］. 北京：中国人民大学出版社，2016：388.

② 王伯琦. 民法债编总论［M］. 台北：台北编译馆，1997：77. 转引自王泽鉴. 侵权行为法：基本理论、一般侵权行为［M］. 北京：中国政法大学出版社，2001：191.

③ 李璐. 论利益衡量理论在民事立法中的运用：以侵权立法为例［M］. 北京：中国政法大学出版社，2015：133.

④ 王泽鉴. 侵权行为法：基本理论、一般侵权行为［M］. 北京：中国政法大学出版社，2001：192；曾世雄. 损害赔偿法原理［M］. 北京：中国政法大学出版社，2001：112.

⑤ 王利明. 侵权责任法研究（第二版）（上卷）［M］. 北京：中国人民大学出版社，2016：392.

⑥ 王利明. 侵权责任法研究（第二版）（上卷）［M］. 北京：中国人民大学出版社，2016：393.

当然，对法规目的说也不乏反对的声音，例如，有观点认为，"如果不能够以立法者准确的目的来判断因果联系，将会使因果关系的判断系于法官的个人意志"①。叶金强教授则指出，"法规目的说是不是一种因果关系理论？……其实际上解决的是违法性问题"②。也有对法规目的说比较折中的观点，例如，有学者认为："规范目的说既是对相当因果关系说的补充，更加明确了相当因果关系的判断标准。"③

（3）义务射程说

义务射程说由日本学者平井宜雄教授提出，其核心思想是重构损害赔偿法的理论体系，并适用"事实性因果关系""保护范围"和"损害的金钱评价"等法律术语。平井教授认为，一是侵权行为与损害结果之间要有事实性因果关系；二是对保护范围进行政策性判断；三是对处于保护范围内的损害，须由法官在司法实践中将其评价为金钱。④

义务射程说的理论特色在于，在"保护范围"中区分两类侵权：一类是故意侵权，其保护范围包括实际损害结果以及与该侵权行为有事实因果关系的所有损害；另一类是过失侵权，其保护范围主要依据被侵害利益的大小、侵权行为的危险性程度等因素加以确定。⑤ 需要特别指出的是，平井教授还认为，相当因果关系理论属于法学理论上的"假问题"，所谓相当性判断，其背后的实质是价值衡量和法政策判断，应构建如下思考模式：于责任成立之判断，还原为事实因果关系；于赔偿范围之判断，代之以利益衡量和政策酌定。⑥

2. 英美法系因果关系理论

传统上，英美法系的侵权法将因果关系分为事实上的因果关系和法律上的

---

① 王利明. 侵权责任法研究（第二版）（上卷）[M]. 北京：中国人民大学出版社，2016：54.

② 叶金强. 相当因果关系理论的展开 [J]. 中国法学，2008（1）：37.

③ 王利明. 侵权责任法研究（第二版）（上卷）[M]. 北京：中国人民大学出版社，2016：394.

④ 于敏. 日本侵权行为法（第三版）[M]. 北京：法律出版社，2015：286-287.

⑤ 于敏. 日本侵权行为法（第三版）[M]. 北京：法律出版社，2015：287-288.

⑥ 叶金强. 相当因果关系理论的展开 [J]. 中国法学，2008（1）：39.

因果关系。① 事实因果关系主要用于判断侵权行为与损害结果之间的引起与被引起关系是否存在，法律上的因果关系主要用于判断，在事实因果关系成立的前提下，侵权责任的有无和大小问题，即"需要处理的事情是加害行为与损害后果之间的联系是否紧密到足以施加责任"②。

需要注意的是，《美国侵权法重述第三次：实体与精神损害责任》用"责任范围"代替了"法律上的因果关系（近因）"这一术语。该部分的起草人认为，"法律原因"这一术语实际上包含了"事实原因"和"近因"两个不同层面的问题，而且"尽管'法律原因'一词在重述的历史上由来已久，它在司法和法律语境中并未被广泛采用"③。此外，《美国侵权法重述·第三次》的"责任分担编"与《美国统一侵权责任分担法案》重点研究比较过失和多数人侵权，包括侵权责任在原告与被告之间的分担，以及侵权责任在多数人侵权行为中的数个侵权人之间的分担，而且制定了详细的责任分担规则。④

（1）事实原因

对于事实原因的判断主要采用"若非—则不"（but for）规则，也称必要条件测试，因此，事实原因在美国侵权法中其实被描述为损害结果的一个必要条件，"理解因果关系的一个有用模式是想象由导致原告损害的每个必要条件构成的一组因素。缺少这组因素中的任何一个，原告的损害都不会发生"⑤。

与此同时，美国侵权法承认不符合"若非—则不"规则的"多个充分原因"也是损害结果的事实原因，即如果发生多个行为，其中每一个行为都足以

---

① 胡雪梅. 英国侵权法［M］. 北京：中国政法大学出版社，2008：134，142. 需要说明的是，目前，在美国侵权法上，不再使用"法律上的因果关系"这一术语，而是适用"责任范围"，下文详述。

② EPSTEIN R A. Torts［M］. Beijing：CITIC Publishing House，2003：258.

③ 芭波里克. 侵权法重述纲要（第三版）［M］. 许传玺，石宏，董春华，等译. 北京：法律出版社，2016：144-146.

④ 杨立新. 多数人侵权行为及责任理论的新发展［J］. 法学，2012（7）：42. 同时，有观点认为，《美国统一侵权责任分担法案》对于分别侵权中的连带责任没有明确说明谁将被分担责任，以及原告可以向谁提出这种要求。See ADJIN-TETTEY E. Multi-Party Disputes：Equities between Concurrent Tortfeasors［J］. Alberta Law Review，2016，53：863.

⑤ 芭波里克. 侵权法重述纲要（第三版）［M］. 许传玺，石宏，董春华，等译. 北京：法律出版社，2016：144.

造成实体损害，"则每个行为被视为该损害的一个事实原因"①。该规定适用于有两个或以上同时发生影响的原因，其中任何一个侵权行为都足以单独造成损害结果的情形，"多个充分原因也是事实原因……即使若非标准不承认"②。"多个充分原因"的规则与我国《民法典》侵权责任编第1171条竞合因果关系分别侵权相似。

类似我国《民法典》侵权责任编第1172条规定结合因果关系分别侵权的情形，在美国侵权法上使用"多个充分因果关系组合"的法律术语。需要强调的是，在一个行为人的行为需要与其他行为一起才足以造成另一方的损害时，该行为是符合"若非—则不"事实原因判断规则的。此外，对于前文讨论的混合因果关系的分别侵权，从因果关系要件观察即"充分因果关系+部分因果关系"多数人侵权的类型，美国侵权法第三次重述未持立场，这"是一个本重述未持任何立场而留待法院在未来发展中解决的问题"③。

（2）责任范围

如前所述，为了准确表述对责任的限制，《美国侵权法重述第三次：实体与精神损害责任》用"责任范围"这一术语替代"近因"，并对责任范围采用"风险标准"。"将责任局限于由侵权行为所致风险造成的损害有着相对简单的优点。"④ 简言之，"风险标准"倾向于客观评价侵权行为造成的风险，并以此为依据确定责任范围的大小。

但是，对于司法实践中法院越来越倾向于在过失案件中对责任范围采用"可预见性"标准的问题，该重述认为，可预见性标准与对过失案件采用的风险标准是一致的。而以往对于法律上因果关系判断所采用的"可预见说"（又被称为合理预见说），实质上是以侵权行为人对损害结果的可预见性为标准，既由此

---

① 芭波里克. 侵权法重述纲要（第三版）[M]. 许传玺，石宏，董春华，等译. 北京：法律出版社，2016：155.

② 芭波里克. 侵权法重述纲要（第三版）[M]. 许传玺，石宏，董春华，等译. 北京：法律出版社，2016：155-157.

③ 芭波里克. 侵权法重述纲要（第三版）[M]. 许传玺，石宏，董春华，等译. 北京：法律出版社，2016：159.

④ 芭波里克. 侵权法重述纲要（第三版）[M]. 许传玺，石宏，董春华，等译. 北京：法律出版社，2016：182.

来确定因果关系的有无，又进而决定赔偿责任的有无。① 对于可预见性的判断，通说采用"理性人"的标准，当损害具备可预见性时，行为就是损害的近因。因此，"风险标准"与"可预见性"标准，虽然适用的典型情况有所不同，但在理论特色及判断方法上非常近似，两者都决定责任是否成立，而且决定着责任范围的大小。

本书认为，在当代英美侵权法上，虽然传统的"法律因果关系"、"近因"和"可预见说"被"责任范围"和"风险理论"替代，但对于"风险"的判断从某种意义上只是"可预见性"判断的升级版本，并且要大量依赖各种具体"政策考量"的辅助。

3. 我国侵权法上的因果关系理论

在我国侵权法上，对于因果关系的判断也分为两个阶段：一是事实判断，即条件关系判断，核心是判断侵权行为是不是损害结果的客观必要条件，在多数人侵权中又相继出现"多个充分原因"和"多个充分因果关系组合"等判断标准。二是法律判断，即相当性判断，核心是判断是否具有可归责性和责任范围，在德国法中采用"相当性理论"或者"法规目的说"，在英美法中采用"可预见性理论"或者"风险理论"。

虽然有观点认为，"因果关系在损害赔偿法上的基本功能就是两项：确定责任成立与限制责任范围"②，但是，本书认为，在多数人侵权中，以侵权法的责任构成论、责任形态论和责任分担论相区分的观点来看，在前述三个环节中都要对因果关系进行判断，而且在不同环节对因果关系判断的功能各有不同，例如，在责任构成论中，因果关系不仅要解决责任成立的问题，还要起到限定责任范围的作用；在责任形态论中，因果关系影响着多元责任形态配置；在责任分担论中，因果关系即原因力理论决定着最终责任大小。需要特别指出的是，在前述责任构成、责任形态和责任分担环节对因果关系的判断中，均涉及事实判断和价值判断两个层面。当然，"因果关系作为侵权的构成要件，旨在基于一定的价值判断实现责任的适度限制"③。

诚如王利明教授所言，侵权法上对因果关系的判断不仅仅是一个事实判断，

---

① 叶金强. 相当因果关系理论的展开 [J]. 中国法学, 2008（1）: 39.

② 程啸. 侵权责任法 [M]. 北京：法律出版社, 2011: 176.

③ 叶金强. 相当因果关系理论的展开 [J]. 中国法学, 2008（1）: 51.

它更是一个法律的价值判断问题，"依因果关系确立责任时，要受法政策因素影响，从而对因果关系链进行合理截取，避免行为人承担过重的责任"①。侵权法上的各个责任构成要件的功能，都"在于勾勒行为自由与权益保障之间的弹性边界"②。

对于因果关系要件的作用，王利明教授认为，一方面，因果关系要件的首要作用是确定责任，属于责任构成的问题；另一方面，因果关系要件的重要作用在于确定损害赔偿的范围和原因力大小的问题。③ 也有观点认为，虽然责任成立与责任范围属于同一个问题的不同侧面，"但尚不需要为此而创造出两类因果关系来"④。巴尔教授也指出，现代化的法律制度，特别是荷兰法，早已摒弃了"诉因因果关系"和"责任范围的因果关系"的区别。⑤

（二）多数人侵权责任因果关系的特殊性

需要说明的是，前文之所以对因果关系理论进行梳理和考察，是因为涉及本书研究的一个重要问题，即具体到多数人侵权责任，是应该将数个侵权行为作为一个整体与损害结果的因果关系进行整体判断，还是应该将每一个侵权行为与损害结果的因果关系进行单独判断。这种判断视角上的差别，既影响到责任构成论中对多数人侵权责任构成和类型划分的判断，也关系到责任形态论中责任形态的配置以及责任分担论中每一个侵权人"自己责任"的分担结果。

通过考察因果关系的不同理论，本书认为，一是学界对因果关系不同理论的讨论，最后的难点问题都集中于对"相当性"或者"法规目的"这一政策考量和价值判断问题上。二是对因果关系理论的考察，促进本书总结归纳出影响责任形态配置的法律技术和政策价值两方面的 10 个影响要素，而不是聚焦于共同过错或者因果关系等一两个最为重要的决定性因素。三是对因果关系基础理论的考察并没有解决本书所面临的疑问，即在多数人侵权责任的因果关系判断中，是应该先判断"个别"因果关系即每一个侵权行为与损害结果的因果关系，

① 王利明. 侵权责任法研究（第二版）（上卷）[M]. 北京：中国人民大学出版社，2016：379.
② 叶金强. 相当因果关系理论的展开 [J]. 中国法学，2008（1）：40.
③ 王利明. 侵权责任法研究（第二版）（上卷）[M]. 北京：中国人民大学出版社，2016：384-385.
④ 叶金强. 相当因果关系理论的展开 [J]. 中国法学，2008（1）：43.
⑤ 巴尔. 欧洲比较侵权行为法（下）[M]. 焦美华，译. 北京：法律出版社，2001：569.

再考虑数个因果关系不同的结合方式以形成对"整体"因果关系的判断，还是应该先判断"整体"，再判断"个别"的顺序问题。

多数人侵权责任因果关系的特殊性主要表现为其"双重属性"，一是数个侵权行为作为整体与损害结果之间的因果关系，二是每一个侵权行为与损害结果之间的因果关系。本书将前者称为"整体因果关系"，将后者称为"个别因果关系"。虽然在"整体因果关系"判断中，传统的因果关系理论均得以适用，但是在"个别因果关系"考察中，则不应再涉及责任构成的再次判断，而主要是责任形态和责任分担上的问题，即过错程度和原因力大小。从客观的角度看，无论是责任构成，还是责任形态、责任分担，在多数人侵权责任中实际上从始至终只有"一个"因果关系，所不同的只是观察视角上的差别。

1. 共同原因与择一原因

程啸教授认为，在多数人侵权责任中，因果关系的特殊之处表现为以下两方面[1]：一是数个侵权行为是损害结果的共同原因，这种"共同性"或者表现为主观上的共同性，即多个加害人是基于主观上的共同故意而实施加害行为，或者表现为客观上的共同性，即数人分别实施侵权行为，但是他们的侵权行为给受害人造成了"同一损害"。二是数个侵权行为是损害结果的择一原因，例如，共同危险行为中，虽然不能确定具体侵权人，但"将多个加害人的行为作为一个整体来观察的话……显然是存在因果关系的"[2]。

严格来讲，前述共同原因或者择一原因的类型，均是首先将数个侵权行为作为一个整体，通过"共同性"或者择一原因来解释因果关系构成要件的该当性，然后再分析在这一"整体"因果关系中"个别"因果关系的不同结合情况。

2. 原因竞合与原因结合

因果关系理论是判断侵权责任构成的理论方法和分析工具。如果从侵权行为个数与损害结果是否同一的视角观察，《民法典》侵权责任编第1168条共同加害行为和第1170条共同危险行为，可能包含"一因一果"或者"一因多果"

---

① 程啸. 我国《侵权责任法》中多数人侵权责任的规范目的与体系之建构 [J]. 私法研究，2010（2）：130.

② 程啸. 我国《侵权责任法》中多数人侵权责任的规范目的与体系之建构 [J]. 私法研究，2010（2）：131.

的情况，而《民法典》侵权责任编第1171条竞合因果关系的分别侵权行为，属于"多因一果"的情况，而第1172条结合因果关系的分别侵权行为则是"一因一果"的情况。这种观察角度的思维过程是先观察"个别"的每一个侵权行为与损害结果的因果关系，再考察"整体"因果关系，即数个因果关系的不同结合方式。

例如，张新宝教授认为，"多因"对同一损害结果发生作用的形态有两种：一是"多因"密切结合形成致害的统一原因即"一因"，此时无法区别各原因的作用力之大小，但是缺少其中之一，损害将不会发生。在学理上和立法上经历了"平均责任说"和"连带责任说"的争论，例如，相关司法解释曾采用"连带责任说"，但是侵权责任法更趋向于"平均责任说"。二是各原因独立存在，分别发生作用，此时某一原因即使不存在，损害也会发生，学理上和立法上较为统一地采用"按份责任说"①。又如最高人民法院《人身损害赔偿司法解释》第3条第1款规定的"直接结合"构成共同侵权承担连带责任，第2款规定的"间接结合"根据过失大小或者原因力比例各自承担相应的赔偿责任。虽然"直接结合"与"间接结合"的切入点是侵权行为要件，关注各个侵权行为之间的结合关系，但如果从侵权行为数量与损害结果同一性的因果关系来看，前者属于"一因一果"或者"一因多果"的情况，后者属于"多因一果"或者"多因多果"的情况。

3. 因果关系的判断顺序影响多数人侵权责任构成

综合前述分析，本书认为，这样一个因果关系判断顺序上的不太起眼的小问题，却足以影响到多数人侵权责任构成的解释论问题。例如，如果先单独考察每一个侵权行为与损害结果的因果关系，那么《民法典》侵权责任编第1171条规定的竞合因果关系分别侵权行为，则可能因为不符合"but for"规则而排除连带责任的适用。又如如果先考察数个侵权行为作为整体与损害结果之间的因果关系，那么《民法典》侵权责任编第1170条规定的共同危险行为侵权，就应当允许能够证明自己的危险行为与损害结果没有因果关系的行为人免责。

申言之，在多数人侵权责任中，对于因果关系的判断顺序是采用"先个别再整体"的方法，还是采用"先整体再个别"的方法，对于连带责任形态的正

---

① 张新宝.多因一果行政赔偿案件中的多因形态与责任分担［J］.中国审判，2013（12）：24.

当性基础也有不同的影响。例如，对于《民法典》侵权责任编第1172条结合因果关系分别侵权行为的规定，如果采用"先个别再整体"的因果关系判断顺序，可以推导出其应适用连带责任形态的结果，具体过程如下：在结合因果关系的分别侵权行为中，一方面，先看"个别"因果关系，每一行为人的侵权行为对损害结果而言都符合"若非—则不"的事实原因判断规则；另一方面，再看"整体"因果关系，由于数个侵权行为结合为一个侵权行为，对损害结果而言既符合"多个充分因果关系组合"的事实原因的判断，而且在责任构成上也符合"若非—则不"的事实原因判断规则。因此，对这种"一因一果"的多数人侵权类型应配置为连带责任形态。

而对于结合因果关系分别侵权与"连带责任的正当性"也可以从以下方面论证：一是与按份责任相比，连带责任通过增加责任财产的方式，即每个侵权人都应对损害负完全赔偿责任，可以保障受害人及时全部获得赔偿。在连带责任人内部，再通过行使追偿权实现公平的责任分担和自己责任。二是从"因果关系组"的角度考察，数个侵权行为人的行为"结合"成为被侵权人损害的"若非—则不"原因，数个侵权行为人应共同对损害结果负赔偿责任，如果规定为连带责任，则更有利于保护受害人。三是在结合因果关系情况下，被侵权人已经受到"损害填平原则"的限制，不应再由其承担损害不能及时全部获得赔偿的可能不利后果。四是"因果关系组"的视角是从数个侵权行为人一方与被侵权人之间，从整体上审视侵权行为与损害结果之间的关系，更具有理论上的合理性。五是将该条规定为连带责任形态，并不会过分限制行为自由，从外部"因果关系组"的角度看，正是由于各行为人的侵权行为"结合"而共同对被侵权人的损害负责。

（三）因果关系理论对多数人侵权缺乏解释力

传统的因果关系理论在单独侵权中，被划分为责任成立的因果关系和责任范围的因果关系。然而在多数人侵权责任中，如果从数名侵权人一方和被侵权人一方的"双方"视角观察，显然这种划分有其适用性。但是，多数人侵权责任的特殊性即表现为侵权责任人之间的"内部关系"，不仅要分析多个侵权人之间的主观联系、多个侵权行为之间的"结合"关系，甚至损害结果是否同一、数名侵权人之间的身份关系也可以成为考察对象。对于"侵权行为与损害结果之间的因果关系"在多数人侵权中表现出来的例外性和特殊性，如果深入多个侵权人之间或者多个侵权行为之间的相互"结合"关系层面，与其说是对因果关系要件的考察，不如说是对多个侵权人之间共同过错或分别过错有无的考察，或者是对多个侵权行为直接或间接结合关系的考察。因此，在考察多个侵权人之间关系或者多个侵权行为之间关系时，关于传统因果关系理论的适用性值得研究，本书对此持谨慎的怀疑态度。

在多数人侵权责任的因果关系要件研究中，既往研究往往从多个侵权人之间关系或者多个侵权行为之间结合类型的特殊性角度，分析因果关系要件的特殊性。本书认为，既往研究可能的偏差之处在于：一是在共同加害行为中，由于各个侵权人的意思联络或共同过错而形成的"一体因果关系"，本质上是对共同加害行为人之间的共同过错要件的判断。二是在共同危险行为中，各个实施了危险行为的行为人之间的"择一因果关系"，也是从考察各行为人之间的关系着眼，其思维方法仍是将数名危险行为人作为一方、作为一个整体，以便用因果关系理论加以解释。三是在分别侵权行为中，任一侵权行为都"足以造成"或者数个侵权行为"结合造成"同一损害结果，其观察不是从多数侵权人作为一方、被侵权人作为另一方的"双方"视角，而是从多个侵权行为内部的视角，单独考察每一侵权行为对损害结果的"可能的"因果关系。需要特别说明的是，此时的"足以造成"实际上是一种"假设"，而"结合造成"则是在考察多个侵权行为之间的关系。

正如前文所述，因果关系作为多数人侵权责任构成要件和法律技术手段，其不完全是客观、科学意义上的因果关系，也包含为"归责"服务的法律价值判断。同时，作为肇因原则例外的多数人侵权制度，通过共同过错、教唆帮助等主观过错要件和因果关系推定制度，降低了责任构成论中对因果关系要件的证明要求，有利于解决受害人的证明困难问题。

诚如杨立新教授所言，侵权责任在数名侵权责任人之间的分配，"是一个非常复杂的问题，它不仅仅包括多数人侵权责任的分担问题……而且还包括更多的侵权责任形态"①。因果关系作为侵权责任的归责要件之一，在多数人侵权行为类型多样、成因复杂的情况下，对于多数人侵权行为与责任形态的解释力明显下降。

---

① 杨立新. 多数人侵权行为及责任理论的新发展 [J]. 法学，2012（7）：42.

例如，在共同危险行为中，各行为人的行为对损害结果而言属于择一因果关系，这有助于理解各个行为人的行为与损害结果之间的关系，但对于共同危险行为在不能查明责任人的情况下，所有实施了危险行为的行为人为何要承担连带责任这一问题，也就是最根本的归责问题，传统因果关系理论的解释力却不足。

又例如，在竞合因果关系的分别侵权中，从各个侵权行为之间的关系以及各个侵权行为作为一个整体与损害结果的关系来看，各侵权行为均不符合传统因果关系理论中的"若非—则不"、必要条件的事实因果关系判断标准，因此在解释上，美国侵权法发展出或者说不得不承认"多个充分原因"也是损害结果的事实原因。

再例如，在结合因果关系的分别侵权中，从各个侵权行为之间的关系以及各个侵权行为作为一个整体与损害结果之间的关系来看，各侵权行为均符合传统因果关系理论中的"若非—则不"的事实因果关系判断标准，各侵权行为作为一个整体与损害结果也符合事实因果关系的判断标准，在这种情况下，各侵权行为人应共同对损害结果承担侵权责任，但是为何各侵权行为人之间承担按份责任而不是连带责任？

对于前述三个举例，传统的因果关系理论均不能给予有效回应。

本书认为，无论是相当因果关系说，还是法规目的说，认定因果关系的落脚点和难点都在于对规范目的的判断或者法律政策的考量。因此，有学者认为，因果关系理论或者作为责任构成的要件之一，都是"侵权法实现利益平衡的一个调整机制"①。

本章小结

从本书梳理并分析的有限资料来看，从 20 世纪 80 年代后期，也就是《民法通则》制定前后，首次出现了关于连带责任的探讨。随后，伴随着《合同法》的制定、《公司法》的多次修订、《物权法》和《侵权责任法》的出台、各类经

---

① 李璐. 论利益衡量理论在民事立法中的运用：以侵权立法为例［M］. 北京：中国政法大学出版社，2015：131-132.

济法法律的制定和不断修订、相关司法解释的出台，民法、商法、经济法有关法律和相关司法解释对法定连带责任的规定不断增加，法定连带责任渗透到民商经济法的各个领域，连带责任在此背景下越来越难以类型化。

从总体上说，我国的连带责任研究以《侵权责任法》的颁布为界限，大致可以分成两个阶段。在《侵权责任法》颁布之前，连带责任的相关研究，没有刻意区分意定连带责任和法定连带责任。在《侵权责任法》颁布之后，连带责任的理论研究基本上转移到侵权责任法中共同侵权、共同危险、分别侵权等承担连带责任的具体研究中，出现了"甚至视法定连带责任为侵权责任法所专属"① 的现象。但是，从更宏观的视角来看，连带责任制度经历了从最开始的严格限制适用范围，到后来按照现实要求不断扩张适用范围的发展变化过程，"当前，制度变迁又存在回归主观责任、重建体系的趋势"②。

然而在这一过程中，不断有学者反思我国连带责任研究，特别是在侵权法领域对法定连带责任研究的整体状况进行反思。李中原教授认为，"多数人侵权的总体范围以及适用连带责任的理论基础的思考受到更多重视"③。杨立新教授在比较连带责任与不真正连带责任后，得出结论："不真正连带责任与真正连带责任除了发生原因上有区别外……在内部责任分担上有重大区别。"④ 张平华教授认为，"在当代社会，连带责任……出现了责任效果分裂多元现象，或为横向分裂，视具体责任人之过错、原因力……或为纵向分裂，区分先顺位责任人和补充责任人"⑤。但是，"与美国法相比，我国……整体趋向于建构和完善连带责任规范体系，而不是大幅限制或废止连带责任"⑥。

本书认为，作为一种责任形态，连带责任并不具有天然的"合法性"，在比较法上限制连带责任的立法和司法倾向也侧面说明了这一观点。我国学者一直致力于论证连带责任的正当性基础，给出的主要答案或者是由于共同过错将数名侵权责任人"一体化"，或者是由于因果关系的不同类型夯实了连带责任的

---

① 刘云．论合同法中的法定连带责任［D］．北京：中国政法大学，2014．
② 张平华．连带责任的弹性不足及其克服［J］．中国法学，2015（5）：121．
③ 李中原．多数人侵权责任分担机制研究［M］．北京：北京大学出版社，2014：119．
④ 杨立新．侵权法总则［M］．北京：人民法院出版社，2009：527．
⑤ 张平华．连带责任的弹性不足及其克服［J］．中国法学，2015（5）：120．
⑥ 张平华．矫枉过正：美国侵权连带责任的制度变迁及其启示［J］．法学家，2015（5）：174．

"合理性"基础。应该看到，共同过错和因果关系理论，在责任构成论中对决定数名侵权责任人是否构成侵权、是否承担赔偿责任具有重要作用，同时，在责任分担论中将过错程度和原因力大小作为责任分担的主要标准，对决定每一个侵权人承担多大的"个人责任"具有重要作用。如果以"外部"责任分担为视角，即数名侵权人一方与原告之间，在责任构成、责任范围和受偿不能风险、证明责任分配等问题解决后，还要继续解决"内部"责任分担问题，即基于数个侵权行为不同类型的"结合"，而在数名侵权人之间进行责任分担。然而，一个典型的反问是：既然通过责任分担规则，多元责任形态最终都可以被分解为自己责任，自己责任也是侵权法上责任承担的基本原则，那么将多数人侵权责任都不做责任形态上的特殊规定，是否可行？换言之，我国是否可以趋同于大范围的限制连带责任的适用？立法规定和司法解释表明，这与我国的实际相矛盾。

在多数人侵权责任形态法定的理论前提下，我国《民法典》侵权责任编规定了连带责任、先付责任、不真正连带责任、相应责任、补充责任等多种责任形态，从行为类型或者责任构成论的视角，只能解释多元责任形态的"应然"规定与合理性，其"实然"规定与合法性则取决于以"归责"为目的的利益表达、利益取舍和利益衡量。

第六章

不真正连带责任与先付责任之利益衡量分析

第一节　不真正连带责任与先付责任的法条梳理

侵权法上的连带责任具有"法定性"特征，连带责任的适用限于侵权法明确列举的前述具体情形。当然，在特殊多数人侵权责任中，如果数个侵权行为符合一般多数人侵权责任的构成要件，也可以适用连带责任。与连带责任相比，我国侵权法上的不真正连带责任均存在于特殊侵权中，在不真正连带责任中存在承担最终责任的"最终责任人"，而其他不真正连带责任人只是权利人行使请求权的对象或称被告，属于过渡性的"中间责任人"。

一、不真正连带责任

在特殊多数人侵权责任中，规定为不真正连带责任形态的有以下5个条文，可以分成两类。

第一类是缺陷产品责任，包括2个条文：一是第1203条规定，缺陷产品造成损害，生产者与销售者承担不真正连带责任；二是第1223条规定，医药产品或者输血造成损害，产品生产者、血液提供机构与医疗机构承担不真正连带责任。其追偿权由中间责任人向造成缺陷或者"负有责任"的最终责任人行使。

第二类是第三人原因引起的特殊多数人侵权，包括3个条文：一是第1192条第2款规定，第三人行为造成提供劳务方损害，第三人和接受劳务方承担不真正连带责任；二是第1233条规定，第三人过错污染环境、破坏生态，第三人和污染者承担不真正连带责任；三是第1250条规定，第三人过错致使动物造成他人损害，第三人和动物饲养人或者管理人承担不真正连带责任。其追偿权的行使由中间责任人向最终责任人的第三人行使。

二、先付责任

在特殊多数人侵权中，规定为先付责任形态的有以下3个条文：一是第1204条规定，第三人过错使产品存在缺陷造成损害，生产者、销售者先赔偿后，向运输者、仓储者等第三人追偿。二是第1252条第1款（第2句）规定，建筑物倒塌、塌陷侵权，建设单位、施工单位先赔偿后，向其他责任人追偿。三是第1253条（第2句）规定，物件脱落、坠落侵权，所有人、管理人或者使用人赔偿后，向其他责任人追偿。

对于不真正连带责任和先付责任的法条梳理，详见表6-1。

表6-1　不真正连带责任与先付责任法条梳理

责任形态	类别	条文序号	条文主旨
不真正连带责任	缺陷产品责任	第1203条	缺陷产品造成损害，生产者与销售者承担不真正连带责任
		第1223条	医药产品或者输血造成损害，产品生产者、血液提供机构与医疗机构承担不真正连带责任
	第三人原因引起	第1192条第2款	第三人行为造成提供劳务方损害，第三人和接受劳务方承担不真正连带责任
		第1233条	第三人过错污染环境、破坏生态，第三人和污染者承担不真正连带责任
		第1250条	第三人过错致使动物造成他人损害，第三人和动物饲养人或者管理人承担不真正连带责任
先付责任	特殊多数人侵权	第1204条	第三人过错使产品存在缺陷造成损害，生产者、销售者赔偿后，向运输者、仓储者等第三人追偿
		第1252条第1款（第2句）	建筑物倒塌、塌陷侵权，建设单位、施工单位赔偿后，向其他责任人追偿
		第1253条（第2句）	物件脱落、坠落侵权，所有人、管理人或者使用人赔偿后，向其他责任人追偿

第二节　对不真正连带责任的争论与反思

不真正连带责任形态是多数人侵权责任的重要组成部分。民法学界通说认为，对一般侵权而言（尤其是单独侵权），数人侵权责任制度的基本理论结构主要是比较过错和原因力等要素。① 总体上，可以将多数人侵权责任的分担理论分为"外部分担"机制即连带责任和按份责任与"内部分担"机制即比较过错和原因力。"外部分担"的核心问题在于原告与数名侵权人一方之间对于受偿不能风险在实体法上和程序法上的分配，与此相关的问题还涉及连带责任的总括效力和与有过失制度的竞合以及连带责任的诉讼程序等。不真正连带责任从广义上来说属于连带责任中的一种，但是"不真正"又表明其与连带责任不完全相同，甚至有本质的差别。

一、不真正连带责任的类型和效力规则

不真正连带责任不仅是学理上的理论概括，我国侵权法在多个条文中规定了不真正连带责任，司法实践中也采用了不真正连带责任。一般认为，侵权法上的不真正连带责任限于前述法条梳理中缺陷产品责任的 2 个条文和第三人原因引起的特殊多数人侵权 3 个条文。但是，杨立新教授扩大了不真正连带责任的体系②，认为不真正连带责任包括典型不真正连带责任、先付责任、补充责任和并合责任等多种责任形态。

---

① 王竹．侵权责任分担论：侵权损害赔偿责任数人分担的一般理论［M］．北京：中国人民大学出版社，2009：2.

② 杨立新教授认为，不真正连带责任是指"多数行为人违反法定义务，对同一受害人实施加害行为，或者不同的行为人基于不同的行为而致使同一受害人的民事权益受到损害，各行为人产生的同一内容的侵权责任各负全部赔偿责任，并因行为人之一的责任履行而使全体责任人的责任归于消灭，或者依照特别规定多数责任人均应当承担部分或者全部责任的侵权责任形态"。杨立新．论不真正连带责任形态体系及规则［J］．当代法学，2012（3）：57.

不真正连带责任的特点在于①，一是数个责任人基于不同的原因而依法承担不真正连带责任，表现出该责任形态发生原因上的"独立性"；二是数个责任人对同一被侵权人承担全部赔偿责任，在全部负责这点上又表现出"连带性"；三是受害人享有选择的权利，可以要求任何一个责任人承担责任，如果对某一被告实现了请求权就不应再向他人提出请求；四是直接责任人在承担责任之后，有权向终局责任人要求全部追偿。此外，王竹教授认为，不真正连带责任的"法定性"是其主要特点，主要体现为责任构成、责任主体范围和存在最终责任人三方面的法定性。②

关于不真正连带责任的规则效力，可以从两方面来考察。

一是不真正连带责任人之间的"内部效力"。（1）中间责任，受害人选择其中一个不真正连带责任人并向其提出损害赔偿请求后，该责任人有义务承担全部赔偿责任，即与其他责任人"形式上连带"。（2）最终责任，由应当承担最终责任的人全部承担责任，而不是在不真正连带责任人之间实行实质的连带即分担责任，"不真正连带责任的最终责任只是一个责任，而不是份额的责任，即不分担"③。（3）追偿权行使由中间责任人向最终责任人全部追偿，而对于追偿权发生的依据，"各国立法和学说见解不一。一种主张认为求偿关系基于让与请求权……另一种主张认为求偿关系基于赔偿代位……"④。

二是数名不真正连带责任人与原告之间的"外部效力"。（1）原告行使请求权有权对被告进行"选择"，任何一个被选定的不真正连带责任人都有义务承担全部的赔偿责任。（2）被选定的责任人承担赔偿责任之后，所有责任人的赔偿责任全部消灭。

---

① 王利明．侵权责任法研究（第二版）（上卷）［M］．北京：中国人民大学出版社，2016：47-48.

② 王竹．论法定型不真正连带责任及其在严格责任领域的扩展适用［J］．人大法律评论，2009（1）：167-168.

③ 杨立新．多数人侵权行为及责任理论的新发展［J］．法学，2012（7）：47-48.

④ 杨立新．论不真正连带责任形态体系及规则［J］．当代法学，2012（3）：58.

总体上，我国民法学界对于不真正连带责任的概念特征、发生原因和效力规则等问题形成了基本共识，而且对于不真正连带责任在程序法意义上的"效率"持肯定态度，例如，赔偿权利人起诉时无须确定最终责任人、程序负担小，可以适用于最终责任人不明的情形、证明责任轻，一般存在对受害人来说起诉较为便利的责任人，责任人之间一般具有合作关系或者可以通过商业保险来规避风险的可能性等。①

二、不真正连带责任的其他可能类型

正如前文第二章述及，杨立新教授对不真正连带责任形态做了大量深入的研究，提出"竞合侵权行为"的理论概括，并认为不真正连带责任形态除典型类型（对应必要条件的竞合侵权行为），还包括以下类型：一是先付责任，对应"必要条件+政策考量"的竞合侵权行为；二是补充责任，对应提供机会的竞合侵权行为；三是在商经法上还存在"附条件"不真正连带责任，对应提供平台的竞合侵权行为；四是并合责任，对应特殊保险关系的竞合侵权行为。②

（一）先付责任

先付责任包括《民法典》侵权责任编第 1204 条、第 1252 条第 1 款（第 2 句）和第 1253 条（第 2 句）3 个法条中规定的责任形态。杨立新教授认为，先付责任作为一种责任形态③，与其"对接"的多数人侵权行为类型是"必要条件+政策考量"的竞合侵权行为。④

---

① 王竹. 论法定型不真正连带责任及其在严格责任领域的扩展适用 [J]. 人大法律评论，2009（1）：168-169.

② 杨立新. 多数人侵权行为及责任理论的新发展 [J]. 法学，2012（7）：47-48；杨立新. 论不真正连带责任形态体系及规则 [J]. 当代法学，2012（3）：59-60；杨立新. 论侵权责任并合 [J]. 法商研究，2017（2）：104；杨立新. 多数人侵权行为与责任 [M]. 北京：法律出版社，2017：17-19.

③ 杨立新教授认为，先付责任是指在不真正连带责任中，中间责任人首先承担直接责任，请求权人只能向中间责任人请求赔偿，中间责任人在承担了中间责任之后，有权向承担最终责任人追偿的不真正连带责任的特殊形态。参见杨立新. 论不真正连带责任形态体系及规则 [J]. 当代法学，2012（3）：59-60.

④ 这种多数人侵权行为类型是指，"符合必要条件的竞合侵权行为的要求，但是基于政策考量，规定间接侵权人先承担中间责任，之后向直接侵权人追偿以实现最终责任的竞合侵权行为"。杨立新. 论不真正连带责任形态体系及规则 [J]. 当代法学，2012（3）：59-60.

关于先付责任的性质，杨立新教授认为，"先付责任是不真正连带责任的一种变形，是特殊的不真正连带责任"①，先付责任规则的特殊性在于：一是中间责任人先赔偿，在侵权法规定的先付责任情形中，原告只能向中间责任人请求赔偿，其目的是维护被侵权人合法权益，但选择的方法是在一定程度上限制原告对诉讼当事人的选择权；二是中间责任人在承担了赔偿责任后，才能向最终责任人追偿且全额追偿；三是可能出现"索赔僵局"，即中间责任人无力赔偿而权利人又无法起诉最终责任人的情况。本书赞同杨立新教授提出的先付责任概念类型和效力规则，但是认为先付责任是不同于不真正连带责任的一种独立的责任形态，而且对于其中"公共政策考量"的内容需要具体分析，而不能仅用"保障被侵权人的损害能够得到及时救济"或者"赔偿权利能够及时实现"等对其合法性基础进行解释，因为在我国多数人侵权责任中，除按份责任之外的任何一种责任形态，其利益衡量的"基准点"都是倾向于民事权益保护的，而多元责任形态的不同之处恰恰在于衡量因素不同、效力规则不同以及保护力度不同。

（二）补充责任

相应的补充责任主要是指《民法典》侵权责任编第 1198 条第 2 款规定的违反安全保障义务人的过错责任和第 1201 条规定的教育机构对第三人造成行为能力欠缺者伤害的过错责任等 2 个法条中规定的责任形态。杨立新教授认为，与侵权法上的"补充责任"② 相对接的是"提供机会"的竞合侵权行为。③ 换言之，间接侵权人的"从行为"为直接侵权人的"主行为"提供机会或者具备一定的关联性，但从因果关系考察其不符合"若非—则不"标准，不是主行为的必要条件。

---

① 杨立新. 多数人侵权行为及责任理论的新发展［J］. 法学，2012（7）：48.

② 杨立新教授认为，补充责任是指两个以上的行为人违反法定义务，对一个受害人实施加害行为，或者不同的行为人基于不同的行为而致使受害人的权利受到同一损害，各个行为人产生同一内容的赔偿责任，受害人分别享有的数个请求权有顺序的区别，首先行使顺序在先的请求权，不能实现或者不能完全实现时，再行使另外的请求权予以补充的侵权责任形态。参见杨立新. 侵权法论（第三版）［M］. 北京：人民法院出版社，2005：643.

③ 这种多数人侵权行为类型是指，"两个竞合的行为，从行为为主行为的实施提供了机会，使主行为的实施能够顺利完成的竞合侵权行为"。杨立新. 论不真正连带责任形态体系及规则［J］. 当代法学，2012（3）：62.

关于补充责任的性质，杨立新教授认为，"补充责任也是不真正连带责任的一种变形，是特殊的不真正连带责任"①。补充责任的规则效力可以概括为：一是直接行为人是最终责任人，与其他责任形态不同的是，最终责任人先承担损害赔偿责任。二是负有法定作为义务的责任人在直接行为人不能赔偿时，才承担与自己过错程度或者原因力比例相当的部分责任，即表现为对侵权责任的"相应"性质和"补充"性质。三是负有法定作为义务的责任人在承担补充责任后，可以向第三人追偿。本书认为，相应的补充责任作为一种独立的责任形态，与不真正连带责任有本质的区别。从利益衡量的观点看来，补充责任对于被侵权人的保护力度甚至不如"相应责任"形态，而不真正连带责任则更接近于连带责任的保护力度。

（三）附条件的不真正连带责任

"附条件的不真正连带责任"是杨立新教授使用的概念②，主要是指《消费者权益保护法》第 43 条③、第 44 条第 1 款④以及《食品安全法》第 131 条第 2款的规定⑤。本书认为，附条件的不真正连带责任本质上属于不真正连带责任，效力规则也与不真正连带责任相同。所谓"附条件"主要是指要区分不同情况。例如，展销会结束或者柜台租赁期满，或者网络交易平台提供者和网络食品交易第三方平台不能提供销售者或者经营者真实名称、地址和有效联系方式。

---

① 杨立新. 多数人侵权行为及责任理论的新发展 [J]. 法学，2012（7）：49.
② 杨立新. 论侵权责任并合 [J]. 法商研究，2017（2）：104；杨立新. 网络交易平台提供者为消费者损害承担赔偿责任的法理基础 [J]. 法学，2016（1）：3.
③ 该条规定，"展销会结束或者柜台租赁期满后，也可以向展销会的举办者、柜台的出租者要求赔偿"。
④ 该款规定，"网络交易平台提供者不能提供销售者或者服务者的真实名称、地址和有效联系方式的，消费者也可以向网络交易平台提供者要求赔偿"。
⑤ 该款规定，"网络食品交易第三方平台提供者不能提供入网食品经营者的真实名称、地址和有效联系方式的，由网络食品交易第三方平台提供者赔偿"。

（四）特殊保险关系的并合责任①

这种并合责任主要是指最高法《人身损害赔偿司法解释》第12条第2款的规定②。单独看这一规定似乎与单独侵权没什么区别，但问题的特殊性在于被侵害人的"劳动者"身份，因为该条第1款③首先明确，受到侵害的劳动者可以按照《工伤保险条例》规定，有权或者已经获得一次赔偿。

三、不真正连带责任是独立的责任形态

本书认为，不真正连带责任是一种独立的责任形态，与连带责任相比，两者的区别具体表现为以下两方面。

一方面，在法律技术衡量因素上有差别：一是归责原则上，不真正连带责任中数名侵权行为人适用的归责原则不同，而连带责任中数名侵权行为人适用的归责原则相同；二是对因果关系要件的要求不同，不真正连带责任中数个侵权行为都不符合"相当性要求"，而连带责任中的一般多数人侵权通过"一体化"的方式减轻权利人的证明责任；三是不真正连带责任仅适用于特殊侵权，而连带责任既适用于一般侵权，也适用于特殊侵权。

另一方面，在政策价值衡量因素上有差别：一是证明责任上，不真正连带责任中无过错责任原则的适用，减轻了被侵权人的证明责任，而且中间责任人在特定条件下需要负担证明最终责任人有过错的证明责任，而连带责任中数名责任人均负担证明各自责任大小的证明责任；二是顺位利益上，不真正连带责任中的被告取决于原告选择的诉讼对象，属于单独之诉，而连带责任中数名侵权行为人作为共同被告，形成必要的共同之诉；三是追偿权行使上，不真正连带责任的中间责任人是为自己"临时""垫付"的损害赔偿金行使追偿权，而

---

①　特殊保险关系的并合责任是指，"基于一个侵权行为事实而使受害人同时产生两个赔偿请求权，两个赔偿请求权的关系是并存的，受害人可以同时向不同的责任人请求赔偿的特殊的不真正连带责任形态"。杨立新. 论不真正连带责任形态体系及规则［J］. 当代法学，2012（3）：64.

②　该款规定，"因用人单位以外的第三人侵权造成劳动者人身损害，赔偿权利人请求第三人承担民事赔偿责任的，人民法院应予支持"。

③　该款规定，"依法应当参加工伤保险统筹的用人单位的劳动者，因工伤事故遭受人身损害，劳动者或者其近亲属向人民法院起诉请求用人单位承担民事赔偿责任的，告知其按《工伤保险条例》的规定处理"。

连带责任中既包括"实际承担责任超过自己责任份额的连带责任人，有权向其他连带责任人追偿"，还包括一个或者数个连带责任人没有清偿能力时对该受偿不能部分的"重新分摊"请求权；四是在最终责任人上，不真正连带责任中只有一个最终责任人，而连带责任中的数个责任人均为最终责任人。

　　基于前述不真正连带责任与连带责任在法律技术衡量因素和政策价值衡量因素方面的诸多重要差异，本书认为，不真正连带责任是与连带责任不同的独立责任形态，立法者在责任形态配置的利益衡量过程中，不真正连带责任形态对于被侵权人民事权益保护的力度比连带责任要弱，其效力规则也没有连带责任"严厉"。

　　关于不真正连带责任形态与连带责任在衡量因素上的具体差别，详见表6-2不真正连带责任利益衡量因素的对比分析。

表6-2 不真正连带责任利益衡量因素的对比分析

法条梳理(举例)					法律技术衡量因素						政策价值衡量因素				利益衡量
责任形态	类别	条文序号	条文主旨	观察对象	归责原则	构成要件(因果关系)	免责事由(特殊事由)	特殊责任主体	特殊侵权具体类型	受偿不能风险	证明责任	顺位利益	追偿权	最终责任	衡量过程
连带责任	一般侵权	第1171条	竞合因果关系分别侵权,行为人承担连带责任	一名行为人	过错责任原则(特殊侵权多数为一般侵权也可适用)	不符合条件说	否	否	否	数名行为人	权利人责任证成要件	无	有	自己责任(和不能追偿的份额)	+++++
	特殊侵权	第1252条第1款(第1句)	建筑物倒塌、塌陷,建设单位与施工单位承担连带责任	建设单位与施工单位	过错推定	不符合相当性	否	否	是	建设单位与施工单位	减轻权利人证明责任	无	有		+++++
不真正连带责任	缺陷产品责任	第1203条	缺陷产品造成损害,生产者与销售者承担不真正连带责任	销售者(或生产者)	过错责任(无过错责任)	不符合相当性	否	否	是	生产者+销售者	无(生产者销售者有过错)	无	有	生产者(或销售者)	+++
		第1223条	医药产品血液造成损害,生产者、血液提供机构与医疗机构承担不真正连带责任	医疗机构(或生产者、血液提供机构)	过错责任(无过错责任)	不符合相当性	否	否	是	药品生产者、血液提供机构+医疗机构	无	无(取决于被侵权人对诉讼对象的选择)	有(无)	药品生产者、血液提供机构(或医疗机构)	+++

第三节　先付责任是独立的责任形态

如前文所述，在我国多数人侵权责任中，除按份责任之外的多元责任形态，无论是连带责任、先付责任、不真正连带责任，还是相应责任、补充责任，其利益衡量的"基准点"与单独侵权相比，都表现为更倾向于民事权益保护，具体到多元责任形态之间的区别则主要表现为衡量因素不同、效力规则不同以及保护力度不同。本书认为，先付责任是一种独立的责任形态，与不真正连带责任形态相比，主要差异表现在以下三方面。

一是归责原则上，先付责任形态的观察对象即"中间责任人"均适用特殊归责原则，而不真正连带责任形态的"中间责任人"适用过错责任原则。以《民法典》侵权责任编第 1204 条的规定为例，作为观察对象的中间责任人是"生产者、销售者"，他们对于缺陷产品侵权承担无过错责任，而运输者、仓储者等第三人对于产品缺陷其实承担的是过错责任。这也间接导致在"证明责任"这一衡量因素上，生产者、销售者需要证明第三人有过错才能向其行使追偿权。

同样，在《民法典》侵权责任编第 1252 条第 1 款（第 2 句）的规定中，建设单位、施工单位对于建筑物倒塌、塌陷承担过错推定责任，而"其他责任人"在一般侵权中仅承担过错责任，这也导致在"证明责任"衡量因素上，建设单位、施工单位只有证明其他责任人具有主观过错或者原因力，才能向其行使追偿权。但是，作为"对照组"的不真正连带责任形态，以《民法典》侵权责任编第 1203 条规定的缺陷产品责任为例，同样以中间责任人即"销售者"为观察对象，销售者对于产品缺陷其实承担的是过错责任，严格来讲，缺陷产品的生产者才承担无过错责任。

二是最重要的区别在于责任人的"顺位利益"衡量因素上。从利益衡量的过程来看，先付责任人在顺位利益上的"率先赔偿"特点，表现出明显的民事权益维护倾向性。因此，对侵权责任人而言，先付责任形态在立法上表现出"重于"不真正连带责任形态的特点。

三是先付责任人不仅没有"顺位利益"，而且要先行赔偿的突出特点，间接影响到在"受偿不能风险"衡量因素中，先付责任人实际上处在"第一顺位"

承担损害赔偿责任，其他可能的责任人则是隐藏在先付责任人的背后，被侵权人没有选择被告的权利，不必也不能直接起诉其他责任人，因而在民事诉讼中甚至可能形成对先付责任人的单独之诉。但是在不真正连带责任形态中，数名侵权责任人处在"同一顺位"的位置面对原告的诉讼，至于到底谁会成为被告，则取决于被侵权人对诉讼对象的选择。关于先付责任形态与不真正连带责任在其他衡量因素上的具体差别，详见表6-3先付责任利益衡量因素的对比分析。

表6-3　先付责任利益衡量因素的对比分析

责任形态	类别	条文序号	条文主旨	观察对象	归责原则	构成要件（因果关系）	免责事由（特殊事由）	特殊责任主体	特殊责任具体类型	受偿不能风险	证明责任	顺位利益	追偿权	最终责任	衡量过程
不真正连带责任	缺陷产品责任	第1203条	缺陷产品造成损害，生产者与销售者承担不真正连带责任	销售者（或生产者）	过错责任（无过错责任）	不符合相当性	否	否	是	生产者、销售者	无（生产者证明销售者有过错）		有	生产者（或销售者）	+++
		第1223条	医药产品输害或者造成损害，药品、血液提供机构与医疗机构承担不真正连带责任	医疗机构（或药品、血液生产机构）	过错责任（无过错责任）	不符合相当性	否	否	是	药品、血液生产者、提供者+医疗机构	无	无（取决于被侵权人对诉讼对象的选择）	有（无）	药品、血液生产者、提供机构（或者医疗机构）	+++
先付责任	特殊侵权	第1204条	第三人入过错产品存在缺陷造成损害，生产者、销售者赔偿后，向运输者、仓储者等第三人追偿	生产者、销售者	无过错责任（运输者、仓储者等第三人过错责任）	不符合相当性	否	否	是	生产者、销售者（不包括第三人）	生产者、销售者证明第三人过错	无（且先承担）	有	第三人	++++
		第1252条第1款（第2句）	建筑物倒塌、塌陷侵权，建设单位、施工单位赔偿后，向其他责任人追偿	建设单位、施工单位	过错推定	不符合相当性	否	否	是	建设单位、施工单位（不包括其他责任人）	建设单位、施工单位证明有其他责任人	无（且先承担）	有	其他责任人（或）	++++

本章小结

　　通过对不真正连带责任和先付责任的法条梳理，本书将侵权法上不真正连带责任形态的法律规定分为两类，一是典型的不真正连带责任，包括《民法典》侵权责任编第 1203 条和第 1223 条等 2 个条文，二是第三人原因引起多数人侵权的不真正连带责任，包括第 1192 条第 2 款，第 1233 条和第 1250 条等 3 个条文。先付责任，包括《民法典》侵权责任编的 3 个条文：第 1204 条规定的第三人过错使产品存在缺陷造成损害，生产者、销售者赔偿后向运输者、仓储者等第三人追偿；第 1252 条第 1 款（第 2 句）规定的建筑物倒塌、塌陷侵权，建设单位、施工单位赔偿后有权向其他责任人追偿；第 1253 条（第 2 句）规定的物件脱落、坠落侵权，所有人、管理人或者使用人赔偿后向其他责任人追偿。

　　我国民法学界对于不真正连带责任的发生原因和效力规则，基本上形成了较为一致的意见，但是对不真正连带责任的类型，有不同的观点。通过比较不真正连带责任与连带责任在法律技术和政策价值衡量因素上的具体差异，具言之，以特定责任人为观察对象，两者适用的归责原则不同、因果关系的特殊性不同、证明责任的分配不同、顺位利益不同、最终责任承担不同，本书认为，不真正连带责任作为一种独立的责任形态，与连带责任相比，对于被侵权人民事权益保护的力度要更弱，其效力规则也没有连带责任"严厉"。

　　先付责任与不真正连带责任不同，是一种独立的责任形态。通过列表对比、逐一比较，先付责任与不真正连带责任在法律技术和政策价值衡量因素上的差异主要表现为：以中间责任人为观察对象，一是适用的归责原则不同，二是中间责任人的"顺位利益"不同。从责任形态配置的衡量过程来看，先付责任与不真正连带责任相比，更倾向于民事权益保护，但是其保护力度不如连带责任形态。对于先付责任和不真正连带责任形态的衡量过程分析，在本书第四章已经述及，本章不再赘述。

　　需要强调的是，连带责任、先付责任和不真正连带责任作为法律制度的产物，其目的都是及时、充分救济受害人，并通过其效力规则内在的规定性，表现出倾向于民事权益保护的利益衡量结果。从最终承担责任——个人责任、自己责任的视角来看，一方面，连带责任可以通过责任分担规则，最终分解为每个侵权人的个人按份责任或者平均分担，而不真正连带责任和先付责任，最终要由真正责任人承担个人责任，涉及追偿权行使的问题，但不涉及责任分担问题。另一方面，连带责任形态将"受偿不能风险"转移给数名侵权行为人"连带"，形成必要的共同之诉，十分有利于民事权益保护；不真正连带责任和先付责任，则将受偿不能风险从"形式意义"上转移给数名侵权行为人，实质上通过原告对诉讼对象的选择，往往形成单独之诉。

第七章

相应责任与补充责任之利益衡量分析

在《民法典》侵权责任编中有 10 个条文使用"相应的责任"或"相应的赔偿责任"这一表述，本书认为，其中有 6 个条文是对相应责任形态的规定，其余 4 个条文是对多数人侵权责任分担以及和与有过失规则相交叉问题的责任分担规则。目前，《民法典》侵权责任编对补充责任形态的规定仅见于 2 个条文，但是从义务来源等方面分析，第 1195 条第 2 款网络服务提供者对网络用户侵权的扩大部分承担连带责任，第 1256 条第 2 句公共道路管理人的侵权责任为相应责任，有待商榷。

第一节　相应责任与补充责任法条梳理

一、相应责任

《民法典》侵权责任编共有 16 个条文使用"相应的"这一表述，其中，3 个条文是"相应的惩罚性赔偿"，3 个条文分别是"相应的"担保、医疗措施、诊疗义务，属于习惯性法律用语，在此不予统计。其余 10 个条文情况如下。

（一）侵权法总则中的相应责任

在侵权法总则部分，使用相应责任的有以下 2 个条文：一是第 1169 条第 2 款规定，教唆、帮助行为能力欠缺者侵权，教唆、帮助人承担侵权责任，监护人承担未尽职责的相应责任。二是第 1172 条规定，数名侵权行为人分别实施+造成同一损害，各自承担相应的责任。需要特别指出的是，本书认为，第 1169

条第 2 款规定的相应责任属于独立的责任形态，而第 1172 条规定的相应责任是典型的责任分担规则，属于分别侵权行为、承担共同责任的情形，其责任形态为按份责任，其责任分担规则为综合考量过错程度和原因力大小进行内部责任分担。

（二）侵权法分则中的相应责任

在侵权法分则部分，使用相应责任的有以下 8 个条文，可以分为两类。

第一类是属于独立责任形态的相应责任，包括 5 个条文：一是第 1189 条，在监护职责委托给他人情形下，受托人承担的过错责任；二是第 1191 条第 2 款，在被派遣的工作人员造成他人损害情形下，劳务派遣单位承担的过错责任；三是第 1209 条，在租借机动车情形下，所有人、管理人承担的过错责任；四是第 1212 条，在未经允许驾驶他人机动车情形下，机动车所有人、管理人承担的过错责任；五是第 1256 条第 2 句，在公共道路上堆放、倾倒、遗撒妨碍通行物品的情形下，公共道路管理人承担的过错推定责任。

第二类是属于责任分担规则的相应责任，包括 3 个条文：一是第 1192 条第 1 款（第 3 句）规定，提供劳务方与接受劳务方，根据各自的过错承担责任；二是第 1193 条（第 2 句）规定，承揽人造成侵权或受到损害，定作人承担与过错相应的责任；三是第 1224 条第 2 款规定，医疗机构或者其医务人员承担与过错相应的赔偿责任。

本书认为，如果从单独侵权或者多数人侵权，以及承担单独责任或者共同责任两个维度分类，第 1192 条第 1 款第 3 句、第 1193 条第 2 句和第 1224 条第 2 款等 3 个条文属于单独侵权、承担单独责任的情形，即不涉及多数人侵权的责任形态问题，侵权人与被侵权人按照过失相抵规则分担责任，单独侵权人须承担部分责任。

二、补充责任

在特殊多数人侵权责任中，规定为补充责任形态的有以下 2 个条文：一是第 1198 条第 2 款的规定①，二是第 1201 条的规定②。在补充责任形态中，侵权

---

① 该款规定，因第三人行为造成他人损害，第三人承担侵权责任，未尽安全保障义务的经营者、管理者或者组织者承担相应的补充责任。

② 该条规定，行为能力欠缺者受到第三人人身损害，第三人承担侵权责任，未尽到管理职责的教育机构承担相应的补充责任。

责任人的范围不仅包括侵权行为人，还包括补充责任人。补充责任人通常表现为未尽法定作为义务的不作为侵权，其承担与自身过错相应的、后一顺位的侵权责任。总体上，2 个条文都属于第三人原因引起的多数人侵权责任，在本书第四章对其法律技术和政策价值衡量因素已经进行分析，在此不再赘述。本部分重点通过对其衡量因素的列表式对比，说明另外还有 1 个条文，即第 1256 条第 2 句规定的公共道路管理人不作为侵权的过错推定责任并承担"相应的责任"，其责任承担结构非常类似于补充责任形态，其"应然"的责任形态为补充责任。

表 7-1　相应责任与补充责任法条梳理

责任形态	类别	条文序号	条文主旨
相应的责任	独立的责任形态	第 1169 条第 2 款	教唆、帮助行为能力欠缺者侵权，教唆、帮助人承担侵权责任，监护人未尽监护职责的承担相应的责任
		第 1189 条	在监护职责委托给他人情形下，监护人承担侵权责任，受托人有过错的承担相应的责任
		第 1191 条第 2 款 新改	在被派遣人员造成他人损害，用工单位承担侵权责任，劳务派遣单位有过错的承担相应的责任
		第 1209 条	在租赁、借用等情形下，机动车使用人承担赔偿责任，机动车所有人、管理人有过错的承担相应的责任
		第 1212 条	在未经允许驾驶他人机动车情形下，机动车使用人承担赔偿责任，机动车所有人、管理人有过错的承担相应的责任
		第 1256 条第 2 句 新改	在公共道路上堆放、倾倒、遗撒妨碍通行物品，行为人承担侵权责任，公共道路管理人不能证明已尽义务的承担相应的责任
	责任分担规则	第 1172 条	二人以上分别实施侵权行为造成同一损害，各自承担相应的责任
		第 1192 条第 1 款（第 3 句）	提供劳务方因劳务受到损害，根据双方各自的过错承担相应的责任
		第 1193 条（第 2 句）	承揽人造成第三人或者自己损害，定作人承担与过错相应的责任
		第 1224 条第 2 款	患者在诊疗中受到损害（患者或者其近亲属不配合），医疗机构或者其医务人员承担与过错相应的赔偿责任

续表

责任形态	类别	条文序号	条文主旨
补充责任	特殊责任主体	第 1198 条第 2 款	因第三人行为造成他人损害，第三人承担侵权责任，未尽安全保障义务的经营者、管理者或者组织者承担相应的补充责任
		第 1201 条	行为能力欠缺者受到第三人人身损害，第三人承担侵权责任，未尽到管理职责的教育机构承担相应的补充责任

第二节　"相应责任"之辨

《民法典》侵权责任编中规定"相应的（赔偿）责任"共有 10 个条文①。关于"相应责任"性质，民法学界有不同观点：一种观点认为，相应责任既是对内部的责任，也是对外部的责任，性质上属于按份责任。"'相应的责任'在本质上是一种按份责任，这与《民法总则》第 177 条的规定是一致的。"② 另一种观点认为，相应责任只是对内部而言，不是按份责任，而是和全部责任对应的部分赔偿责任。③

还有观点认为，"既不能将我国《民法典》侵权责任编中'相应的责任'统一解读为某种既有的责任形态，也不能将某个具体条款中'相应的责任'固化为某种单一责任形态。……应当对'相应的责任'所涉条款进行系统性的解读"④。本书认为，对《民法典》侵权责任编中"相应的责任"具体规定进行类

① 详见《民法典》侵权责任编第 1169 条第 2 款，第 1189 条，第 1191 条第 2 款，第 1209 条，第 1212 条，第 1256 条第 2 句等 6 个条文；第 1172 条，第 1192 条第 1 款第 3 句，第 1193 条第 2 句，第 1224 条第 2 款等 4 个条文。

② 张新宝. 侵权责任编起草的主要问题探讨［J］. 中国法律评论，2019（1）：138.

③ 例如，王利明教授认为，"法律上之所以要规定相应的责任，是因为可能存在多个责任主体，或者责任主体与行为主体之间相分离"。王利明. 侵权责任法研究（第二版）（上卷）［M］. 北京：中国人民大学出版社，2016：51－52.

④ 焦艳红. 我国《民法典》侵权责任编中"相应的责任"之责任形态解读［J］. 中州学刊，2022（6）：36.

型化研究，总体上可以将其分为两类：一是部分条文规定了一种独立的多数人侵权责任形态，即"相应的"责任形态；二是部分条文属于典型的责任分担规则。

一、作为独立责任形态的相应责任

本书认为，以下6个条文中规定的相应责任，属于一种独立的责任形态：（1）第1169条第2款，（2）第1189条，（3）第1191条第2款，（4）第1209条，（5）第1212条，（6）第1256条第2句。

对于第1169条第2款和第1209条的规定，有观点认为，这属于"单向连带责任"[①]，是连带责任的一种新类型，"连带责任的新发展，是在连带责任中出现了单向连带责任"[②]。本书认为，从条文内容看，第1169条第2款规定教唆、帮助人承担"侵权责任"+未尽到监护职责的监护人承担"相应的责任"，第1209条规定机动车使用人承担"赔偿责任"+有过错的机动车所有人、管理人承担"相应的赔偿责任"，2个条文规定的侵权责任承担模式为"确定的全部责任+或有的部分责任=全部责任"，这不同于典型连带责任的外部效力和内部责任分担，而且全部责任与部分责任在性质上不存在连带的问题，既不是全部连带，也不是部分连带，而是一种独立的责任形态。

申言之，上述6个条文规范的责任承担模式均为"确定的全部责任+或有的部分责任=全部责任"，其适用情形具有法定性特征，限于侵权法上述条文的具体规定。"相应的"责任形态的特征表现为：一方面从外部效力看，相应责任人承担"相应的责任"具有"或然性"，即在其不存在主观过错的情形下，不用承担"相应的责任"，因而也不会产生与全部责任人的责任分担问题；另一方面从内部责任分担看，"相应的"责任人在赔偿的顺位利益、追偿权行使规则等方面，与不真正连带责任、补充责任等责任形态均不相同。

需要特别指出的是，第1256条第2句规定公共道路管理人的不作为侵权并

---

① 例如，杨立新教授认为，"在多数人侵权行为中，一方当事人承担连带责任，另一方当事人承担按份责任，是我国以前的侵权责任法律规范没有规定的责任形态，因此是一种新型的侵权责任形态，把它称为单向连带责任是比较妥当的"。杨立新 . 教唆人、帮助人责任与监护人责任 [J]. 法学论坛，2012（3）：52.

② 杨立新 . 多数人侵权行为及责任理论的新发展 [J]. 法学，2012（7）：46.

承担相应责任，本书认为，该条与《民法典》侵权责任编第 1198 条第 2 款和第 1201 条规定的补充责任形态相比，在侵权行为特征（不作为侵权）、因果关系类型和主观过错方面均具有相似性，因此其责任形态在"应然"意义上应为同一类型，即均应规定为补充责任，但是立法上并没有赋予公共道路管理人承担赔偿责任的顺位利益，可能的原因与该条适用过错推定责任有关，属于立法上的特殊衡量。

二、属于责任分担规则的相应责任

本书认为，《民法典》侵权责任编第 1172 条、第 1192 条第 1 款第 3 句、第 1193 条第 2 句和第 1224 条第 2 款等 4 个条文，虽然也使用"相应的（赔偿）责任"的表述，但不属于一种独立的责任形态，而是对于责任分担规则的明确规定。如果从单独侵权或者多数人侵权，以及承担单独责任或者共同责任两个维度分类，上述 4 个条文可以归纳为两类。

一是第 1172 条属于多数人侵权、承担共同责任的情形，即数名侵权人承担共同责任，责任形态为按份责任，综合考量过错程度和原因力大小进行内部责任分担，每一名侵权人均承担部分责任；二是第 1192 条第 1 款第 3 句、第 1193 条第 2 句和第 1224 条第 2 款等 3 个条文属于单独侵权、承担单独责任的情形，即不涉及多数人侵权的责任形态问题，侵权人与被侵权人按照过失相抵规则分担责任，单独侵权人须承担部分责任。

第一，按照过错程度和原因力大小分担责任的多数人侵权情形。对于第 1172 条的规定，有学者从因果关系的特殊性角度，将其归纳为"以部分因果关系表现的无意思联络数人侵权"[1]、"累积（竞合）因果关系的竞合侵权行为"[2]；有学者从多个侵权行为之间的关系以及损害结果的同一性角度，将其总结为"典型的分别侵权行为"[3]、"承担按份责任的分别侵权行为"[4]。虽然称谓

---

[1] 王利明. 侵权责任法研究（第二版）（上卷）[M]. 北京：中国人民大学出版社，2016：588.

[2] 最高人民法院侵权责任法研究小组.《中华人民共和国侵权责任法》条文理解与适用（第 2 版）[M]. 北京：人民法院出版社，2016：95-96.

[3] 杨立新. 侵权责任法（第三版）[M]. 北京：法律出版社，2018：119.

[4] 黄薇. 中华人民共和国民法典侵权责任编解读 [M]. 北京：中国法制出版社，2020：32-34.

不同，从责任形态角度观察，该条规范的是数名侵权人承担共同责任、按份责任的情形。① 申言之，无论是按份责任、连带责任，还是先付责任、不真正连带责任或者补充责任，民法学界通说和司法实践中对于多数人侵权的责任形态，一般按照过错程度和原因力大小，按比例确定每一名侵权人的最终责任份额，即综合考量过错程度和原因力大小按比例确定数名侵权人最终责任的分担。② 因此，如果从多数人侵权的责任构成论、责任形态论和责任分担规则相区分、相适应的角度观察，第1172条的责任形态为按份责任，其内容为多数人侵权的责任分担规则。

此外，《民法典》中虽未使用"相应的"法律术语，但也属于多数人侵权责任分担规则的规定，还包括两条：一是总则编第178条第2款关于连带责任内部分担规则的规定。其中，"责任份额"是数名侵权人须实际承担的最终责任，要根据各自"责任大小"，即综合考量过错程度和原因力大小以具体确定。二是《民法典》侵权责任编第1231条关于多数人污染环境、破坏生态责任分担规则的规定。本书认为，该条对于多数人侵权的责任形态未予明确，根据不同情形，可能形成按份责任或者连带责任等多种责任形态。③ 从内容上看，该条关于责任大小的规定，明确了根据污染物种类、排放量和浓度等具体指标，是对原因力诸考量因素的具体细化。这2个条文也属于多数人侵权责任分担规则的规定。

第二，按照过失相抵规则分担责任的单独侵权情形。《民法典》侵权责任编第1192条第1款第3句④、第1193条第2句⑤以及第1224条第2款⑥的规定，从单独侵权或者多数人侵权的分类看，属于单独侵权；从单方责任或者双方责

---

① 《民法典》侵权责任编第1172条与《民法典》总则编第177条关于按份责任内部责任分担的规定，内容一致。在多数人侵权责任中，按份责任形态属于基础性规定，如果法律没有特别规定，数名侵权人原则上承担按份责任形态。

② 王竹. 侵权责任分担论：侵权损害赔偿责任数人分担的一般理论［M］. 北京：中国人民大学出版社，2009：219-222.

③ 王竹. 论数人侵权责任分担原则：对《侵权责任法》上"相应的"数人侵权责任立法技术的解读［J］. 苏州大学学报（哲学社会科学版），2014（2）：70.

④ 该句规定，"提供劳务一方因劳务受到损害的，根据双方各自的过错承担相应的责任"。

⑤ 该句规定，"定作人对定作、指示或者选任有过错的，应当承担相应的责任"。

⑥ 该款规定，"前款第一项情形中，医疗机构或者其医务人员也有过错的，应当承担相应的赔偿责任"。

任的分类看，属于双方责任；从单独责任或者共同责任分类看，属于单独责任。概言之，前述条文规定的并非多数人侵权责任，更与责任形态问题无关，因此，应按照过失相抵规则在侵权人与被侵权人之间分担侵权责任。

三、相应责任作为独立责任形态的意义

第一，有利于厘清责任形态论、责任分担规则和过失相抵规则适用的不同情形。从"侵权人—被侵权人"的双边关系看，若侵权人一方为单独责任，可能涉及过失相抵规则、责任分担规则，但不涉及责任形态问题；若侵权人一方为共同责任，则可能涉及过失相抵规则、责任分担规则和责任形态问题。换言之，过失相抵规则既可能适用于单独侵权，也可能适用于多数人侵权；责任分担规则从广义上说，既可以包括单独侵权或多数人侵权的过失相抵规则，也可以包括多数人侵权的内部责任分担。因此，责任形态论、责任分担规则和过失相抵规则之间的关系，可以概括为"虽有可能交叉适用，但切入视角各有不同"，即过失相抵规则着眼于"侵权人—被侵权人"双边关系中的责任分担，责任形态论重点解决"数名责任人承担共同责任"的外部效力和内部效力问题，责任分担规则既可以包括双边关系中的责任分担，又可以包括多数人侵权的内部责任分担。

第二，有利于深化对责任形态论的认识并丰富其内涵。责任形态论主要是在侵权人一方为多数人时，对数名责任人承担共同责任的外部效力和内部效力的理论概括，对于某一具体的责任形态，其外部效力可能涉及过失相抵规则的优先适用，其内部效力则与责任分担规则紧密联系。无论是作为多数人侵权原则性规定的按份责任形态，还是具有法定性特征的连带责任、先付责任、不真正连带责任、相应责任或者补充责任，多数人侵权责任形态论既不同于多数人侵权的责任构成论，又区别于多数人侵权的责任分担规则，在多数人侵权"责任构成—责任形态—责任分担"三者关系中，责任形态处于承上启下的枢纽位置：一方面，对于多数人侵权责任构成的讨论，要归结于具体责任形态的立法配置；另一方面，对于责任分担规则的讨论，要以责任形态的法定性为前提。

第三，有利于明确"相应责任"与其他责任形态的区别。一是在"相应的"责任形态中，立法上通过明确"相应的"责任主体，可以降低受害人受偿不能风险的概率，更有利于保护受害人利益。二是与补充责任人承担责任的顺

位利益相比，"相应的"责任人不具有顺位利益，其与全部责任人在侵权赔偿责任的承担上处于同一位阶，没有顺序先后的差别。三是关于证明责任分配，除第1256条适用过错推定责任，被侵权人无须证明公共道路管理人的主观过错要件外，原则上均由被侵权人承担责任构成诸要件的证明责任。四是关于最终责任承担，如果"相应的"责任人有过错，则其承担与过错相应的部分责任；如果"相应的"责任人没有过错，则其不用承担侵权责任。五是关于"相应的"责任形态的追偿权问题，《民法典》侵权责任编没有明确规定，有学者认为，侵权责任人有权向"相应的"责任人追偿。[①] 本书则认为，如果参照《民法典》侵权责任编关于补充责任追偿权的新增规定，结论刚好相反，"相应的"责任人在承担侵权责任后，可以向全部责任人追偿。

综上所述，本书认为，《民法典》侵权责任编关于"相应责任"的规定可以分为两大类、两小类。

一类是独立的责任形态。从内容上看，其规范的是"确定的全部责任+或有的部分责任=全部责任"的责任承担模式，作为一种独立的责任形态，"相应的"责任在受偿不能风险分配、责任承担的顺位利益、证明责任分配和最终责任承担等方面，与不真正连带责任、补充责任等责任形态均不相同。此外，《民法典》侵权责任编第1256条第2句与规定为补充责任的条文具有结构一致性，但是立法上没有赋予公共道路管理人承担赔偿责任的顺位利益。对于相应责任形态，立法上应赋予相应责任人追偿权并完善追偿权行使规则。

另一类是责任分担规则，具体分为两小类：一是《民法典》侵权责任编第1172条属于多数人侵权、单方责任、承担共同责任的情形，其责任形态为按份责任，责任分担须综合考量主观过错和原因力大小。二是《民法典》侵权责任编第1192条第1款第3句、第1193条第2句和第1224条第2款属于单独侵权、双方责任、承担单独责任的情形，其责任分担按照过失相抵规则，在侵权人和被侵权人之间分担侵权责任。

对相应责任形态利益衡量因素的分析，详见表7-2。

---

① 杨立新. 多数人侵权行为与责任［M］. 北京：法律出版社，2017：15；王竹. 论数人侵权责任分担原则：对《侵权责任法》上"相应的"数人侵权责任立法技术的解读［J］. 苏州大学学报（哲学社会科学版），2014（2）：75.

表7-2 相应责任形态利益衡量因素分析

责任形态		法条梳理		法律技术衡量因素						政策价值衡量因素				利益衡量
		条文序号	观察对象	归责原则	构成要件（因果关系）	特殊免责事由	特殊责任主体	特殊侵权具体类型	受偿不能风险	证明责任	顺位利益	追偿权	最终责任	衡量过程
相应的责任		第1169条第2款	监护人	过错责任	不符合相当性	否	否	否	教唆帮助人、监护人	无	无	无	确定的全部责任人+或有的部分责任人	++
		第1189条	受托人	过错责任	不符合相当性	否	是	否	监护人、受托人	无	无	无		++
		第1191条第2款	劳务派遣单位	过错责任	不符合相当性	否	是	否	用工单位、派遣单位	无	无	无		++
		第1209条	机动车所有人、管理人	过错责任	不符合相当性	否	否	是	机动车使用人、所有人、管理人	无	无	无		++
		第1212条	机动车所有人、管理人	过错责任	不符合相当性	否	否	是	机动车使用人、所有人、管理人	无	无	无		++
		第1256条第2句	公共道路管理人	过错推定	未尽到清理、防护、警示等义务	否	否	是	行为人、公共道路管理人	管理人证明尽到管理义务	无	无		++

第三节　特殊责任主体中的补充责任

补充责任形态是从我国司法实践中逐渐发展起来的一种独立的多数人侵权责任形态。本书认为，所谓"相应的补充责任"，对于"相应"的理解与相应责任形态中的"相应"近似，而"补充"则重点强调了责任人的顺位利益。我国民法学界对于补充责任的研究成果较为丰富。例如，王竹教授认为，"补充责任形态实现了对侵权责任扩张的限制与当事人利益的平衡，符合我国司法现状，在比较法上具有先进性"[1]，而且认为对于补充责任形态的适用，可以在第三人侵权预防领域予以扩展适用。又例如，张新宝教授认为，"补充责任不同于不真正连带责任，是与其相对应的一种新型责任形态"[2]。本书赞同这一观点，并主要通过补充责任形态中的各个衡量因素进行利益衡量分析。

一、侵权法上的补充责任概述

在立法史上，我国法律和司法解释关于补充责任的相关规定，最早见于1988年《民通意见》第 160 条的规定[3]，确立了教育机构的过错赔偿责任。比较明确、全面规定补充责任的，是最高人民法院 2003 年《人身损害赔偿司法解释》第 6 条第 2 款和第 7 条第 2 款的规定。

2009 年《侵权责任法》吸收了上述司法解释成功经验（《侵权责任法》第 37 条第 2 款和第 40 条），并新增 1 条补充责任形态的规定，即第 34 条第 2 款[4]。但新增的这一条文，在《民法典》侵权责任编立法中，即第 1191 条第 2 款，又将其改为"相应的责任"。

---

① 王竹，杨立新. 侵权责任分担论［J］. 法学家，2009（5）：150.
② 张新宝. 我国侵权责任法中的补充责任［J］. 法学杂志，2010（6）：3.
③ 该条规定，"在幼儿园、学校生活、学习的无民事行为能力人或者在精神病院治疗的精神病人，受到伤害或者给他人造成损害，单位有过错的，可以责令这些单位适当给予赔偿"。
④ 该款规定，被派遣工作人员造成他人损害，用工单位承担侵权责任，劳务派遣单位承担与过错相应的补充责任。

（一）补充责任的发生原因和效力规则

关于补充责任的发生原因，张新宝教授认为，"是多个责任主体对同一损害后果承担共同责任时的一种侵权赔偿责任"①，换言之，补充责任规范的情形是"一个侵权行为—同一损害结果—两个赔偿请求权"。因此，对权利人行使赔偿请求权有顺序上的要求，"首先行使顺序在先的请求权，不能实现或者不能完全实现时，再行使另外的请求权予以补充的侵权责任形态"②。具言之，所谓顺序在先的请求权，是指针对加害人实施的直接侵权行为，一般属于积极的作为侵权；而顺序在后的请求权，是指针对负有法定积极作为义务的民事主体，违反法律规定的消极不作为侵权。正是由于补充责任形态的特点鲜明，我国不少民法学者认为其是一种独立的责任形态。③

总体上，民法学界对于补充责任的概念界定，虽然有的是从侵权行为类型切入，有的是采用侵权责任类型或者责任形态的视角，但对于补充责任中的发生原因、请求权行使顺序等问题，理论观点基本一致；但是都没有涉及补充责任人追偿权的有无以及如何行使等问题。

关于补充责任的效力规则，张新宝教授认为④，一是补充责任的归责基础是补充责任人存在过错，即适用过错责任原则（对法定义务的违反），换言之，无过错即无责任。二是补充责任的赔偿范围并不是全部损害，其适用的典型情形是直接侵权人逃逸或者无力赔偿，在求偿顺序上补充责任人是第二顺位。三是关于追偿权问题，张新宝教授的观点有所变化：一方面，曾较早建议"增加规

---

① 张新宝. 我国侵权责任法中的补充责任 [J]. 法学杂志，2010 (6)：2.

② 杨立新教授认为，侵权法的补充责任，是指两个以上的行为人违反法定义务，对一个受害人实施加害行为，或者不同的行为人基于不同的行为而致使受害人的权利受到同一损害，各个行为人产生同一内容的赔偿责任，受害人分别享有的数个请求权有顺序的区别。杨立新. 侵权法论 [M]. 北京：人民法院出版社，2005：643. 王利明教授也认为，"只有排在前位的赔偿义务人的赔偿不足以弥补损害时，才能请求排在后位的赔偿义务人赔偿"。王利明. 民法（第八版）（下册）[M]. 北京：中国人民大学出版社，2020：514.

③ 例如，王竹教授认为，我国侵权法上的补充责任是一种独立的多数人侵权责任形态；并将其定义为："补充责任形态是指数个损害赔偿责任人对赔偿权利人负有同一赔偿义务，但法律规定赔偿权利人只能按照一定的顺序请求损害赔偿的责任形态。"王竹. 补充责任在《侵权责任法》上的确立与扩展适用：兼评《侵权责任法草案（二审稿）》第 14 条及相关条文 [J]. 法学，2009 (9)：86.

④ 张新宝. 侵权责任编起草的主要问题探讨 [J]. 中国法律评论，2019 (1)：139.

定第三人侵权情形下安全保障义务人的追偿权"①。原因在于，第三人侵权行为是损害发生的主要原因、积极原因和直接原因，安全保障义务人未履行法定作为义务不应成为第三人侵权行为的减免责事由。另一方面，后来又认为"承担补充责任之后不宜享有追偿权……对于自己的过错承担责任而不追偿，于法理有据"②。

有学者比较分析了补充责任形态与其他责任形态的区别③：一方面，在补充责任中，虽然有两个以上的法定责任人，但承担责任的先后顺序具有法定性，这与不真正连带责任形态的效力规则有重大区别。另一方面，补充责任人承担义务的来源是对法定积极作为义务的违反，因而其不承担最终责任，这与连带责任形态的效力规则明显不同。但是，也有观点认为，补充责任并不是一种独立的责任形态，除责任人在承担责任的顺序上有差别之外，总体上更接近不真正连带责任形态。④ 本书认为，一方面，既然承认补充责任的"补充"性质，那么就应该赋予补充责任人以追偿权；另一方面，本书赞同王竹教授的观点，补充责任作为一种责任形态，既不同于连带责任，也不同于不真正连带责任。详见下文关于补充责任形态利益衡量因素的分析。

总体上，"关于补充责任的具体规则主要围绕赔偿顺序、赔偿份额和追偿权三个方面展开"⑤。对此，本书在认为补充责任是一种独立责任形态的前提下，支持前文述及的张新宝教授较早期的观点。

（二）补充责任的类型划分

对于补充责任的分类，有观点认为，补充责任可以分为两种类型⑥：一种是"完全的"补充责任，如对于监护人责任的规定，如果被监护人的财产不足以赔偿全部损失，其余部分由监护人全额补充。另一种是"相应的"补充责任，可以按照过错大小或者原因力比例确定责任大小。也有观点认为，可以将补充责

① 张新宝．民法分则侵权责任编立法研究［J］．中国法学，2017（3）：64.
② 张新宝．侵权责任编起草的主要问题探讨［J］．中国法律评论，2019（1）：139.
③ 王竹．补充责任在《侵权责任法》上的确立与扩展适用：兼评《侵权责任法草案（二审稿）》第14条及相关条文［J］．法学，2009（9）：86.
④ 例如，杨立新教授认为，"侵权行为补充责任属于不真正连带责任（或称不真正连带债务）中的一种"。杨立新．论侵权责任的补充责任［J］．法律适用，2003（6）：16.
⑤ 翟树杰．侵权补充责任研究［D］．太原：山西大学，2020.
⑥ 张新宝．侵权责任的解释［J］．天津滨海法学，2011，2：323.

任形态按照侵权行为类型进行划分，主要包括：（1）未尽到安全保障义务的类型；（2）教育机构未尽到教育保护义务的行为；（3）对虚假证明材料出具不实公证文书的行为；（4）其他类型，如被监护人因教唆、帮助致人损害而监护人未尽监护责任的行为，使用人驾驶机动车致人损害而所有人未尽注意义务的行为等。① 同时，邬砚博士还强调，以下侵权行为类型不应配置为补充责任形态②：一是在劳务派遣中，派遣单位的责任；二是第三人侵权导致的受益人补偿责任，被监护人致人损害而导致的监护人责任等。

本书认为，尽管类型划分的标准不一、结果也不尽相同，但前述类型划分的共同之处在于：都以存在数名侵权责任人为前提条件，在数名侵权责任人的"内部关系中"，直接侵权责任人须承担全部侵权责任，补充责任人仅承担第二顺位责任、部分责任，申言之，在直接侵权责任人有能力承担赔偿责任的情况下，补充责任人不承担赔偿责任，补充责任人的责任大小既要考虑其经济状况，也要结合其主观过错程度和原因力大小综合判断。

（三）美国侵权法近似制度评析

与我国违反安全保障义务人"相应的补充责任"不同，美国《侵权法重述第三次：实体与精神损害责任》第 14 节规定，"因未就某一故意侵权行为的具体风险对他人进行保护而承担责任的一方应——在分配给该方的比较责任份额之外——对分配给该故意侵权人的比较责任份额承担连带与单独责任"。也就是说，该责任重于我国《民法典》侵权责任编中的安全保障义务，责任人不仅要承担自己的按份责任，还要连带承担故意侵权人的责任。此外，第 15 节"协同行为人"规定，"当多人因协同行为而承担责任时，所有各方应对分配给参与该协同行为的每一方的比较责任份额承担连带与单独责任"③。

关于这一问题，本书认为，在美国侵权法的司法实践中存在对"不同标准的价值"进行比较的这一问题，也就是在具体的责任分配和确定责任比例时，对故意侵权人和过失侵权人的故意、过失进行比较，进而分配承担责任比例的

---

① 邬砚. 侵权补充责任研究［D］. 重庆：西南政法大学，2015.
② 邬砚. 侵权补充责任研究［D］. 重庆：西南政法大学，2015.
③ 芭波里克. 侵权法重述纲要（第三版）［M］. 许传玺，石宏，董春华，等译. 北京：法律出版社，2016：431.

现象。① 一般认为，故意与过失的标准不同、价值基础不同，这种对不同标准的价值进行比较，并由此确定责任比例的方法似乎值得商榷。因为多数侵权人的若干故意可以比较，多数侵权人的若干过失也可以比较，但多数侵权人有的故意、有的过失，如何对外对受害人承担责任？其内部责任如何比较？此外，就外部责任分担而言，除连带与单独责任、单独责任，至少还存在"连带与单独责任+单独责任"的类型。因此，第 14 节所述规则相当于在安全保障义务中，有故意侵权人的故意侵权行为和安保义务人的过失侵权行为，而安保义务人不仅要承担自己责任，也要对故意侵权人的责任承担连带责任。因此，该规则规定的安保义务人的责任，比我国《民法典》侵权责任编规定的安保义务人的责任要重。

二、补充责任形态利益衡量因素分析

对于补充责任形态利益衡量因素的分析，在本书第四章已进行一定程度的论述。通过对比补充责任形态与连带责任、不真正连带责任的区别，可以进一步强化将补充责任作为一种独立的责任形态的论证。

（一）补充责任与连带责任的区别

对于两者之间的区别，我国民法学界在《侵权责任法》出台前就有比较全面的论述。② 本书认为，前述观点主要是从数个侵权行为之间的"内部关系"，即数个侵权行为的发生原因、数名侵权行为人的主观过错状态等责任构成论视角进行论证。

如果从责任形态论影响利益衡量的因素来分析，两者之间的区别还包括以

---

① EATON T A. Who Owes How Much - Developments in Apportionment and Joint and Several Liability under O. C. G. A. Sec. 51-12-33 [J]. Mercer Law Review, 2012, 64: 15.

② 例如，有观点认为，侵权补充责任与侵权连带责任的区别显著表现在：一是产生的原因不同，侵权补充责任的产生是由于数个行为人对受害人造成损害是基于不同的法律事实，换言之，是数个侵权行为而不是一个侵权行为，且数个侵权行为基于不同的法律事实。二是行为人的主观状态不同，补充责任中的数名侵权人没有共同过错，行为人各自具有单一的主观状态，没有任何意思上的联系，"共同过错是区分侵权连带责任和侵权补充责任的主要标准之一"。三是行为人之间的关系不同，"补充责任的行为人之间不存在这种内部分担关系，负有补充责任的人承担了赔偿责任，有向其他加害人请求赔偿的求偿权，但是这种求偿也非基于分担关系，而是基于最终的责任承担"。杨立新. 论侵权责任的补充责任 [J]. 法律适用，2003 (6)：17-18.

下方面：一是归责原则上，如果以补充责任人为观察对象，其均适用过错责任原则，而且只发生在对责任主体特殊规定情况下；而连带责任中，一般多数人侵权原则上适用过错责任原则，但是在特殊多数人侵权中则可能适用多元归责原则。二是受偿不能风险分配不同，虽然两者总体上都将该风险分配给数名侵权责任人一方，但是程度有所不同。在补充责任形态中，直接侵权人承担全部损害赔偿责任，补充责任人仅承担与其未履行作为义务"相应的补充责任"，属于部分责任、第二顺位的责任；而连带责任形态中，数名责任人"连带"则极大提升权利人及时足额获得赔偿的可能性。三是在证明责任上，补充责任人如果能够证明自己履行了法定的作为义务，在与权利人的"外部关系"中则有免责的可能；而连带责任中的"外部关系"证明责任通过"一体化"的方式，减轻权利人的证明责任，而且数名责任人在相互之间的"内部关系"中需要承担一定的证明责任。四是在追偿权上，补充责任人有面向直接责任人单向的、全额的追偿权；而在连带责任中，连带责任人只有在承担超过自己份额的赔偿责任时才有追偿权，或者在无力赔偿时有重新分摊份额的请求权。

需要特别指出的是，本书通过对《民法典》侵权责任编第 1195 条第 2 款网络服务提供者的责任形态衡量因素进行分析，认为没有充分理由将网络服务提供者对于网络用户侵权行为的扩大部分规定为连带责任，而是规定为补充责任更为合理。原因在于，如果按照承担补充责任的典型情形、责任承担规则，以及条文中规范的"第三人—被侵权人"+"补充责任人—被侵权人"二元责任结构的特殊性来判断，网络服务提供者的责任形态与补充责任形态具有结构上的相似性。具言之，在网络侵权中，网络用户是直接侵权人，网络服务提供者依法负有积极作为义务，即及时采取必要措施以防止损害扩大，其消极不作为是导致网络侵权扩大的必要条件。从这种结构看，网络服务提供者的义务来源是未履行法定作为义务，其"应然"的责任形态应该是补充责任。

申言之，个别规定为连带责任形态的特殊多数人侵权，从责任发生原因和责任承担结构方面分析，规定为补充责任形态更具有合理性。例如，《民法典》侵权责任编第 1197 条规定，网络服务提供者知道或者应当知道网络用户利用其网络服务侵害他人民事权益的，应当承担连带责任；第 1241 条第 2 句规定，在遗失、抛弃高度危险物造成侵权情况下，"由管理人承担侵权责任；所有人有过错的，与管理人承担连带责任"；第 1242 条规定，所有人、管理人对他人非法占有高度危险物造成他人损害、不能证明对防止非法占有尽到高度注意义务的，应承担连带责任。前述3个条文，如果按照承担补充责任的典型情形以及条文中规范的二元结构关系的特殊性来判断，其责任形态从应然的意义上说也应为补充责任。在既不符合一般共同侵权的意思联络要件要求，也不符合分别侵权的竞合因果关系要件要求的情况下，立法上将其规定为连带责任，可能的解释是，立法者对于网络侵权中网络服务提供者的责任和高度危险物侵权中所有人、管理人的责任形态进行了特殊的利益衡量。从利益衡量的过程分析，对于网络服务提供者责任形态的特殊衡量，主要受到"责任主体的特殊规定"这一因素影响；对于高度危险物所有人、管理人责任形态的特殊衡量，主要受到其适用"无过错责任原则"这一因素的影响。

（二）补充责任与不真正连带责任的区别

对于两者之间的区别，有观点认为，与不真正连带责任相比较，"补充责任的唯一区别是产生的数个请求权存在顺序的区别，权利人必须首先行使顺序在先的请求权"①。换言之，补充责任人对于直接责任人有顺位利益，而在不真正连带责任中，责任人之间则没有顺位利益。也有观点认为，两者在追偿请求权的设计上有差异，"由于补充责任已经确定不承担最终责任，故受害人只能先起诉直接责任人，因此其追偿权的设计具有单向性"。而在不真正连带责任中，"受害人在起诉时无须确定最终责任人，甚至在最终责任人不明时也不受影响，其可以选择任一法定责任人进行起诉，因此在追偿请求权的设计上具有双向性"②。需要说明的是，在不真正连带责任中，由于权利人在诉讼法上通过诉讼对象的选择，已经确定被告人为不真正连带责任人中的一人，从这个意义上说，其追偿权行使方向也可以理解为"单向性"。本书认为，补充责任与不真正连带责任之间的区别，不仅表现在顺位利益、追偿权行使等政策价值衡量因素方面，在法律技术衡量因素方面也存在如下重要差别。

一是归责原则方面，在补充责任中，无论是未履行法定义务的补充责任人，还是直接侵权的第三人，原则上均适用过错责任原则；而在不真正连带责任中，有的责任人适用无过错责任原则，有的责任人适用过错责任原则，总体上，不

---

① 杨立新. 论不真正连带责任形态体系及规则 [J]. 当代法学，2012 (3)：62.
② 王竹. 补充责任在《侵权责任法》上的确立与扩展适用：兼评《侵权责任法草案（二审稿）》第14条及相关条文 [J]. 法学，2009 (9)：87-88.

真正连带责任人适用"过错责任+无过错责任"的混合责任原则。二是责任构成要件，尤其是侵权行为类型即义务来源方面，在补充责任中，补充责任人的侵权行为属于不作为侵权，未履行法定的作为义务，而直接侵权人的侵权行为表现为作为侵权；而在不真正连带责任中，所有责任人都是以积极作为的方式构成侵权，不存在法定义务违反的不作为侵权。

　　总体上，补充责任形态中存在直接责任人和补充责任人两个责任主体，直接责任人应承担最终的全部赔偿责任，而补充责任人不承担最终责任，但是可能因为无法行使追偿权而承担部分责任。补充责任形态通过"增加"补充责任人的方式，有利于保护权利人民事权益，虽然权利人行使请求权的对象受到顺位的影响，"补充责任制度的创设既使受害人的损害得到了填补，又通过求偿顺位的设置合理限制了受害人的求偿选择权，同时赋予补充责任人对直接责任人的追偿权"①。这样，既解决了不真正连带责任中责任人没有顺位利益的问题，又体现了民法的公平原则和对民事权益保护的平衡。

　　需要特别指出的是，对于《民法典》侵权责任编第1256条第2句规定，公共道路管理人的不作为侵权并承担相应责任，本书认为值得商榷。虽然《民法典》侵权责任编目前的规定与之前《侵权责任法》第89条相比，明确了行为人应承担确定的全部责任，相应责任人仅承担"或有"的部分责任，但是对于公共道路管理人承担"相应的责任"，要区分情形分别讨论：一方面，在侵权行为人逃逸或者没有赔偿能力时，公共道路管理人仅承担与未履行法定义务"相应的"责任；另一方面，在侵权行为人能够确定的情况下，行为人是直接侵权人，公共道路管理人虽然负有法定的作为义务，而且在其消极不作为时适用过错推定责任，但是这种"侵权行为人—被侵权人+公共道路管理人—被侵权人"的结构关系表明，公共道路管理人的责任形态也应为补充责任。然而，立法上并没有赋予公共道路管理人承担赔偿责任的顺位利益，从利益衡量过程来看，可能主要受到该条适用过错推定责任的影响。详见表7-3。

---

　　① 张新宝. 我国侵权责任法中的补充责任［J］. 法学杂志，2010（6）：3.

表7-3 补充责任形态利益衡量因素的对比分析

责任形态	法条梳理		法律技术衡量因素					政策价值衡量因素					利益衡量
	条文序号	观察对象	归责原则	构成要件（义务来源）	免责事由	特殊责任主体	特殊侵权具体类型	受偿不能风险	证明责任	顺位利益	追偿权	最终责任	衡量过程
补充责任	第1198条第2款	经营者、管理者或者组织者	过错责任	未尽到安全保障义务	否	是	否	第三人、安保义务人	安保义务人证明尽到安全保障义务	有（且第二顺位）	有	第三人	+
	第1201条	幼儿园、学校或者其他教育机构	过错责任	未尽到教育、管理职责	否	是	否	第三人、教育机构	教育机构证明尽到管理职责	有（且第二顺位）	有	第三人	+
连带责任	第1195条第2款连带责任	网络服务提供者	过错责任	未采取必要措施	否	是	否	网络服务提供者+网络用户	减轻权利人证明责任	无	有	自己责任（和不能追偿的份额）	+++++
相应责任	第1256条第2句的相应责任	公共道路管理人	过错推定	未尽到清理、防护、警示等义务	否	否	是	行为人、公共道路管理人	管理人证明尽到管理义务	无	无	确定的全部人责任+或有的部分责任人	++

本章小结

通过对相应责任的法条梳理，本书将侵权法上"相应的（赔偿）责任"法律规定分为两类：一是作为独立责任形态的相应责任，包括《民法典》侵权责任编第 1169 第 2 款、第 1189 条、第 1191 条第 2 款、第 1209 条、第 1212 条、第 1256 条第 2 句等 6 个法条；二是属于纯粹责任分担规则的法条，包括《民法典》侵权责任编第 1172 条、第 1192 条第 1 款（第 3 句）、第 1193 条（第 2 句）和第 1224 条第 2 款等 4 个法条。这样分类的理由在于，相应责任作为一种独立的责任形态，其责任承担模式为"确定的全部责任+或有的部分责任＝全部责任"，其适用情形具有法定性特征，这与按份责任的效力规则明显不同。

而作为纯粹责任分担规则的"相应责任"，有的属于按照过错程度和原因力大小分担责任的多数人侵权情形，例如，第 1172 条的规定；有的属于按照过失相抵规则分担责任的单独侵权情形，例如，第 1192 条第 1 款第 3 句规定、第 1193 条第 2 句规定和第 1224 条第 2 款。这一分类的意义在于，一是有利于厘清责任形态论、责任分担规则和过失相抵规则适用的不同情形；二是有利于深化对责任形态论的认识并丰富拓展其内涵；三是有利于明确"相应责任"与其他责任形态，尤其是与按份责任的区别。

通过梳理我国侵权法司法实践和立法中对于补充责任的规定和变化情况，本书认为，我国特有的补充责任形态确实在保护权利人合法权益和体现公平责任原则之间，做出了恰当的利益衡量和平衡保护。在逐一分析补充责任形态诸多利益衡量影响因素的基础上，通过对比说明的方法，明确了补充责任与连带责任、相应责任的主要差别。

需要特别指出的是，本书建议，应将以下法条中的责任形态规定为补充责任，包括《民法典》侵权责任编第 1195 条第 2 款规定，网络服务提供者接到通知后未及时采取必要措施，对损害的扩大部分与网络用户承担连带责任；《民法典》侵权责任编第 1256 条规定，在公共道路上堆放、倾倒、遗撒妨碍通行物品造成他人损害的，行为人承担侵权责任。公共道路管理人不能证明已尽义务的，承担相应的责任。提出这一建议的依据是，在对补充责任形态衡量因素进行分析过程中，发现前述 2 个法条的责任承担模式与补充责任形态基本相同。

结　论

在我国侵权法上，以连带责任、先付责任、不真正连带责任、相应责任、补充责任和按份责任为代表的多元责任形态，是多数人侵权责任中的"特有"问题。探究多元责任形态的合法性基础及其解释理论，是本研究的核心问题。

一是我国民法学界对一般多数人侵权责任的研究成果，突出表现为用共同过错或者因果关系的特殊性，解释我国一般多数人侵权责任构成的"一体性"以及配置为连带责任的"合理性"，其焦点是对分别侵权行为的类型划分以及对连带责任或者按份责任的合理性展开讨论。本书将这种研究方法概括为责任构成论的研究进路，其研究对象的范围限于一般多数人侵权的5个条文。然而，对一般多数人侵权的责任构成论研究进路及其主要成果，在特殊多数人侵权的研究中，受特殊归责原则、特殊免责事由、特殊责任主体等具体规定的限制，并没有继续下去。学界对于多数人侵权责任的研究，从一般多数人侵权的责任构成论研究为主，转向特殊多数人侵权的责任形态论研究为主。

二是我国民法学界对特殊多数人侵权责任的研究成果，突出表现在责任形态论中竞合侵权行为的理论概括及其与不真正连带责任相对接的观点，以及责任分担论中以风险责任和最终责任为主要目标建构起的多元责任形态分担的一般规则。责任形态论的研究成果，为解释多数人侵权责任的多元责任形态立法开辟了一条新路，启发笔者对多数人侵权责任构成与责任形态、责任分担关系的思考。本书认为，在责任形态法定的前提下，如果将侵权法上占主导地位的责任构成论和多数人侵权责任特有的责任分担规则，比作一枚硬币的"两面"，那么责任形态论则是连接两者的"边儿"，不可或缺并且十分重要。

三是对多元责任形态的系统研究，要遵循类型化研究的基本原理和方法。类型化是一种科学合理的分类，以弥补逻辑演绎推理的不足，选择适当的分类标准是其中的关键问题。本书以我国侵权法的"实然"规定为研究对象，以连带责任、不真正连带责任、补充责任等具体责任形态为分类标准，系统全面地审视我国侵权法上多元责任形态的正当性基础问题。本书认为，不能仅从责任构成论的研究进路，在证成多数人侵权责任构成的基础上，"顺便"解释连带责任或按份责任的合理性。我国侵权法上多元责任形态的规定，在比较法上特色鲜明，尤其体现在特殊多数人侵权责任的具体条文中，是立法者充分考量立法政策和价值判断等因素后做出的立法决断。本书认为，对多元责任形态合理性的解释，在理论上要保持解释理论的一致性，在实践上要将"抽象的"政策考量和价值判断转化为"可操作"、可比较的法学基本概念，而法社会学中的利益衡量理论是满足这一要求的强有力的理论工具。利益衡量论既能解释一般多数人侵权与连带责任或者按份责任的正当性，又能解释特殊多数人侵权与不真正连带责任、补充责任等多元责任形态的合理性。

四是我国侵权法上，第三人原因引起的特殊多数人侵权涉及自己责任、补充责任、不真正连带责任和先付责任等四种责任形态。为避免政策考量和价值判断的主观性、多元性带来的不确定性和抽象性，本书分析并总结出利益衡量的五个法律技术衡量因素和五个政策价值衡量因素。前者包括特殊归责原则、特殊责任构成要件、特殊免责事由、特殊责任主体和特殊侵权类型具体列举，后者包括受偿不能风险分配、证明责任分配、顺位利益有无、追偿权行使和最终责任承担。根据第三人原因引起的特殊多数人侵权的四种责任形态和条文梳理情况，本书逐一分析每个衡量因素的立法倾向性，并主要从内部衡量的过程（未涉及外部衡量和特殊衡量）中，综合分析、比较四种责任形态对民事权益保护的立法倾向性，初步结论是：先付责任>不真正连带责任>补充责任>自己责任。

五是在比较法上出现了限制连带责任的倾向，比较而言，我国侵权法分则对特殊多数人侵权责任，仍表现出连带责任扩张适用的倾向，而且在商法、经济法等部门法的立法中表现得尤为明显。本书认为，这不是"对与错"或者"好与坏"的问题，而是主要取决于一国法律制度中的政策考量和价值判断。我国学者一直致力于论证侵权法上配置连带责任的正当性基础，给出的主要答案，或者是由于共同过错将数名侵权责任人"一体化"，或者是由于因果关系的不同类型夯实了连带责任的合理性基础。有鉴于此，本书对共同过错要件和因果关系要件进行仔细分析，基本结论是：共同过错说或者因果关系理论，对多数人侵权的责任构成具有重要影响，甚至起到决定作用，但是对于连带责任的正当性缺乏解释力。在对连带责任形态的法律技术衡量因素和政策价值衡量因素逐一进行分析后，本书认为，连带责任形态作为一种"最严厉"的责任形态，其各个衡量因素和衡量过程都明显倾向于对权利人的民事权益保护。按份责任在多数人侵权须承担共同责任的语境下，其本质上是自己责任原则在责任形态上的具体表现，属于基础性、原则性的"默认"责任形态。

六是对不真正连带责任和"先付责任"进行法条梳理，比较不真正连带责任与连带责任在法律技术衡量因素和政策价值衡量因素上的具体差异。本书认为，不真正连带责任作为一种独立的责任形态，与连带责任相比，对于被侵权人民事权益保护的力度减弱，其效力规则也没有连带责任"严厉"，具体表现在适用的归责原则、因果关系要件不同，证明责任分配、最终责任承担等衡量因素上有差异。本书认为，先付责任与不真正连带责任不同，它是一种独立的责任形态，两者之间的主要差别在于：以中间责任人为观察对象，其一，适用的归责原则不同；其二，中间责任人的"顺位利益"不同；其三，受偿不能风险的分配不同。从责任形态配置的衡量过程来看，先付责任比不真正连带责任更倾向于民事权益保护，但是其保护力度不如连带责任形态。

七是通过对相应责任的法条梳理，本书将侵权法上"相应的（赔偿）责任"法律规定分为两类：一类是作为独立责任形态的相应责任，另一类是属于纯粹责任分担规则的法条。分类理由在于，相应责任的责任承担模式为"确定的全部责任+或有的部分责任＝全部责任"，其适用情形具有法定性特征，这与按份责任的效力规则明显不同，是一种独立的责任形态。我国特有的补充责任形态，确实在保护权利人合法权益（内部衡量）和体现公平责任原则（外部衡量）之间，做出了恰当的利益衡量和平衡保护。在逐一分析补充责任形态的十个利益衡量因素的基础上，本书通过列表和对比说明的方法，明确了补充责任形态（以补充责任人为观察对象）在适用归责原则、责任构成要件（义务来源）、特殊责任主体的明确列举、证明责任分配、顺位利益和最终责任等衡量因素方面，与连带责任、不真正连带责任的主要差别。

本书认为，在多数人侵权责任中，按份责任是原则性的基础责任形态，先付责任和相应责任是两种独立的责任形态。通过对连带责任、先付责任、不真正连带责任、相应责任、补充责任和按份责任（自己责任）等六种责任形态的法律技术衡量因素和政策价值衡量因素进行分析和比较，综合判断我国侵权法上多元责任形态的利益衡量过程，从权利人民事权益保护力度看，结论为：连带责任>先付责任>不真正连带责任>相应责任>补充责任>按份责任（自己责任）。我国侵权法对于多元责任形态的规定，其内部体系和谐、衡量因素多元、衡量过程精细，在比较法上特色鲜明。

参考文献

一、中文文献

（一）专著

[1]《民法典立法背景与观点全集》编写组．民法典立法背景与观点全集
[M]．北京：法律出版社，2020．

[2] 巴尔．欧洲比较侵权行为法（上卷）[M]．张新宝，译．北京：法律
出版社，2001．

[3] 巴尔．欧洲比较侵权行为法（下卷）[M]．焦美华，译．北京：法律
出版社，2001．

[4] 爱伦·M. 芭波里克．侵权法重述纲要（第三版）[M]．许传玺，石
宏，董春华，等译．北京：法律出版社，2016．

[5] 白建军．法律实证研究方法（第二版）[M]．北京：北京大学出版
社，2014．

[6] 波斯纳．侵权法的经济结构 [M]．王强，杨媛，译．北京：北京大学
出版社，2005．

[7] 博登海默．法理学：法律哲学与法律方法 [M]．邓正来，译．北京：
中国政法大学出版社，2017．

[8] 曾世雄．损害赔偿法原理 [M]．北京：中国政法大学出版社，2001．

[9] 潮见佳男．不法行为法Ⅱ [M]．东京：信山社出版株式会社，2011．

[10] 陈聪富．因果关系与损害赔偿 [M]．北京：北京大学出版社，2006．

[11] 陈甦．民法总则评注（下册）[M]．北京：法律出版社，2017．

[12] 程啸．侵权行为法总论 [M]．北京：中国人民大学出版社，2008．

[13] 程啸．侵权责任法 [M]．北京：法律出版社，2011．

[14] 程啸.侵权责任法教程（第二版）[M].北京：中国人民大学出版社，2014.

[15] 段匡.日本的民法解释学[M].上海：复旦大学出版社，2005.

[16] 顾祝轩.制造"拉伦茨神话"：德国法学方法论史[M].北京：法律出版社，2011.

[17] 胡雪梅.英国侵权法[M].北京：中国政法大学出版社，2008.

[18] 黄薇.中华人民共和国民法典侵权责任编解读[M].北京：中国法制出版社，2020.

[19] 金福海.侵权法的比较与发展[M].北京：北京大学出版社，2013.

[20] 江平，杨震山.民商法律评论（第一卷）[M].北京：中国方正出版社，2004.

[21] 拉伦茨.法学方法论（全本第六版）[M].黄家镇，译.北京：商务印书馆，2020.

[22] 李璐.论利益衡量理论在民事立法中的运用：以侵权立法为例[M].北京：中国政法大学出版社，2015.

[23] 李中原.多数人侵权责任分担机制研究[M].北京：北京大学出版社，2014.

[24] 梁慧星.民法解释学（第四版）[M].北京：法律出版社，2015.

[25] 梁慧星.中国民法典草案建议稿附理由：侵权行为编、继承编[M].北京：法律出版社，2004.

[26] 林文彪.多数人侵权类型化研究[M].北京：中国政法大学出版社，2018.

[27] 梅迪库斯.德国债法总论[M].杜景林，卢谌，译.北京：法律出版社，2004.

[28] 欧洲侵权法小组.欧洲侵权法原则：文本与评注[M].于敏，谢鸿飞，译.北京：法律出版社，2009.

[29] 庞德.法理学（第3卷）[M].廖德宇，译.北京：法律出版社，2007.

[30] 庞德.通过法律的社会控制[M].沈宗灵，译.北京：商务印书馆，1984.

[31] 前田达明，原田刚.共同侵权行为法论[M].罗丽，赵兰学，译.北

京：商务印书馆，2020.

[32] 邱聪智．新订民法债编通则（上）［M］．北京：中国人民大学出版社，2003.

[33] 邱智聪．民法研究（一）［M］．北京：中国人民大学出版社，2002.

[34] 全国人大常委会法制工作委员会民法室．侵权责任法立法背景与观点全集［M］．北京：法律出版社，2010.

[35] 石宏．《中华人民共和国民法总则》条文说明、立法理由及相关规定［M］．北京：北京大学出版社，2017.

[36] 史尚宽．债法总论［M］．北京：中国政法大学出版社，2000.

[37] 舒国滢．法学方法论问题研究［M］．北京：中国政法大学出版社，2007.

[38] 孙森焱．民法债编总论（上册）［M］．北京：法律出版社，2006.

[39] 台湾大学法律学院，台大法学基金会．德国民法典［M］．北京：北京大学出版社，2017.

[40] 陶盈．分别侵权行为研究［M］．北京：中国政法大学出版社，2018.

[41] 王伯琦．民法债编总论［M］．台北：台北编译馆，1997.

[42] 王利明，杨立新．侵权行为法［M］．北京：法律出版社，1996.

[43] 王利明，周友军，高圣平．中国侵权责任法教程［M］．北京：人民法院出版社，2010.

[44] 王利明．民法（第八版）（上册）［M］．北京：中国人民大学出版社，2020.

[45] 王利明．民法（第八版）（下册）［M］．北京：中国人民法学出版社，2020.

[46] 王利明．侵权行为法研究（上卷）［M］．北京：中国人民大学出版社，2004.

[47] 王利明．侵权责任法研究（第二版）（上卷）［M］．北京：中国人民大学出版社，2016.

[48] 王利明．侵权责任法研究（上卷）［M］．北京：中国人民大学出版社，2010.

[49] 王胜明．中华人民共和国侵权责任法解读［M］．北京：中国法制出

版社，2010.

[50] 王利明. 人身损害赔偿疑难问题：最高人民法院人身损害赔偿司法解释之评论与展望 [M]. 北京：中国社会科学出版社，2004.

[51] 王卫国主译. 荷兰民法典（第3、5、6编）[M]. 北京：中国政法大学出版社，2006.

[52] 王泽鉴. 民法概要 [M]. 北京：中国政法大学出版社，2003.

[53] 王泽鉴. 民法学说与判例研究（重排合订本）[M]. 北京：北京大学出版社，2015.

[54] 王泽鉴. 侵权行为（第三版）[M]. 北京：北京大学出版社，2016.

[55] 王泽鉴. 侵权行为 [M]. 北京：北京大学出版社，2009.

[56] 王泽鉴. 侵权行为法（第1册）[M]. 北京：中国政法大学出版社，2001.

[57] 王泽鉴. 侵权行为法（第二册）[M]. 台北：自版，2006.

[58] 王泽鉴. 侵权行为法：基本理论、一般侵权行为 [M]. 北京：中国政法大学出版社，2001.

[59] 王竹. 侵权责任法疑难问题专题研究（第二版）[M]. 北京：中国人民大学出版社，2018.

[60] 王竹. 侵权责任分担论：侵权损害赔偿责任数人分担的一般理论 [M]. 北京：中国人民大学出版社，2009.

[61] 我妻荣. 新订债法总论 [M]. 王燚，译. 北京：中国法制出版社，2008.

[62] 吴从周. 概念法学、利益法学与价值法学：探索一部民法方法论的演变史 [M]. 北京：中国法制出版社，2011.

[63] 信春鹰. 中华人民共和国食品安全法释义 [M]. 北京：法律出版社，2015.

[64] 许中缘. 论体系化的民法与法学方法 [M]. 北京：法律出版社，2007.

[65] 杨会. 数人侵权责任研究 [M]. 北京：北京大学出版社，2014.

[66] 杨立新，李怡雯. 中国民法典新规则要点 [M]. 北京：法律出版社，2020.

[67] 杨立新.《中华人民共和国侵权责任法》精解 [M]. 北京：知识产权

出版社，2010.

　　［68］杨立新．多数人侵权行为与责任［M］．北京：法律出版社，2017.

　　［69］杨立新．侵权法论［M］．北京：人民法院出版社，2005.

　　［70］杨立新．侵权法总则［M］．北京：人民法院出版社，2009.

　　［71］杨立新．侵权责任法（第三版）［M］．北京：法律出版社，2018.

　　［72］杨立新．侵权责任法条文背后的故事与难题（第二版）［M］．北京：法律出版社，2018.

　　［73］于敏．日本侵权行为法（第三版）［M］．北京：法律出版社，2015.

　　［74］张新宝．侵权责任法（第三版）［M］．北京：中国人民大学出版社，2013.

　　［75］张新宝．侵权责任法（第四版）［M］．北京：中国人民大学出版社，2016.

　　［76］张新宝．侵权责任法［M］．北京：中国人民大学出版社，2010.

　　［77］张新宝．侵权责任构成要件研究［M］．北京：法律出版社，2007.

　　［78］张新宝．中国民法典释评·侵权责任编［M］．北京：中国人民大学出版社，2020.

　　［79］张新宝．侵权责任法原理［M］．北京：中国人民大学出版社，2005.

　　［80］郑玉波．民法债编总论（第二版）［M］．北京：中国政法大学出版社，2004.

　　［81］邹海林，朱广新．民法典评注：侵权责任编（1）［M］．北京：中国法制出版社，2020.

　　［82］邹海林，朱广新．民法典评注：侵权责任编（2）［M］．北京：中国法制出版社，2020.

　　［83］最高人民法院侵权责任法研究小组．《中华人民共和国侵权责任法》条文理解与适用（第二版）［M］．北京：人民法院出版社，2016.

（二）期刊

　　［1］曹险峰，陈海彪．论数人分别侵权连带责任的内部追偿［J］．社会科学战线，2018（6）.

　　［2］陈晓敏．论电子商务平台经营者违反安全保障义务的侵权责任

[J]. 当代法学, 2019 (5).

[3] 程啸. 论《侵权责任法》第八条中"共同实施"的涵义 [J]. 清华法学, 2010 (2).

[4] 程啸. 论共同危险行为的构成要件: 以《侵权责任法》第 10 条为中心 [J]. 法律科学 (西北政法大学学报), 2010 (2).

[5] 程啸. 论侵权法上的第三人行为 [J]. 法学评论, 2015 (3).

[6] 程啸. 论无意思联络的数人侵权: 以《侵权责任法》第 11、12 条为中心 [J]. 暨南学报 (哲学社会科学版), 2011 (5).

[7] 程啸. 论意思联络作为共同侵权行为构成要件的意义 [J]. 法学家, 2003 (4).

[8] 程啸. 民法典侵权责任编的体系结构及总则部分的完善 [J]. 财经法学, 2018 (6).

[9] 程啸. 我国《侵权责任法》中多数人侵权责任的规范目的与体系之建构 [J]. 私法研究, 2010 (2).

[10] 冯德淦. 第三人介入型环境侵权解释论研究 [J]. 河南财经政法大学学报, 2018 (3).

[11] 冯德淦. 多数人侵权中保险人责任研究: 兼评《保险法司法解释 (四)》第 16 条 [J]. 保险研究, 2019 (1).

[12] 冯珏. 论侵权法中的抗辩事由 [J]. 法律科学, 2011 (4).

[13] 付子堂. 对利益问题的法律解释 [J]. 法学家, 2001 (2).

[14] 关长宇, 尚希文. 美国侵权法中连带责任制度的改革方案及其启示 [J]. 江西财经大学学报, 2015 (2).

[15] 黑克. 利益法学 [J]. 傅广宇, 译. 比较法研究, 2006 (6).

[16] 胡兴建. "社会契约"到"社会连带": 思想史中的卢梭和狄骥 [J]. 西南政法大学学报, 2004 (2).

[17] 胡学军. 四十不惑: 我国证明责任理论与规范的协同演进史综述 [J]. 河北法学, 2022 (4).

[18] 焦艳红. 我国《民法典》侵权责任编中"相应的责任"之责任形态解读 [J]. 中州学刊, 2022 (6).

[19] 金可可, 谈天. 从"江歌案"看《民法典》的司法适用及其争议:

兼与本案相关论点商榷 [J]. 探索与争鸣, 2022 (4).

[20] 李春香, 熊静. 共同饮酒致人身损害侵权责任纠纷中同饮人责任的裁判规则探析 [J]. 法律适用, 2020 (18).

[21] 李培进, 陶衡. 论侵害之债的求偿风险 [J]. 政法论丛, 1997 (6).

[22] 李怡雯. 补充责任与追偿权的断裂与衔接 [J]. 河南财经政法大学学报, 2021 (2).

[23] 李永. 网络交易平台提供者侵权责任规则的反思与重构 [J]. 中国政法大学学报, 2018 (3).

[24] 李永军. 论连带责任的性质 [J]. 中国政法大学学报, 2011 (2).

[25] 李中原. 不真正连带债务理论的反思与更新 [J]. 法学研究, 2011 (5).

[26] 李中原. 分别侵权责任的类型化分析: 基于因果关系的视角 [J]. 江苏社会科学, 2015 (5).

[27] 梁慧星. 中国侵权责任法解说 [J]. 北方法学, 2011 (1).

[28] 刘鹏飞. 证明责任规范的功能性审视: 以归责原则为重心 [J]. 政法论坛, 2019 (3).

[29] 刘召成. 违反安全保障义务侵权责任的体系构造 [J]. 国家检察官学院学报, 2019 (6).

[30] 陆青. 电子商务平台经营者安全保障义务的规范构造 [J]. 浙江社会科学, 2021 (11).

[31] 罗恬漩. 数人侵权的共同诉讼问题研究 [J]. 中外法学, 2017 (5).

[32] 马更新. 平台经营者"相应的责任"认定标准及具体化: 对电子商务法第38条第2款的分析 [J]. 东方法学, 2021 (2).

[33] 沈幼伦. 试析共同侵权行为的特征 [J]. 法学, 1987 (1).

[34] 王利明. 论共同危险行为中的加害人不明 [J]. 政治与法律, 2010 (4).

[35] 王利明. 论我国侵权责任法分则的体系及其完善 [J]. 清华法学, 2016 (1).

[36] 王湘淳, 扈艳. 论公司侵权中主导决策股东的连带责任 [J]. 湖北社会科学, 2019 (5).

[37] 王竹, 杨立新. 侵权责任分担论 [J]. 法学家, 2009 (5).

[38] 王竹.《民法典》高空抛物坠物责任新增规则评述 [J]. 厦门大学学报 (哲学社会科学版), 2021 (3).

[39] 王竹. 补充责任在《侵权责任法》上的确立与扩展适用: 兼评《侵权责任法草案 (二审稿)》第14条及相关条文 [J]. 法学, 2009 (9).

[40] 王竹. 论法定型不真正连带责任及其在严格责任领域的扩展适用 [J]. 人大法律评论, 2009 (1).

[41] 王竹. 论风险责任概念的确立 [J]. 北方法学, 2011 (2).

[42] 王竹. 论教唆行为与帮助行为的侵权责任 [J]. 法学论坛, 2011 (5).

[43] 王竹. 论客观关联共同侵权行为理论在中国侵权法上的确立 [J]. 南京大学法律评论, 2010 (1).

[44] 王竹. 论数人侵权责任分担原则: 对《侵权责任法》上 "相应的" 数人侵权责任立法技术的解读 [J]. 苏州大学学报 (哲学社会科学版), 2014 (2).

[45] 王竹. 论数人侵权责任分担中最终责任份额的确定方式 [J]. 法商研究, 2010 (6).

[46] 王竹. 再论共同危险行为: 以客观关联共同侵权行为理论为视角 [J]. 福建师范大学学报 (哲学社会科学版), 2010 (4).

[47] 吴香香. 中国法上侵权请求权基础的规范体系 [J]. 政法论坛, 2020 (6).

[48] 谢鸿飞. 违反安保义务侵权补充责任的理论冲突与立法选择 [J]. 法学, 2019 (2).

[49] 杨立新, 陶盈. 论分别侵权行为 [J]. 晋阳学刊, 2014 (1).

[50] 杨立新, 赵晓舒. 我国《侵权责任法》中的第三人侵权行为 [J]. 中国人民大学学报, 2013 (4).

[51] 杨立新.《侵权责任法》悬而未决的十五个问题的司法对策 [J]. 中国审判, 2010 (7).

[52] 杨立新. 多数人侵权行为及责任理论的新发展 [J]. 法学, 2012 (7).

[53] 杨立新.教唆人、帮助人责任与监护人责任 [J].法学论坛,2012 (3).

[54] 杨立新.论不真正连带责任类型体系及规则 [J].当代法学,2012 (3).

[55] 杨立新.论竞合侵权行为 [J].清华法学,2013 (1).

[56] 杨立新.论侵权责任并合 [J].法商研究,2017 (2).

[57] 杨立新.论侵权责任的补充责任 [J].法律适用,2003 (6).

[58] 杨立新.侵权责任法的不确定并列责任主体 [J].杭州师范大学学报 (社会科学版),2016 (5).

[59] 杨立新.侵权责任追偿权的"背锅"理论及法律关系展开:对《民法典》规定的侵权责任追偿权规则的整理 [J].求是学刊,2021 (1).

[60] 杨立新.网络交易平台提供者为消费者损害承担赔偿责任的法理基础 [J].法学,2016 (1).

[61] 杨立新.中国侵权行为形态与侵权责任形态法律适用指引:中国侵权责任法重述之侵权行为形态与侵权责任形态 [J].河南财经政法大学学报,2013 (5).

[62] 姚海放.网络平台经营者民事责任配置研究:以连带责任法理为基础 [J].中国人民大学学报,2019 (6).

[63] 姚辉,金骑锋.民法典高空抛物致人损害责任的解释论展开 [J].法律适用,2021 (7).

[64] 叶金强.共同侵权的类型要素及法律效果 [J].中国法学,2010 (1).

[65] 叶金强.解释论视野下的共同侵权 [J].交大法学,2014 (1).

[66] 叶金强.共同危险行为争议问题探析 [J].法学论坛,2012 (2).

[67] 叶金强.相当因果关系理论的展开 [J].中国法学,2008 (1).

[68] 尹田.论民事连带责任 [J].法学杂志,1986 (4).

[69] 由长江.利益衡量论视域下第三人原因引起的多数人侵权责任形态研究 [J].中国政法大学学报,2021 (3).

[70] 张海燕.民事补充责任的程序实现 [J].中国法学,2020 (6).

[71] 张力,郑志峰.侵权责任法中的第三人侵权行为 [J].现代法学,

2015（1）.

[72] 张利春. 关于利益衡量的两种知识：兼行比较德国、日本的民法解释学 [J]. 法制与社会发展，2006（5）.

[73] 张平华.《民法典》多数人侵权体系及相关法律适用问题 [J]. 东南学术，2020（5）.

[74] 张平华. 矫枉过正：美国侵权连带责任的制度变迁及其启示 [J]. 法学家，2015（5）.

[75] 张平华. 连带责任的弹性不足及其克服 [J]. 中国法学，2015（5）.

[76] 张维迎，邓峰. 信息、激励与连带责任：对中国古代连坐、保甲制度的法和经济学解释 [J]. 中国社会科学，2003（3）.

[77] 张新宝，汪榆森. 污染环境与破坏生态侵权责任的再法典化思考 [J]. 比较法研究，2016（5）.

[78] 张新宝. 多因一果行政赔偿案件中的多因形态与责任分担 [J]. 中国审判，2013（12）.

[79] 张新宝. 民法分则侵权责任编立法研究 [J]. 中国法学，2017（3）.

[80] 张新宝. 侵权责任编起草的主要问题探讨 [J]. 中国法律评论，2019（1）.

[81] 张新宝. 侵权责任的解释 [J]. 天津滨海法学，2011，2.

[82] 张新宝. 侵权责任法立法的利益衡量 [J]. 中国法学，2009（4）.

[83] 张新宝. 侵权责任法学：从立法论向解释论的转变 [J]. 中国人民大学学报，2010（4）.

[84] 张新宝. 侵权责任一般条款的理解与适用 [J]. 法律适用，2012（10）.

[85] 张新宝. 我国侵权责任法中的补充责任 [J]. 法学杂志，2010（6）.

二、英文文献

（一）专著

[1] ATIYAH P, CANE P. Atiyah's Accidents, Compensation and the Law [M]. 4th ed. London：Weidenfeld and Nicholson, 1980.

[2] BAR C V, CLIVE E, SCHULTE-NÖLKE H. Principles, Definitions and

Model Rules of European Private Law: Draft Common Frame of Reference (DCFR) [M]. Berlin: Walter de Gruyter, 2009.

[3] BAUDOUIN J L, LINDEN A M. Tort Law in Canada [M]. The Hague: Kluwer Law International, 2010.

[4] BEUERMANN C. Reconceptualising Strict Liability for the Tort of Another [M]. Oxford: Hart Publishing, 2019.

[5] CHRISTIE G C, SANDERS J. Advanced Torts: Cases and Materials [M]. 3rd ed. St. Paul, MN: West Academic Publishing, 2018.

[6] DAVIES M, MALKIN I. Focus Torts [M]. 8th ed. Chatswood NSW: LexisNexis Butterworths, 2018.

[7] DIETRICH J, RIDGE P. Accessories in Private Law [M]. Cambridge: Cambridge University Press, 2015.

[8] DOBBS D B, HAYDEN P T, BUBLICK E M. Torts and Compensation: Personal Accountability and Social Responsibility for Injury [M]. 6th ed. St. Paul, Minn: Thomson/West, 2009.

[9] DUA S K, TURNER C. Unlocking Torts [M]. 5th ed. New York: Routledge, 2020.

[10] DUNCAN M J, TURNER R. Torts: A Contemporary Approach [M]. 2nd ed. St. Paul, Minn: Thomson/West, 2012.

[11] DYSON M. Comparing Tort and Crime [M]. Cambridge: Cambridge University Press, 2015.

[12] EMANUEL S L. Torts [M]. Beijing: CITIC Publishing House, 2003.

[13] EPSTEIN R A. Torts [M]. Beijing: CITIC Publishing House, 2003.

[14] GILIKER P. Tort [M]. 5th ed. London: Thomson Reuters (Professional) UK Limited, 2014.

[15] GOLDBERG J C P, GOLDSTON E, SEBOK A J. Tort law: Responsibilities and Redress [M]. 4th ed. Alphen Aan Den Rijn: Wolters Kluwer, 2016.

[16] HELMUT K, SCHULZE R. Tort Law of the European Community [M]. Berlin: Springer, 2008.

[17] HENDERSON J A, PEARSON R N, KYSAR D A , et al. The Torts

Process ［M］. 7th ed. New York：Aspen Publishers，2007.

　　［18］ HENDERSON J A，PEARSON R N，KYSAR D A. The Torts Process ［M］. 8th ed. Illinois：Wolters Kluwer Law & Business，2012.

　　［19］ MOHR J C B. International Encyclopedia of Comparative Law：Vol. 4 ［M］. Tübingen：Paul Siebeck，1975.

　　［20］ Rogers W V H. Unification of Tort Law：Multiple Tortfeasors ［M］. The Hague：Kluwer Law International，2004.

　　［21］ SCHWARTZ V E，KELLY K，PARTLETT D F. Torts：Keyed to Courses Using Prosser，Wade，and Schwartz's Torts：Cases and Materials ［M］. 13th ed. Alphen Aan Den Rijn：Wolters Kluwer，2016.

　　［22］ SPIER J. Unification of Tort Law：Causation ［M］. The Hague：Kluwer Law International，2000.

　　［23］ SPINDLER G，RIECKERS O. Tort Law in Germany ［M］. 2nd ed. The Hague：Kluwer Law International，2015.

　　［24］ WIDMER P. Unification of Tort Law：Fault ［M］. The Hague：Kluwer Law International，2005.

（二）期刊

　　［1］ ADDAIR M P. A Small Step Forward：An Analysis of West Virginia's Attempt at Joint and Several Liability Reform ［J］. W. Va. L. Rev.，2007.

　　［2］ ADJIN - TETTEY E. Multi - Party Disputes：Equities between Concurrent Tortfeasors ［J］. Alberta Law Review，2016，53.

　　［3］ DILLBARY J S. Apportioning Liability behind A Veil of Uncertainty ［J］. Hastings Law Journal，2010-2011，62.

　　［4］ DILLBARY J S. Causation Actually ［J］. Georgia Law Review，2016，51.

　　［5］ FAURE M. Michael Faure. Attribution of Liability：An Economic Analysis of Various Cases ［J］. Chicago-Kent Law Review，2016，91.

　　［6］ FEREY S，DEHEZ P. Overdetermined Causation Cases，Contribution and the Shapely Value ［J］. Chicago-Kent Law Review，2016，91.

　　［7］ GOUDKAMP J K . Apportionment of Damages for Contributory Negligence：

The Causal Potency Criterion [J]. Alberta Law Review, 2016, 53.

[8] STEIN A. The Domain of Torts [J]. Columbia Law Review, 2017, 117.

[9] SZALMA J. Solidary and Divided Liability of Joint Tortfeasors - with Special Regards to the Provisions of the New Hungarian Civil Code [J]. Journal on European History of Law, 2017, 8.

[10] WRIGHT R W, G'SELL F, FEREY S. Causation, Liability and Apportionment: Comparative Interdisciplinary Perspectives: Introduction [J]. Chicago - Kent Law Review, 2016, 91.

[11] WRIGHT R W. The Logic and Fairness of Joint and Several Liability [J]. Memphis State University Law Review, 1992, 23.

[12] WRIGHT R. Causation in Tort Law [J]. California Law Review, 1985, 73 (6).

附　录

多元责任形态利益衡量因素对比（代表性条文）

责任形态	法条梳理		法律技术衡量因素					政策价值衡量因素					利益衡量
	条文序号	观察对象	归责原则	构成要件（因果关系）	特殊免责事由	特殊责任主体	特殊侵权类型	受偿不能风险	证明责任	顺位利益	追偿权	最终责任	衡量过程
连带责任	第1168条	一名行为人	过错责任	共同过错	否	否	否	数名行为人	减轻权利人证明责任	无（连带）	有	自己责任（数人连带）	+++++
先付责任	第1204条	生产者、销售者	无过错责任（第三人过错责任）	不符合相当性	是（第三人原因不免责）	否	是	生产者、销售者+第三人	生产者、销售者证明第三人过错	无（先承担）	有	第三人	++++
不真正连带责任	第1203条	销售者（或生产者）	过错责任（无过错责任）	不符合相当性	否	否	是	生产者、销售者	无（生产者、销售者有过错）	无（取决于权利人选择的诉讼对象）	有	生产者（或者销售者）	+++
相应责任	第1169条第2款	监护人	过错责任	不符合相当性	否	是	否	教唆帮助人、监护人	监护人证明尽到监护职责	无	无	或有责任、部分责任	++
补充责任	第1198条第2款	经营者、管理者或者组织者	过错责任	未尽到安全保障义务	否	是	否	第三人、安保义务人	安保义务人证明尽到安全保障义务	有（后承担）	有	第三人	+
按份责任（自己责任）	第1172条	一名行为人	过错责任	竞合因果关系	否	否	否	权利人	权利人证明构成要件、侵权人证明减免责事由	无	无	自己责任	=

后　记

专著的顺利完成和出版，代表着几年来我专心从事的侵权法多数人侵权研究取得了阶段性成果，这也将成为我今后学术生涯的新起点。

非常感谢我的博士导师龚赛红教授！跟老师参加各种学术交流活动的场景历历在目，从老师身上，我不仅学到了扎实的债法、侵权法等专业知识，学到了法学研究方法和论文写作经验，更学到了和蔼可亲、严谨治学、言传身教的为人、为师态度，这些将成为我今后人生和学术路上的宝贵财富。

感谢社科院法学所的梁慧星、孙宪忠和谢鸿飞老师。课堂上能够聆听各位老师的真知灼见，研究中能够得到各位老师高屋建瓴的指导，记不清有多少次，各位老师的"一句话"总能让我茅塞顿开，只能说，在法学研究的道路上，能够得到各位老师的指导和培养，我很幸运！

感谢我的家人。从事社会科学的研究工作，尤其致力于在民商法学和公安学领域有所建树，对一个人时间精力的占用是无限的；承担起家庭责任、陪伴孩子们健康成长，也要求一个人时间精力无限。过程中的"难"，确实难！感觉自己总是在统筹协调，总是在"弹钢琴"。是家人的默默付出，让我能静下心来，可以拿出大量时间精力完成学术上的追求并取得一些成果，衷心地谢谢你们！

感谢北京警察学院各级领导多年来对我一如既往的关心、支持和帮助。学院良好的教学、科研条件和愉快的工作氛围，让我有条件、有能力完成既定的科研目标。也要感谢姚东教授、孟永恒博士后对我给予跨学科、大视角的专业帮助。谢谢！